唯物史观视域下的当代资本主义新变化研究丛书

唐正东/主编

国家出版基金项目

资本逻辑的
当代转型及
其矛盾本质

大卫·哈维的资本批判理论研究

刘林娟 / 著

江苏人民出版社

图书在版编目(CIP)数据

资本逻辑的当代转型及其矛盾本质：大卫·哈维的资本批判理论研究/刘林娟著. —南京：江苏人民出版社,2022.10

ISBN 978-7-214-27531-8

Ⅰ.①资… Ⅱ.①刘… Ⅲ.①哈维-资本-理论研究 Ⅳ.①F014.39

中国版本图书馆 CIP 数据核字(2022)第 181471 号

书　　　名	资本逻辑的当代转型及其矛盾本质：大卫·哈维的资本批判理论研究
著　　　者	刘林娟
责 任 编 辑	汪思琪　胡天阳
装 帧 设 计	林　夏
责 任 监 制	王　娟
出 版 发 行	江苏人民出版社
地　　　址	南京市湖南路 1 号 A 楼，邮编：210009
照　　　排	江苏凤凰制版有限公司
印　　　刷	江苏凤凰盐城印刷有限公司
开　　　本	652 毫米×960 毫米　1/16
印　　　张	20.75　插页 6
字　　　数	262 千字
版　　　次	2022 年 10 月第 1 版
印　　　次	2022 年 10 月第 1 次印刷
标 准 书 号	ISBN 978-7-214-27531-8
定　　　价	78.00 元(精装)

(江苏人民出版社图书凡印装错误可向承印厂调换)

本丛书系南京大学文科卓越研究计划项目
"世界马克思主义思潮与马克思主义中国化研究"成果

本书系江苏高校哲学社会科学研究重大项目
"对大卫·哈维资本批判理论的批判性研究"(2020SJZDA009)
阶段性成果

总　序

从学术的角度推进对当代资本主义的研究,准确地把握其出现的各种变化和本质,深化对其发展规律的认识,是当下学界的一项重要任务。它不仅可以使我们从唯物史观的角度更加全面地剖析当代资本主义的本质,而且还可以从当代资本主义所无法摆脱的困境的维度来深化对资本逻辑本身的研究,从而对我们在新的实践语境中来驾驭资本关系提供有益的启示。

在当下的语境中,数据化生存已然是一种客观的事实。我们通过数据的中介而被联系在一起,作为平等和共享的数据包的一种要素而相互存在着,这要比当年通过货币的中介而使我们的社会关系不断延伸要来得更具质变性。我们通过数据的中介而使我们的主客体世界无限延长了,这已经不是一种手臂和脚的延长,而是世界本身的延长。这可能会使我们感叹一个新世界来临的可能性,但同时我们也要看到这个数据化的世界同样也有算法歧视、数据的资本化运作等难题。在马克思当年的货币化世界中,古典经济学家面对新出现的这个世界,很高兴地表示这是一个与封建时期的强权化社会秩序不同的、平等的自由交换的新世界,个人对他人的关系也从原先的依附关系变成了自由人之间的共生关系。但马克思却明白地告诉人们，资本主义货币化社会关系的本质不是一般的货币交换关系，而是以资本自我增殖的形式表现出来的特殊的货币关系。因此，它背后隐藏着的是与表面的自由平等关系不同的剥削与统治的关系。对这一点的强调并非为了让我们在当下的语境中照搬马克思当年的观点，而是敦促我们保持明确的方法论自觉。数据化世界的现实社会关系基础是一个很重要的理论维度，在私有制生产关系基础上的数据化世界很难摆脱资本对数据的控制。而要使数据化世界这个新要素能够真正服务于人们对美好生活的需要，就必须把它放在新生产关系的实践语境中。

资本逻辑批判一直是唯物史观视域下资本主义研究的一个重要领域。从资本关系出现的那一刻起，无止境的贫困以及无聊的劳动就一直是左派批判理论家关注的焦点。前者往往从交换或分配关系变革的角度，后者往往从基于人性的自由自觉的劳动的角度，来阐发自己的观点并提出克服上述困境的具体路径。对马克思恩格斯来说，上述阐释路径的最大问题在于拘泥于经济学的角度来谈论资本逻辑的本质。尽管从表面上看来，资本关系的确只是一种经济学上的关系，但如果真的只从经济学视域来探讨资本关系的本质，就很难得出正确的结论。亚当·斯密准确地看到了市场经济条件下商品交换的平等性，但他没看到的是资本主义市场经济条件下商品交换的吊诡性，即资本家在通过交换过程而得到劳动力商品之后，一定会在劳动力商品之使用价值的实现过程即资本主义生产过程中，迫使雇佣劳动生产出超过其自身价值的一个剩余价值。如果不越出资产阶级政治经济学的理论层面，如果不从唯物史观的视角进入生产关系的层面上来谈论资本关系，那是看不到上述这种吊诡性的。约翰·布雷、威廉·汤普逊等空想社会主义理论家之所以无法在克服不公平的分配关系上得出有说服力的结论，其原因正在于此。而在我看来，当代西方左派学界的一些学者尽管有较大的社会影响力，但他们解读资本逻辑的方法论却依然延续了从单纯经济学维度入手的解读思路。于是,资本关系的最大问题仍然是分配关系之不公平的问题,而不是资本主义生产关系的内在矛盾性问题。当我们面对他们所提出的各种诱人的替代方案时,我们要思考的其实不是这些方案是否完美,而是它们是否真能得以实现,是否真能推动现实社会关系的历史发展?

当代资本主义劳动过程的复杂化以及由此而带来的劳动主体、社会矛盾表现形式上的新变化,同样是我们在当代资本主义研究中要面对和重视的问题。劳动产品的形式从物质产品向知识产品的转变,使我们开始接受非物质劳动、生命政治的活动等新概念,并开始对劳动主体的转型问题感兴趣。从经验的层面上看,非物质劳动的确具有物质劳动所不具有的新特点,譬如,它更强调劳动者之间的协作性和共享性。但当有些国外学者说非物质劳动的这种新特点决定了它必然会开辟出人类社会关系的新未来时,我们需要思考的是:这种解读思路在方法论上是否存在着局限性?马克思当年面对机器体系的作用问题时,他感兴趣的不是机器的作用而是机器大工业对劳动过程的改变以及由此而对社会经济形态产生的影响。这不是因为马克思对工业过程有偏好,而是因为他是把机器放在资本主义生产过程的层面上来加以解读的。当我们今天面对当代资本主义的非物质劳动过程时,我们不仅要在生产的技术方式维度上关注非物质劳动的新特点,而且还要在生产的社会关系维度上来关注这种非物质劳动的具体表现形式。在资本主义生产关系条件下,非物质劳动的协作性和共享性到底会以什么样的形式表现出来?它还有可能以单独的形式来推动社会关系的发展吗?从本质上讲,对这一问题的思考,关系到我们能否正确理解唯物史观在方法论上的深刻性。

从现代性维度来剖析资本主义的特征,是学界很早就开启的一种学术努力,有从文化维度切入的,也有从经济学、政治学等维度切入的。从现代性的结构或元结构的角度来深化对这一问题的探讨,不失为一种可喜的理论努力。我们只有真正搞清楚了现代性的结构特征,才可能找到克服现代性之内在矛盾的科学路径。其实,不管是对现代性还是对现代化进程的研究,都有一个审视角度的问题。如果我们只是在文化的维度上把现代性解读为资本逻辑在文化层面的效应,那么,现代性批判的理论路径便只可能沿着文化的维度而展开。同样,如果我们只是从经济学和政治学的角度来谈论现代性问题,那么,现代性的结构当然就会被解读为市场和组织的相加。应该说,这些解读思路从某个角度来看都是有学术价值的,但当我们面对唯物史观对现代性问题的解读思路时,我们才能真正感受到方法论变革在此问题研究中的重要性。对唯物史观来说,社会实践是解读现代性问题的理论和实践基础。因此,那些看似独立的文化要素、经济要素和政治要素,其实都是现实的社会实践活动因其复杂性而展现出来的客观内容。从唯物史观角度来深化对这种复杂现代性的解读,可以让我们更加准确地把握当代资本主义现代性的内在矛盾及外在表现形式,同时也可以帮助我们正确地理解超越这种现代性的现实路径。对当代资本主义新变化的研究还可以从很多其他的角度来切入,在此就不详细展开了。此丛书是我们在这一领域所做的一项学术努力。我们希望通过对当代资本主义新变化研究的唯物史观视域的强调,来凸显一种方法论的自觉,以使我们能够从社会历史过程的角度来推进对此问题的研究。至于我们是否真的做到了这一点,还要请读到此丛书的专家学者们来评判,请大家批评指正。此丛书得到了南京大学文科卓越研究计划项目"世界马克思主义思潮与马克思主义中国化研究"的支持,在此表示感谢!

唐正东

2022 年 3 月 1 日于南京

目 录

哈维与当代资本批判

大卫·哈维（David Harvey），一位于近些年风靡全球的跨学科式思想大师，一位以地理学背景知识与城市空间理论为世人所熟知的美国著名地理学家，是全球公认的空间转向思潮的重要代表人物之一。在其漫长的学术生涯中，他始终坚持为地理学引入马克思主义元理论的理论初衷，先后三次集中地阅读《资本论》并发表相关文本，最终形成了独具地理学特色的资本批判理论。在其几十年的创作生涯中，大卫·哈维已经为世人留下了二十多部著作，且这个数据仍然在增长。其以人文地理学为学科立足点，将人类学、政治学、社会学、经济学等学科和地理学联系起来，将空间与城市引入历史唯物主义，是国内外学术界公认的跨学科理论专家。

但正如那句"解蔽就是遮蔽"所揭示的那样，世人对哈维城市空间理论的过多关注，反而淹没了他通过重构马克思的《资本论》揭示出来的当代资本主义运行规律及其资本批判理论。这尤其表现在，哈维以极大精力写作的《资本的限度》（*The Limits to Capital*）于漫长时光中的暗淡。西方学界对哈维这方面内容的漠视与冷淡使其逐渐淡出"回归政治经济学批判"潮流的理论视野。

而国内学术界对哈维思想的研究主要存在三个阶段。20世纪90年代初至世纪之交的这段时间里，国内地理学界与社会学界开始了对大卫·哈维地理学相关文献的译介梳理和地理学研究方法的介绍。直到21世纪，国内马克思主义研究者才开始直接介入哈维思想的研究。这极大地推动了从马克思主义视角与历史唯物主义视角研究哈维思想的进程。基于此，近十年国内学术界对哈维思想的关注异军突起，对其思想的研究也呈现出百家争鸣之态。总体而言，因为推进城市化进程的现实迫切性，空间转向思潮逐渐成为当下的主旋律。而在这一主旋律的影响下，系统性地研究资本批判内容的理论任务，亦浮出水面。随着井喷式研究哈维思想之潮流的出现，对这一问题的反思也开始为诸多学者所注意。但对于哈维资本批判理论之基础性理论的研究依然处于失语状态。

因此，虽然哈维已经成为风靡全球的思想人物，并通过其对空间、城市理论与《资本论》的研究成功地进入了马克思主义研究者的理论视野，但由于各种各样的因素，我们对哈维资本批判理论的系统性研究依然需要提上日程。

一、与哈维相遇

2000年，大卫·哈维在接受《新左派评论》（*New Left Review*）的记者采访时说："马克思是我藉以依靠的核心。马克思的著作是对资本主义的批判，我对应用这种批判乐此不疲。我总是一方面发展普遍性的理论，但另一方面，理论要脚踏实地。"① 大卫·哈维这种对资本批判理论研究与应用的执着是促成我写这本书的直接动因。反观当下，学术界虽然对大卫·哈维的研究已包罗万象，涉及哲学、历史学、人类学、文学、社会学、地理学、政治学和经济学等，但一言概之，他们主要以历史—地理唯物主义、空间维度上的创新或空间转向为议题。

① 吴敏：《英国著名左翼学者大卫·哈维论资本主义》，《国外理论动态》2001年第3期，第7页。

一方面，这种研究取向鲜明地昭示了大卫·哈维的创新之处，他在当今社会的知识型转向和开拓研究议题方面做出了极大的贡献。但另一方面，解蔽的同时也是遮蔽。这种抽丝剥茧或只取"精华"的研究方式在一定程度上转移了人们的注意力，即部分地回避了对大卫·哈维"为何"以及"如何"重构《资本论》并形成自身资本批判理论的研究。哈维在多部著作中对马克思穷尽一生研究资本批判理论的精神给予了高度的赞赏，这种精神也反过来鼓舞哈维孜孜不倦地探寻资本主义社会的资本逻辑。因此，我们有必要给予大卫·哈维的资本批判理论一个系统性而非散落性的地位。

聚焦哲学界对大卫·哈维的研究，我们发现学者前辈们做出了众多贡献，主要集中在哈维的作品译介、思想渊源探析、人生经历和思想转折，以及时空压缩与空间修复、剥夺式积累与新帝国主义、资本循环与资本积累、城市权与城市化、全球化、过程辩证法等议题上。但经过对其内容的仔细分析，我们发现对于哈维资本批判理论的基本理论及其具体来源、理论内容与实质、与马克思资本批判理论之间的具体学脉关系等相关议题，他们或者以非系统性、点缀式的笔法捎带提过，或者以空间视角掩盖了哈维资本批判理论的细节与实质，或者至多也只是从马克思的理论中挖掘空间线索以对抗忽视马克思空间维度的理论做法。一言以蔽之，我们发现主导性线索依然是空间转向和资本的流通。一方面，这导致我们对哈维的资本批判理论避重就轻，掩盖了其资本批判理论的实质。另一方面，这也导致我们对马克思的资本批判理论和历史唯物主义产生了误解。因此，我们认为有必要以马克思的资本批判理论和历史唯物主义为中轴，对大卫·哈维的资本批判理论进行一次系统性的梳理和解蔽，以帮助我们在深化对哈维资本批判理论的认识的同时，进一步深化对马克思的资本批判理论和历史唯物主义的认识。同时，张一兵教授、胡大平教授、刘怀玉教授等人对哈维思想研究的卓越贡献也给我们研究哈维的资本批判理论打下了良好的基础。此外，南京大学马克思主义哲学学科所开创的历史—文本学（文献学）的方法论以及诸位老师对于历史唯物主义核心概念的解读，为本书的研究提供了关键性的指引和支持。

综上所述，虽然目前关于大卫·哈维资本批判理论的探索尚未得到广泛重视和系统性解读，但随着哈维与国内学界直接交流的开展和理论研究的推进，相信我们冷静下来进行反思并重新梳理哈维资本批判思想的理论构建和实践过程以从中挖掘其理论本质的研究或将成为一个理论趋势。而现在基于既有的研究成果、文献资料与方法论支撑，我们可以说是时候来深入探讨哈维的资本批判理论并深化对马克思的资本批判理论和历史唯物主义的理解了。

其实，这种探讨本身是一次视角转换的尝试，也是一次问题域的重置。通过对国内近几十年来对大卫·哈维理论内容研究的分析，我们发现其资本批判理论多是以空间生产附庸的形式散见于少数文章中，国内针对大卫·哈维与马克思资本批判理论细节内容上的分析少之又少，同时也缺乏从马克思资本批判理论的角度系统性地反思哈维资本批判理论的研究。因此我们尝试对哈维的资本批判理论进行系统性的梳理与研究，以期达到反思与丰富哈维思想研究的目的。为达这一目的，我们需要切换研究视角，将大卫·哈维空间方面的独特创新纳入其资本批判理论的框架。在不考虑前资本主义社会条件的前提下，我们认为以社会空间生产构型的资本批判理论属于资本批判理论（广义的）内容的一部分，即前者与后者为特殊与一般的关系。或者毋宁说在大卫·哈维资本批判理论的研究框架中，空间是其用以研究资本主义社会的一道利器。因此我们尝试转换研究视角，即从"资本批判理论"的视角对一些问题进行研究和反思。必须强调，这实际上是建立在诸位前辈们在历史地理唯物主义和空间转向方面取得的卓越贡献的基础上。

实际上，暂时撇开空间的束缚，一个新的议题摆在了我们的面前，即对于马克思的资本批判理论和历史唯物主义的诸多概念和内容是否具有正确的认识。这个议题其实并不新，国内诸多学者已经为其做出了孜孜不倦的努力，也取得了丰硕的成果。事实上国内已经有很多学者从马克思是否具有空间维度的视角进行了很多证明和研究。我们尝试在各位前辈们的基础上，从哈维的资本批判理论的视角继续深化马克思的资本主义批判理论和历史唯物主义，打开马克思思想发展研究的新视野。这对于反思哈维思想的理论基础，尤其是《资本论》重构的恰当性，以及尝试在马克思原意基础上重新激活历史唯物主义的当代价值等层面具有一定的参考价值。

可见，这种尝试可以重新汲取马克思哲学的理论资源，以应对当代西方学者对《资本论》的解读范式。随着时代变迁带来的当代资本主义生产方式的变革与新型危机的出现，西方学者纷纷围绕当代资本主义社会的具体变化展开了激烈的争论。遗憾的是，无论是马克思主义地理学家倡导的空间生产对传统资本主义生产方式的取代，还是马克思主义者对新旧帝国主义的争论，抑或当代西方左派呼吁政治斗争的理论尝试，这些学者往往都只是基于自身的理论视域对马克思的资本批判理论进行或政治或哲学或经济学的解读，并未深入理解马克思资本批判理论和历史唯物主义的实质内核，因此往往误读和曲解了马克思的《资本论》。尽管对上述思想观点的直接批判与回应并不是本书的主题，但本书的工作将为应对西方学者解读《资本论》的范式提供旁敲侧引式的理论反思。

二、哈维思想研究情况概览

作为晚期马克思主义和西方地理学界空间转向的代表人物，大卫·哈维的思想得到了诸多国内外学者的关注。

　　首先，从著作译介情况来看，大卫·哈维的著作已经被翻译并传播到多个国家。譬如，从笔者掌握的数据来看：《资本社会的17个矛盾》已经拥有2014年的希腊语版本、2014年的西班牙语版本、2014年的意大利语版本、2015年的德语版本，《新帝国主义》拥有2004年的法语版本、2007年的希腊语版本，《后现代的状况》拥有1998年的西班牙语版本，《资本的限度》拥有1990年的西班牙语版本、2013年的葡萄牙语版本，《反叛的城市》拥有2013年的意大利语版本、2013年的葡萄牙语版本，《巴黎城记》拥有2015年的葡萄牙语版本，《新自由主义简史》拥有2008年的波兰语版本，等等。

　　与此同时，国内学术界近几十年来对哈维著作的译介工作亦是持续不断（参考附录二）。具体而言，此种译介工作主要分为三个阶段。

　　第一阶段，20世纪90年代初至世纪之交的这段时间里，国内地理学界与社会学界开始了对大卫·哈维地理学相关文献的译介梳理和地理学研究方法的介绍。该阶段或是从西方地理学流派、马克思主义地理学家的角度对哈维其人进行少量引介并初步介绍他的研究方法，或是对西方学者和杂志的少量文章进行译介。值得注意的是，1996年商务印书馆出版了由高泳源、刘立华和蔡运龙合译的《地理学中的解释》（*Explanation in Geography*）一书。这是哈维首部被引入中国的著作。它是国内地理学界广泛关注哈维的结果，同时它也反过来推动了地理学界、社会学界人士对哈维的关注。

　　第二阶段，21世纪以来，国内马克思主义研究者直接介入哈维的思想研究，极大地推动了从马克思主义视角与历史唯物主义视角研究哈维思想的进程。总体而言，21世纪以来的这一阶段处于主题萌芽并初步得到发展的阶段。经过各位学者的介绍和引入，哈维的几篇文章已经被直接引进国内。而其译著主要有三部：2003年，阎嘉教授翻译并由商务印书馆出版的《后现代的状况：对文化变迁之缘起的探究》（*The Condition of Postmodernity：An Enquiry into the Origins of*

Cultural Change）；2006 年，胡大平教授翻译并由南京大学出版社出版的《希望的空间》（*Spaces of Hope*）；2007 年，黄煜文翻译并由台北群学出版有限公司出版的《巴黎，现代性之都》（*Paris，Capital of Modernity*）。同时，在这一阶段，哈维的个人网站"www. davidharvey. org"上线，这给我们直接研究其思想提供了巨大的便利。

第三阶段，伴随着国内学术界对哈维思想的关注的异军突起，对其思想的研究也呈现出百家争鸣之态。这一阶段的译著情况如下所示。2008 年，台湾地区学者王志弘翻译了哈维的《新自由主义化的空间：迈向不均地理发展理论》（*Spaces of Global Capitalism：Towards a Theory of Uneven Geographical Development*）和《新帝国主义》（*The New Imperialism*），由台北群学出版有限公司出版。2009 年，初立忠、沈晓雷合作翻译《新帝国主义》，由社会科学文献出版社出版。2010 年译著较多：1 月，黄煜文将 2007 年翻译的《巴黎，现代性之都》改名为《巴黎城记：现代性之都的诞生》，由广西师范大学出版社再版；5 月，王志弘、王玥民合作翻译《资本的空间：批判地理学刍论》（*Spaces of Capital：Towards a Critical Geography*），由台北群学出版有限公司出版；11 月，胡大平翻译《正义、自然和差异地理学》（*Justice，Nature and the Geography of Difference*），由上海人民出版社出版；12 月，王钦翻译《新自由主义简史》（*A Brief History of Neoliberalism*），由上海译文出版社出版。2011 年，陈静翻译《资本之谜：人人需要知道的资本主义真相》（*The Enigma of Capital：And the Crises of Capitalism*），由电子工业出版社出版。2013 年，刘英翻译《跟大卫·哈维读〈资本论〉》（第一卷）（*A Companion to Marx's Capital*），由上海译文出版社出版。2014 年，王志弘翻译《寰宇主义与自由地理》（*Cosmopolitanism and the Geographies of Freedom*），由台北群学出版有限公司出版；叶齐茂、倪晓辉翻译《叛逆的城市：从城市权利到城市革命》（*Rebel Cities：From the Right to the City to the Urban Revolution*），由商务印书馆出版。2016 年 1 月，谢富胜、李连波等校译《跟大卫·哈维读〈资本论〉》(第二卷)（*A Companion to Marx's Capital*，Volume 2)，由上海译文出版社出版；10 月，许瑞宋翻译《资本社会的 17 个矛盾》（*Seventeen Contradictions and the End of Capitalism*），由中信出版社出版。2017 年 5 月，董慧翻译《资本的城市化：资本主义城市化的历史与理论研究》（*The Urbanization of Capital：Studies in the History and Theory of Capitalist Urbanization*），由苏州大学出版社出版；6 月，周大昕翻译《世界的逻辑：如何让我们生活的世界更理性、更可控》（*The Ways of the World*），由中信出版社出版；9 月，张寅翻译《资本的限度》，亦由中信出版社出版。2018 年 5 月，周大昕翻译《马克思与〈资本论〉》（*Marx，Capital and the Madness of Economic Reason*），由中信出版社出版。2019 年 1 月，付克新翻译《新帝国主义》，由中国人民大学出版社出版。实际上，2019 版的《新帝国主义》已经是继 2008 年版与 2009 年版之后的第三个译本。

以上数据虽不尽全面但足以证明大卫·哈维及其著作在国内外学术界的影响力范围之广。

其次，我们可以参考胡大平教授收集到的相关数据：2008 年，Sage 出版社出版的《人文地理学的重要文本》介绍和评论了 20 世纪下半叶五十年里对人文地理学具有重要影响的 26 本专著，其中哈维的 3 本著作——《地理学中的解释》(1969 年)、《资本的限度》(1982 年) 和《后现代的状况：对文化变迁之缘起的探究》(1989 年) 入选。[1] 英国著名地理学家泰格尔·思瑞夫特（Nigel Thrift）基于著述引用、翻译和个人讲座等学术影响力的三大关键性指标描述了哈维的影响：1981 年

---

[1] Phil Hubbard, Rob Kitchin and Gill Valentine（eds.）. *Key Texts in Human Geography*，London：Sage，2008.

到 2002 年，大卫·哈维的 SSCI 引用率高达 3508 次，远远领先于其后的地理学家多琳·马西（Doreen Massey）和社会学、人类学等领域的乌尔里希·贝克（Ulrich Beck）、米歇尔·福柯（Michel Foucalt）、阿尔君·阿帕杜莱（Arjun Appadurai）、曼纽尔·卡斯特（Manuel Castells）等人，只有社会学家安东尼·吉登斯（Anthony Giddens）和经济学家迈克尔·波特（Michael Porter）、约瑟夫·斯蒂格利茨（Joseph Stiglitz）、奥利弗·威廉姆森（Oliver Willamson）等人比他更高。① 以上数据也反映出哈维对国外学术界的影响程度之深。

最后，采用 JSTOR 搜索引擎以"大卫·哈维""地理学""空间修复""空间生产""剥夺性积累"等关键词进行搜索，得出的相关文献经过梳理也有成千上万篇。因笔者精力有限以及与本书主题关系较远等原因不一一加以说明。根据主题相关度，笔者认为专著性的研究主要有 4 本：《大卫·哈维的地理学》(*David Harvey's Geography*)、《西方都市空间中的私有化、隔离与剥夺性积累：对大卫·哈维的一种反种族主义、马克思主义—女权主义的解读》(*Privatization, Segregation and Dispossession in Western Urban Space：An Antiracist, Marxist-Feminist Reading of David Harvey*)、《大卫·哈维：活的理论》(*Live Theory：David Harvey*)、《大卫·哈维：批判性读本》(*David Harvey：A Critical Reader*)。除此之外，具有代表性的相关学术论文篇数更多。通过对这些专著和零散学术论文的研究，笔者认为国外研究情况可以初步提取出三条总体性的线索。

对大卫·哈维的重大思维范式转向的研究

这主要体现在他们对于哈维的总体思维范式转向及其具体转变内

---

① Nigel Thrift, "David Harvey：A Rock in a Hard Place," in Noel Castree and Derek Gregory（eds.）, *David Harvey：A Critical Reader*. Oxford：Blackwell Publishing Ltd., 2006.

容进行细致梳理的层面。譬如，在《大卫·哈维的地理学》一书中，约翰·帕特森（John L. Paterson）通过对哈维早期思想即 1961 年至 1981 年间哈维地理学思想发展历程的考察，指出哈维从传统地理学到逻辑实证主义地理学再到马克思主义地理学的逻辑脉络，继而在深入探讨哈维的地理学研究方法范式的转变的同时仔细研究了哲学、辩证法与地理学之间的关系。德里克·格雷戈里（Derek Gregory）则在其文章《令人不安的地理学》（"Troubling Geographies"）中认为哲学的介入是这一转变的主要契机。他通过对哈维的早期著作《地理学中的解释》、《社会正义与城市》（*Social Justice and the City*）与《资本的限度》的比较分析，指出三部著作写作目的的差异和关键性问题域的转换。同时，他认为哈维反对可以追溯到康德的例外论传统并崇尚多学科的融合。"事实上，哈维的整个计划都建基于一个中心的哲学主旨。"[1] 美国学者爱德华·W. 苏贾（Edward W. Soja）在《寻求空间正义》（*Seeking Spatial Justice*）中指出哈维在对社会主义或替代方案的构想中已经从根本上进入了马克思主义的理论框架视域。[2] 哈维从城市社会正义的角度拓展了马克思主义地理学理论视域这一事件本身也正体现了哈维思维范式的转变。哥伦比亚大学的地理学教授特里沃·巴尼斯（Trevor Barnes）在其收录于《大卫·哈维：批判性读本》（*David Harvey: A Critical Reader*）中的那篇文章中则认为，在从《地理学中的解释》到《社会正义与城市》的过程中，哈维实现了从自然科学方法到马克思主义辩证法的飞跃，已经从逻辑实证主义地理学

---

① Derek Gregory, "Troubling Geographies," in Noel Castree and Derek Gregory（eds.）, *David Harvey: A Critical Reader*. Oxford: Blackwell Publishing Ltd., 2006, p. 3.
② 参见［美］爱德华·W. 苏贾《寻求空间正义》，高春华、强乃社等译，北京：社会科学文献出版社，2016 年。

转向了马克思主义地理学。① 在形容哈维重大思维范式转向时，特里沃采取了阿尔都塞"认识论上的断裂"这一概念。事实上，特里沃指出的"这两本书之间的切换是从科学到马克思主义的转变"的观点已经受到国内外诸多学者的认可。埃里克·谢帕德（Eric Sheppard）也认为哈维确实从逻辑实证主义转向了马克思主义哲学，他甚至提出以1973年左右的转型作为分界线将哈维划分为"青年哈维"和"成熟哈维"。②

除此之外，针对文化领域的转向，南阿拉巴马大学的戴维·加特曼（David Gartman）在《后现代主义或后福特主义文化逻辑》（"Postmodernism；Or，The Cultural Logic of Post-Fordism"）一文中指出哈维在文化领域从现代转向后现代的过程中，准确地抓住了标准化大生产向弹性生产转变过程中的新兴文化。值得我们注意的是，哈维在准确把握这一文化动态的同时，并未一味地转向后现代，而是在坚持普遍主义的基础上，拒斥了后现代中大范围存在的对"普遍主义"的怀疑倾向。确切地说，哈维吸取了多样化的思维方式，同时又坚持普遍主义的理论诉求。

对大卫·哈维思想内容之核心特质的研究

所谓核心特质，主要指哈维在整个思想历程发展过程中始终坚持的核心内容。笔者以为这主要体现在对辩证法的理解与运用、空间的"关键词"性地位、马克思主义的解读者和对乌托邦、替代性方案或政治斗争的执着四个方面。诸多学者从哈维与这四个核心特质之间关系

---

① Trevor Barnes, "Between Deduction and Dialectics：David Harvey on Knowledge," in Noel Castree and Derek Gregory (eds.), *David Harvey：A Critical Reader*. Oxford：Blackwell Publishing Ltd., 2006.

② Eric Sheppard, "David Harvey and Dialectical Space-Time," in Noel Castree and Derek Gregory (eds.), *David Harvey：A Critical Reader*. Oxford：Blackwell Publishing Ltd., 2006.

的视角进行了全面的研究。

1. 对哈维与辩证法之间关系的研究

事实上,《大卫·哈维:批判性读本》中的诸多学者在谈论各自不同的主题时或多或少均涉及这一问题。譬如特里沃·巴尼斯、马库斯·德尔(Marcus Doel)、埃里克·谢帕德、南希·哈索克(Nancy Hartsock)等均在各自的研究中提到了哈维与辩证法之间的关系。此外,曼彻斯特大学环境与发展学院教授诺埃尔·卡斯特里(Noel Castree)在其1996年发表于《英国地理学会学报》(*Transactions of the Institute of British Geographers*)的文章《鸟、鼠和地理学:马克思主义和辩证法》("Birds, Mice and Geography: Marxisms and Dialectics")中阐述辩证法与科学之间的关系时,以哈维为例指出了辩证法在其地理学中的重要作用,并区分了大卫·哈维思想中辩证法的本体论和认识论两个层次。与此同时,他指出哈维的问题在于其局限于内在的重建性。路易斯安那州立大学的肯特·马修森(Kent Mathewson)在对大卫·哈维的《正义、自然与差异地理学》的书评中通过对这本书的细致解读,提出哈维在研究方法上确实是采用了马克思的"辩证法"。① 譬如他指出哈维在辩证思维的主导下通过劳动和资本的对立、阶级斗争去分析资本主义社会的空间问题。

2. "空间"是个关键词

"Space as a Keyword"是大卫·哈维本人在《大卫·哈维:批判性读本》中收录的最后一篇文章的标题,它从哈维本人的视角确证了"空间"这一关键词的重要地位。在哈维看来,"空间本身"必须得到重视,并且需要在时间和空间的框架中对其进行理解。针对这一得到哈维本人直接认证的核心特质,国外学术界也先后从空间本身或在时

———————————

① Kent Mathewson, "Book Reviews: David Harvey's Justice, Nature and the Geography of Difference," *Geographical Review*, Vol. 87, No. 4 (Oct., 1997), pp. 554 - 557.

空框架中对其做出了很多富有建设性的解读。

埃里克·谢帕德在其文章《大卫·哈维与辩证时空》（"David Harvey and Dialectical Space-Time"）的开头便提出："空间是地理学家的最后一道边界，哈维也不例外。"① 随后，他从时间与空间的辩证关系的角度指出哈维的思想有两个主要阶段：逻辑实证主义与马克思主义的政治经济学。前一个阶段主要是早期运用逻辑实证主义研究地理学的阶段。在后一个阶段中，埃里克认为哈维主要通过马克思的地租理论将马克思主义与空间概念勾连起来。最后，他总结了哈维空间问题研究的四个方面：第一，空间作为社会和生物物理过程的一部分而被建构出来；第二，哈维将时间和空间关联起来；第三，哈维认为讨论空间概念时需要注意经验和文化的作用；第四，哈维以正统的西方哲学来校准自己的观点。

德里克·格雷戈里也指出哈维建构其历史地理唯物主义的终极指向是理解"空间本身"这一问题。他立足于历史性的线索系统地梳理了从《地理学中的解释》到《新自由主义简史》这一阶段中的几本书，着重阐明了每本书的思想史语境、思维范式和中心议题。实际上，通过对这一阶段所有书本的思想史语境的整理，德里克最终得出一个总结性的结论：哈维所有的文本中始终存在一条红线，即对空间与转型的兴趣。在他看来，"一开始，哈维的一个中心主旨便是确立空间结构（spatial structure）和过程（process）之间的关联"② 。这也是勾连形式（form）与过程（process）的一种方式。同时，德里克提醒我们注意两个问题：第一，哈维确立的历史地理唯物主义是否持续指引他的规划；第二，哈维拓展其概念和物质之间的界限时，在何种程度上将

---

① Eric Sheppard, "David Harvey and Dialectical Space-Time," in Noel Castree and Derek Gregory (eds.), *David Harvey: A Critical Reader*. Oxford: Blackwell Publishing Ltd., 2006, p. 121.

② Derek Gregory, "Troubling Geographies," in Noel Castree and Derek Gregory (eds.), *David Harvey: A Critical Reader*. Oxford: Blackwell Publishing Ltd., 2006, p. 4.

理论与实证相结合。

鲍勃·杰索普（Bob Jessop）在他的文章《空间修复、时间修复与时空修复》（"Spatial Fixes，Temporal Fixes and Spatio-Temporal Fixes"）中同样将空间作为基础性的前提条件，在空间修复的基础上阐述了空间、时间与资本主义社会发展之间的关系。同时，他指出哈维以空间为基础的方法论在揭示资本社会的经济表象之下的本质关系时趋近于一种更为宏大的内在关系式本体论。

3. 对哈维与马克思主义之间关系的研究

针对大卫·哈维与马克思主义之间的内在联系，国外学术界众说纷纭。诺埃尔·卡斯特里在其 2006 年发表于《历史唯物主义》（*Historical Materialism*）杂志上的《大卫·哈维的症候性沉默》（"David Harvey's Symptomatic Silence"）一文中，从英语国家三大马克思主义——正统马克思主义、分析马克思主义与后阿尔都塞马克思主义的角度将哈维明确纳入正统马克思主义阵营。[1] 这一观点得到了美国加利福尼亚大学的约翰·沃尔顿（John Walton）的部分支持，他认为哈维确实已经站在马克思主义的视角上去研究资本社会的诸多问题，同时他指出哈维主要是从空间角度改写了马克思。英国学者戴维·麦克龙（David McCrone）在深入研究了哈维的《资本的城市化》和《意识与都市经验》（*Consciousness and the Urban Experience*）之后，从方法论的角度指出，哈维在通过空间对资本主义社会进行分析和研究时终究还是运用了马克思主义理论。[2] 欧麦·摩萨利（Omer Moussaly）在其 2015 年发表于《世界政治经济学评论》（*World Review of Political Economy*）的《关于资本主义、帝国主义和帝国竞争的马克

---

[1] Noel Castree, "David Harvey's Symptomatic Silence," *Historical Materialism*, Vol. 14, Iss. 4, 2006, p. 50.

[2] David McCrone, "Book Reviews: The Urbanization of Capital and Consciousness and the Urban Experience," *The British Journal of Sociology*, Vol. 38, No. 1 (Mar., 1987), pp. 139 – 131.

思主义百年争论》（"A Century of Marxist Debates Concerning Capitalism, Imperialism and Imperialist Competition"）一文中，从全球化、帝国主义与国家执政的角度指出马克思主义视角是应对这一纷争的有效途径。譬如哈维将其地理学与马克思主义进行融合而成的新马克思主义学说，为解决帝国主义、全球化过程中的纷争提供了崭新而有效的途径。欧麦的见解在一定程度上反映出他已经将哈维的马克思主义视角当作当然的前提。

与他们相反，英国学者亚历克斯·卡利尼克斯（Alex Callinicos）则认为哈维只是形似马克思，事实上他并不是一个合格的正统马克思主义者。亚历克斯给出的理由是哈维对马克思基本理论的研究缺乏一种整体性，而且根本没有提及正统的马克思主义者的思想，譬如第二国际、第三国际的理论。但是，亚历克斯赞同哈维坚持了马克思的政治经济学传统并从全新角度发展了马克思的政治经济学的相关观点。他已经认识到《资本的限度》是哈维探索马克思《资本论》的直接成果，即《资本的限度》的理论建构工作建基于马克思《资本论》中的相关范畴结构。令人惋惜的是，他也没有对其政治经济学方面的具体发展脉络和理论细节进行阐释。

综上，我们以为国外学术界对于哈维与马克思之间关系的研究还停留在研究方法的转变和哈维的马克思主义理论立场上，譬如将马克思主义理论方法延伸到对资本主义社会、帝国主义与城市化等具体问题的研究上。而在哈维到底如何继承、发展、突破马克思资本批判理论或存在哪些理论上的不足等议题方面并未深入涉猎。即使是在研究《资本的限度》这一旨在澄清马克思的基本理论而误打误撞形成其后所有研究的理论基础的著作时，除去哈维从空间角度重构了马克思的资本批判理论之外，也未能系统性地分析哈维对马克思资本批判理论的具体发展与突破。

4. 对哈维与乌托邦、替代性方案或政治斗争这一问题序列的研究

乌托邦始终是大卫·哈维所有研究的终极指向。在他看来，可能性的未来或地理学的想象必须以一种更加辩证的思维方式加以把握。通过对资本主义运行机制的分析，哈维始终在寻求一种替代性的方案，这是他从人本主义哲学角度对人性加以关怀的表现。而对乌托邦、替代性方案或革命人道主义的追求在他看来都需要诉诸政治斗争。因此，以上三个主题属于同一个问题序列。国外学术界从哈维的这一理论旨趣和对政治运动的实际关注等各个角度进行了细致的分析。

埃里克·谢帕德从书评的角度在收录于《大卫·哈维：批判性读本》的"可选择的地理学想象"一节中诠释了《希望的空间》。首先他指出海德格尔执着于当下而马克思指向未来。哈维对既存的世界并不乐观，因此在某种程度上与马克思的理论指向具有异曲同工之效。其次，在《希望的空间》中，哈维通过辩证乌托邦给予未来从概念到现实的可能性。保罗·劳特利奇（Paul Routledge）集中论证了收敛空间（convergence space）中的社会关系及其对政治行动的作用。他于2003年发表在《英国地理学会学报》上的文章《收敛空间：草根全球化网络的过程地理学》（"Convergence Space：Process Geographies of Grassroots Globalization Networks"）中以哈维的"战斗特殊主义"来考察当今社会的以"人民的全球化运动"（People's Global Action）为代表的反全球化组织（该组织反对新自由主义的全球化）。基思·哈尔法克里（Keith Halfacree）则出于对哈维描述的"希望的空间"的向往而提出"激进的农村"（radical rural）概念。借此他渲染了一种对抗工业化和城市化并告别污染的乡村生活。

对大卫·哈维思想中具体理论内容的研究

国外学术界对哈维具体理论内容的研究涉猎广泛，譬如不平衡地理发展理论、后现代与文化转向、剥夺性积累、资本三级循环等。笔

者选取与资本逻辑和政治经济学批判直接相关的部分内容进行初步整理。整理过程中难免失之偏颇和有遗漏，希望在未来的写作过程中能对其不断完善。

1. 关于新帝国主义理论的研究

2003 年哈维出版《新帝国主义》一书后，国外学术界针对其帝国主义理论展开了丰富的探讨与争论，西方多家杂志社均针对其相关理论做过采访和探讨。譬如，2006 年《历史唯物主义》(*History Materialism*) 在第 14 卷同时收录了多篇评介帝国主义或哈维新帝国主义理论的文章。其中较有代表性的主要是艾伦·伍德 (Ellen Meiksins Wood) 的《权力逻辑：与大卫·哈维的对话》("Logics of Power：A Conversation with David Harvey")、诺埃尔·卡斯特里的《大卫·哈维的症候性沉默》、鲍勃·萨克利夫 (Bob Sutcliffe) 的《新旧帝国主义：对哈维〈新帝国主义〉与艾伦·伍德〈资本的帝国〉的评论》("Imperialism Old and New：A Comment on David Harvey's *The New Imperialism* and Ellen Meiksins Wood's *Empire of Capital*")、萨姆·阿什曼 (Sam Ashman) 与亚历克斯·卡利尼克斯的《资本积累与国家体制：评大卫·哈维的〈新帝国主义〉》("Capital Accumulation and the State System：Assessing David Harvey's *The New Imperialism*")。

艾伦·伍德从哈维的领土逻辑 (logic of territory) 与资本逻辑 (logic of capital) 出发指认了哈维对两条逻辑之间矛盾性关系的诠释。在她看来，哈维的新帝国主义理论的核心在于资本帝国主义是这两种逻辑的交织。同时，她从资本积累与两条逻辑之间关系的角度诠释了哈维的新帝国主义理论。值得我们注意的是，艾伦·伍德在该文中明确提出她本人在《资本的帝国》中涉及的资本主义经济与政治权力间的关系在某些方面与哈维直接相反。哈维主张不断扩张的资本积累必须伴随着不断扩张的基于领土的政治权力和需求，并且这就是资本帝国主义的逻辑。而艾伦·伍德则认为资本帝国主义的特殊性在于资本在不扩张自身领土政治权力的情况下强行施加霸权的独特能力。① 诺埃尔则继续从哈维写作《新帝国主义》的思想语境以及主题转换的角度初步概括了新帝国主义理论的出场。鲍勃·萨克利夫从新旧帝国主义的角度将艾伦与诺埃尔二人归类为新帝国主义理论者，并指出二人的相似之处在于他们都指出了国家与阶级、国际政治与经济领域两个层面，以及他们在某些方面存在差异和对立。而且鲍勃认为二人均相信三点：一是当下世界与列宁描述的帝国主义已经存在很大不同；二是当下世界与附属论者（theorists of dependency）描述的少数富裕帝国与贫穷的大多数附属国之间财富和权力差距日益增大的世界不同；三是当下世界与哈特、奈格里描述的帝国主义已经被全球资本家体制取代且国家已经丧失权力和影响力的世界不同——这一点是他们尤其相信的。萨姆与亚历克斯从资本积累与国家体制的角度提出当下资本主义社会中剥夺性积累的作用，并指出辩证关系在哈维新帝国主义理论中的重要地位。此外，他们认为哈维在《新帝国主义》一书中系统性阐释的新帝国主义理论在《资本的限度》中便已初步成型。

2. 关于空间生产与资本的城市化的研究

菲利普·洛鲁（Philip Louro）在其2014年发表于《社会主义与民主》(Socialism and Democracy)上关于《反叛的城市》的书评（"David Harvey，Rebel Cities：From the Right to the City to the Urban Revolution"）中指认了这本书的都市政治经济学层面的意义。在他看来，哈维在这本书中已经认识到资本主义不仅影响经济生产，而且影响我们生活的空间——城市。与之相对，反对资本家的斗争不能仅仅停留在工作场所，也要延伸到我们生活的城市。这些都市中的贫困阶级或边缘群体的利益诉求促使他们提出撕裂城市并重建乌托邦"想

---

① Ellen Meiksins Wood, "Logics of Power：A Conversation with David Harvey," *Historical Materialism*, Vol. 14, Iss. 4, 2006, p. 13.

象"。纽约城市大学社会学教授莎朗·佐京（Sharon Zukin）在其收录于《大卫·哈维：批判性读本》中的《大卫·哈维论城市》（"David Harvey on Cities"）一文中，将哈维的空间与城市理论放置于现实的城市案例（譬如纽约的形成、巴黎的变迁）中进行分析。在她看来，哈维把城市作为权力景观并由此解释了独具特色的都市共同体的形成，即这种空间本身的生产中贯穿了资本逻辑和国家政治的双重线索。帕拉米特·辛格（Paramjit Singh）在《作为革命空间的城市》（"City as the Revolutionary Space"）一文中也从城市环境与政治斗争或革命的视角指认了哈维城市问题所具有的政治意识。

此外，哈维自己的学生在研究其理论的基础上对其思想做出了多方面的发展。譬如，史密斯在"自然的生产"和"不平衡地理发展"等相关研究中做出了重要贡献，梅斯菲尔德对马克思主义城市思想史进行了细致的叙述，斯温格多夫则基于人与自然的关系对当代城市进行了初步的政治批评，等等。

综上可知，国外学术界对哈维的研究，在对其著作和内容进行初步介绍的基础上，或是将研究重心置于哈维的研究方法和重大转向上，梳理出哈维思想的新颖之处；或是将研究重心置于其理论生成的原初思想语境和思想历程中，厘出哈维思想中的逻辑线索和关键词；或是以哈维的理论作引，触及更多空间层面内容的探索、现实案例的社会批判以及新帝国主义理论的研究等。可见，国外学术界对于哈维资本批判之基础理论的系统性研究存在不足。而回顾国内近几十年研究大卫·哈维思想的曲折历程，我们可以看到其中亦缺乏系统性的资本批判理论研究。经过长期的理论孕育与方法论积淀，在政治经济学与哲学的联盟已经取得丰硕成果的今天，我们是时候继续深入到大卫·哈维的资本批判理论研究中，系统地剖析其资本批判理论的思想谱系，进一步推进对历史唯物主义和马克思资本主义批判理论的深入理解。

三、本书的研究内容

大卫·哈维不止一次地说过，对《资本论》的研究与学习是其往后所有研究的理论基础。因此，是否对这一理论基础进行系统性的研究，直接影响到对哈维整体思想的理解。事实上，哈维正是以此为基础，建构了具有自身地理学特色的资本批判理论。

而由于哈维关注问题与写作时间的交叉性与共时性，我们很难从历史性的线索给予他关注的各个主题鲜明的分界。除去哈维在激进地理学的转向中所完成的从人文地理学家向马克思主义地理学家的过渡——从 1969 年《地理学中的解释》中所出现的地理学实证化浪潮之重要旗手的面貌，转向 1973 年《社会正义与城市》中反实证化运动的马克思主义城市社会学代表——之外，他的思想从《资本的限度》到目前为止，一直是以同心圆不断扩大外圈的模式得以丰富与补充。因此，在本书主题的框架中很难给予其思想"断裂式"层面上的分期。值得庆幸的是，大卫·哈维思想的鲜明特征在于，对元理论的执着、对前沿问题的关注与对乌托邦、替代性方案或政治斗争的追求。对这三个问题域的关注促使大卫·哈维不断地在三块理论内容之间来回穿梭。这就为本书提供了从元理论到现实问题再到寻求对现实之超越的"主题"式线索的可能。

总体而言，从每本著作第一版的出版时间来看（参见附录一），20世纪七八十年代，大卫·哈维在完成马克思主义转向的过程中，将其理论重点定位为学习马克思的《资本论》并初步建构自己往后所有研究的理论基础。自此以后，大卫·哈维在应用这种资本批判理论与不断修复资本批判元理论的过程中乐此不疲。20世纪八九十年代至 21 世纪的前十年里，哈维又将理论重点置于他对马克思的突破上，即对资本—空间理性的集中关注。2008 年金融危机之后，全世界掀起一阵重读《资本论》的热潮，哈维也将理论矛头再次对准了《资本论》。实际上，在 1982 年的《资本的限度》中，哈维已经对《资本论》进行过初步诠释。只是当时的解读在无意之中将重点倾斜于他个人的理论基础之建构（或者实际上造成了这一效果）。因此，此次再读《资本论》的理论旨趣更为直接与鲜明。同时，2008 年的金融危机也引起了哈维对金融资本和房地产的再次关注。这在一定程度上是与他再次解读《资本论》同时进行的。虽然《资本的限度》这一文本也初步涉及金融资本与地租理论，但哈维关于金融资本与房地产的论述在《资本之谜：人人需要知道的资本主义真相》《马克思与〈资本论〉》等 2010 年以后的著作中更为鲜明。此外，关于资本主义社会的诸多矛盾与危机也是近几年围绕着资本主义社会的主旋律。哈维出于对前沿问题的关注与对其资本批判理论的运用集中论述了资本主义社会的 17 个矛盾。这是对现实问题之超越的努力，也是对阶级斗争元理论的重塑。

可见，哈维的学术人生来回穿梭于元理论研究、前沿现实问题分析与乌托邦诉求三个问题域之中。因此，从理论到现实，再行进到对未来的展望，或许是架构本书理论框架的最佳途径。正是在这一方法论前提之下，本书围绕与三个问题域直接相关的五大主题，尝试呈现出哈维资本批判理论的全貌。

本书第一章以"商品""货币""资本"与"资本主义危机"为关键词，呈现出哈维在这些基础理论上的独特判断及其与马克思在关键词上的异质性。换言之，本书认为，哈维的商品概念建立在总体性的三元空间关系与先验性跳跃的基础之上，而价值与货币是其进入经验具体层面的核心路径。与此同时，哈维又在完全不同于马克思资本概念的基础上，认为当代资本积累与剩余价值（利润）的来源方式已经发生了改变。基于此种改变，资本主义危机亦呈现出三种不同的理论样态。

第二章以哈维对《资本论》之重构的理论重点为对象，尝试指出哈维为何重视《资本论》第二、三卷，为何并如何以固定资本与城市视角重构《资本论》。在这一过程中，一系列重要的新问题域展现在我们眼前，即在当代资本主义社会，我们究竟该如何激活《资本论》，如何面对当代资本主义社会的新变化与新现象。通过对这些问题的回应，我们可以从总体逻辑与理论侧重点的视角直面两种完全不同的资本批判理论范式——哈维的资本批判理论与马克思的资本批判理论。本章认为，哈维的资本批判理论是以资本积累与总循环图式、价值生产与价值实现的资本运行机制为分析当代资本主义社会运行规律的前提的。总体而言，本书第一章与第二章均集中在对资本批判元理论的诠释上。

第三章与第四章则主要集中在哈维对前沿现实问题的分析上。具体而言，第三章在回应资本积累持续性阻碍以及过度积累的基础上，指出哈维引入资本—空间理性的契机并直面空间理性的出场。因何出场、以何种方式出场、在哈维整体资本批判理论中的地位及其意义，以及出场后所形成的具体地理学表现，是本章重点阐释的几个问题。

第四章则以金融资本与房地产问题为理论中轴，集中诠释了资本理性在当代资本主义社会的最新发展。本章集中于这几个具体的问题上：第一，新自由主义为何强调金融化？第二，金融资本是否是对劳动价值论的背离？第三，地租理论在当代的最新发展形式以及土地逻辑与房地产的关系如何？第四，房地产在何种意义上成为资本积累的城市根源？第五，哈维以何种理论直面资本经济理性的疯狂？

第五章则通过对当代资本主义矛盾与危机的分析，指出当代资本主义矛盾与危机的具体形式及其对当代资本运行机制和人的影响。实际上，对于当代资本主义社会之矛盾与危机的直接关注，是哈维乌托邦诉求与替代性政治方案的中层理论支撑。因此，本章主要通过对哈维矛盾与危机理论的解读来诠释阶级斗争与乌托邦诉求在其资本批判理论中的表现形式。本章认为，哈维试图通过指出革命的具体爆破点的形式，为寻求替代性政治方案或阶级斗争提供理论指导。这种以引入外部政治斗争加速资本运行机制崩溃的危机理论，是哈维寻求对现实之超越的展望。本章继而通过指出哈维阶级斗争理论的三个阶段来发出诘问：以使用价值的政治学为理论路径的革命人道主义是否真的可行？

结语部分则从整体性的理论视野出发，试图从哈维资本批判理论的方法论基础、资本批判理论范式本身以及正确理解这一理论的意义出发，全面地交代哈维与马克思资本批判理论的异质性。

总体而言，本书主要研究美国著名学者大卫·哈维的资本批判理论，主要集中于他对当代资本运行机制的研究。实际上，作为马克思忠实拥护者，哈维对当代资本运行机制的研究是以学习并重构《资本论》为核心基础的。因此，随着哈维对马克思《资本论》之重构的深入与完备，他的资本批判理论以一种同心圆式向外扩展的模式不断地得到丰富与补充。本书的基本观点是，哈维以资本积累与总循环图式为立足点，以当代资本主义社会产生的新现象以及资本积累范式的新变化为理论中轴，通过对马克思《资本论》及其资本批判理论的重构，在将空间与城市引入历史唯物主义的基础上，建构了具有自身地理学特色的跨学科式资本批判理论。这是哈维结合自身地理学背景知识重构《资本论》并直面当代资本主义社会的直接结果，也是他在面对西方左派之困境的基础上，通过回归政治经济学批判来分析当代资本运行规律的努力。本书的基本任务是，通过对哈维重构《资本论》的具体研究，在阐释哈维资本批判理论之基础概念、总体逻辑与主要线索的基础上，尝试回应哈维在前沿现实问题分析过程中存在的问题与特征，并最终通过对其矛盾与危机理论的研究，在识别出哈维自身理论特色与理论贡献的同时，指出他与马克思的异质性及其资本批判理论的优缺点。

第一章

资本批判的基础理论（上）：
对基本概念的另一种解读

现在可以很清楚地看到，只要交换价值的基础保持不变，所有这些尝试都是徒劳的，而那种认为金属货币似乎使交换遭到歪曲的错觉，是由于根本不了解金属货币的性质产生的。另一方面，同样可以很清楚地看到，随着占统治地位的生产关系的对立面的成长，以及这种生产关系本身越来越强烈地要蜕皮，攻击的矛头就越来越指向金属货币或货币本身，因为货币是使制度表现得非常明显的一种最引人注目、最矛盾、最尖锐的现象。于是有人就在货币身上费尽心机，企图消除对立，其实货币只是这些对立的明显的现象。

——《马克思恩格斯全集》第30卷

这种总体性不是静止和封闭的，而是流动和开放的，因此处于持续的变化状态中。

——大卫·哈维：《跟大卫·哈维读〈资本论〉》（第一卷）

面对 20 世纪西方学界主流话语对宏大叙事和辩证法的摒弃，大卫·哈维一反常态，以为地理学界引入马克思主义和元理论为宏愿，开始系统钻研马克思的理论。与此同时，西方学界出现了一股以齐泽克、鲍德里亚等为代表的"回归政治经济学批判"的潮流。在这股潮流的影响下，大卫·哈维全力聚焦于马克思的资本批判理论。正是在将地理学知识与马克思的资本批判理论进行融合的情况下，哈维形成了独具个人特色的跨学科式的资本批判理论。这一元理论的形成不仅有助于哈维本人形成以此为基础的新理论，而且为研究当代资本主义社会提供了新的理论生长点。也正是在这一意义上，廓清大卫·哈维的资本批判理论，不仅有助于我们面对当今资本主义社会的新变化，而且能为马克思主义的研究注入新的活力。

一、商品：总体性的三元空间关系与先验性的跳跃

大卫·哈维在解读《资本论》与探究资本运行机制时，提出要以依据马克思的原意解读《资本论》为立足点。由于商品概念是马克思《资本论》及其整个资本批判理论的逻辑起点，因此哈维亦选择商品作为其对马克思资本批判理论进行解读的起点。但是，哈维在构建其资本批判理论时，在一定程度上改写了商品的基础性地位。在某种意义上，此种对商品概念进行异质性解读的过程不仅体现出他对商品概念本身及资本运行机制的特有解读模式，并为其之后的相关独特理论埋下了伏笔，而且揭露出一个事实，即哈维不能准确地理解《资本论》的科学方法。

商品概念的内涵及其地位

总体而言，大卫·哈维资本批判理论的基础理论主要集中在《资

本的限度》、《跟大卫·哈维读〈资本论〉》两卷本、《资本社会的 17 个矛盾》、《马克思与〈资本论〉》等元理论较为集中的文本中。

在他的视域中，商品概念是以三元性空间关系为诠释基底的。换言之，哈维最终形成了"使用价值与交换价值""交换价值与价值""使用价值与价值"三组概念之间的三元性空间关系。基于此，哈维又以先验性、商品的物质特性与"日常生活性"界定了商品在其资本批判理论中的先验性起点地位："商品是马克思的一个先验的起点。"① 这是哈维引入自身擅长的地理学知识，对马克思商品概念进行历史地理唯物主义式重构的结果。根据他的理解，商品这一"总体性的关系"② 中的三大范畴相互依存并可以内化于不同的时空对象中。首先，使用价值指涉物的有用性，它与人类的欲求和需要相关，即哈维所指认的"社会性的使用价值"③，依然是从物因其有用而能被他人消费的"社会欲求和社会需要"视角进行解读的（这与哈维重视"生产与消费""价值生产与价值实现"两组概念直接相关。准确地说，哈维认为当下资本主义社会的危机已经变成价值实现的问题）。因此使用价值可存在于事物的物理世界，并与牛顿学说和笛卡尔哲学中的绝对空间和时间概念相对应。其次，交换价值被指认为一种数量维度的关系——"可量化的且同质"④ 的关系，他以此来强调使用价值的数量方面。这种数量层面的交换价值表述的是商品价值在交换中的相对比例。在这一意义上，交换价值是价值的表现——"交换价值是某一事物的表现。它是

---

① [美] 大卫·哈维：《跟大卫·哈维读〈资本论〉》（第一卷），刘英译，上海：上海译文出版社，2013 年，第 19 页。
② [美] 大卫·哈维：《跟大卫·哈维读〈资本论〉》（第一卷），刘英译，上海：上海译文出版社，2013 年，第 28 页。
③ [英] 大卫·哈维：《资本的限度》，张寅译，北京：中信出版社，2017 年，第 53 页。
④ [美] 大卫·哈维：《跟大卫·哈维读〈资本论〉》（第一卷），刘英译，上海：上海译文出版社，2013 年，第 27 页。

什么的表现呢？马克思说，它是价值的表现。"① 也因此交换价值包含在商品交换与运动的相对时空中，它与地理学、数学和物理上的相对空间相对应。最后，价值是指社会必要劳动时间，它与世界市场的相关时空概念相对应。

众所周知，归功于哈维在四十多年里对马克思《资本论》的反复研究，其资本批判理论经历了一个从"学徒式诠释"到"为己所用"的阶段，这造成其诸多思想均以同心圆式发展路径不断得以丰富。在这一整体背景的支撑下，哈维对商品概念的理解亦呈现出一段动态发展的思想史过程。从文本依据来看，哈维在其不同时期的多本著作中或多或少地涉及商品这一概念。这主要集中体现在 1982 年的《资本的限度》"第一章"、2010 年的《跟大卫·哈维读〈资本论〉》（第一卷）"第一部分"、2014 年的《资本社会的 17 个矛盾》的"矛盾 1"与 2018 年的《马克思与〈资本论〉》等元理论分析较为集中的文本中。值得注意的是，《资本的限度》作为哈维第一次系统阅读《资本论》的文本，更侧重于对马克思原语境的把握。基于此，哈维以回到马克思、学习马克思为理论旨归，在对很多具体概念的理解上更接近马克思而相对较少地介入知识重构。2010 年及以后的元理论文本则更侧重于哈维自身资本批判理论的建构，因此在对很多具体概念与问题的理解上产生了重大的实质性差异。所以我们在阐释哈维商品概念时亦要尊重哈维本意，以 2010 年及以后的元理论建构文本为主要依据，而相对弱化《资本的限度》中所出现的细微差异。从这些零散的相关论述中可知，实际上哈维对商品概念的定义立足于"整体"——"商品是一个整体"② ——或"总体性的关系"这一前提。在他的视域中，三大概念以

---

① ［美］大卫·哈维：《跟大卫·哈维读〈资本论〉》（第一卷），刘英译，上海：上海译文出版社，2013 年，第 27 页。
② ［美］大卫·哈维：《跟大卫·哈维读〈资本论〉》（第一卷），刘英译，上海：上海译文出版社，2013 年，第 27 页。

并列式关系型范畴的方式存在于商品这一整体之中：使用价值对价值而言是必要的，交换价值是价值得以存在的必要条件，使用价值又是交换价值得以存在的必要条件。① 此外，正如他指出："我们从第一部分就知道，这种总体性最好通过对商品的使用价值、交换价值和价值的三分概念来获得。"② 因此我们在理解哈维的商品概念时，亦要从他对三大范畴之内涵的诠释中窥见一二。

首先，在不同时期的文本中，哈维对使用价值概念的理解趋近于统一，即他一如既往地认为使用价值与人类的需要和欲求直接相关，并将其指涉为人类学维度上的物的有用性③。譬如，在大卫·哈维首次集中阐释《资本论》的《资本的限度》④ 一书中，他指出：

> 商品的物质方面——它关系到人的欲求和需要——是由使用价值的概念来把握的。使用价值可以"从质与量两个角度"来看待。作为"许多属性的总和"——从而"可以在不同的方面有用"——商品拥有一定的质，这些质与人不同种类的欲求和需要相关。⑤

在《跟大卫·哈维读〈资本论〉》(第一卷) 中，哈维也明确提出："'物的有用性'，能够被最佳地定义为'使用价值'。"⑥ 而与此同时，他认为这种使用价值概念是马克思从不同质的商品或需要等多样性中迅速

---

① 参见［美］大卫·哈维《跟大卫·哈维读〈资本论〉》(第一卷)，刘英译，上海：上海译文出版社，2013 年，第 26—41 页。
② ［美］大卫·哈维：《跟大卫·哈维读〈资本论〉》(第一卷)，刘英译，上海：上海译文出版社，2013 年，第 28 页。
③ 将此种"物的有用性"定位为人类学维度的内涵的描述，可参见孙乐强《马克思的使用价值理论及其哲学意义的再思考》，《理论探讨》2017 年第 5 期。
④ 《资本的限度》是哈维首次集中论述《资本论》的文本。与此同时，这一文本亦整合了前期相关文稿如《社会正义与城市》等书中的相关思想。
⑤ ［英］大卫·哈维：《资本的限度》，张寅译，北京：中信出版社，2017 年，第 49 页。
⑥ ［美］大卫·哈维：《跟大卫·哈维读〈资本论〉》(第一卷)，刘英译，上海：上海译文出版社，2013 年，第 20 页。

地抽象出来的——"我们注意到，他是如何从人类需要、需求和渴望的不可思议的多样性，以及不同商品与它们不同的重量和衡量单位中，迅速地抽象出来，以集中于使用价值这一单一的概念。"① 而在《资本社会的 17 个矛盾》中，哈维通过房屋的使用价值即房屋可以提供居住条件这一使用性层面来定位使用价值。总的来说，哈维在将唯物主义的物质基础作为前提的语境下，以关系性的范畴将使用价值重新引入商品概念的探讨之中。基于此，"使用价值是在同交换价值和价值的关系中得到考察的"②。

实际上，哈维在《资本的限度》中已经提到："使用价值是按照现代生产关系来塑造的，也会反过来影响并改变这些关系……机器就是一种在资本主义生产关系当中生产出来的使用价值。"③ 这是他阅读《1857—1858 年经济学手稿》（《政治经济学批判大纲》）所获得的直接成果，即他确实看到现代生产关系使得使用价值成为政治经济学范畴。然而问题在于，哈维注重从生产与消费的视角来理解这种为他人所用的社会性的使用价值，即将其理解为社会欲求与社会需要层面的使用价值。更有甚者，虽然哈维已经识别出固定资本是生产剩余价值的物质资产，但是他在论述固定资本的使用时，将其指认为物质性的使用价值被生产性的消费掉，而且他还强调研究固定资本的起点与基础是机器的纯粹物质属性。④ 这与马克思在商品作为逻辑起点时便将双重维度的使用价值内涵引入商品内在要素的做法形成天壤之别。而且从他之后在诸多文本中的论述可知，他总体上仍然在物的有用性视角上阐述商品的使用价值。

其次，哈维指出交换价值并非在后期的某个阶段才从价值理论中

---

① ［美］大卫·哈维：《跟大卫·哈维读〈资本论〉》（第一卷），刘英译，上海：上海译文出版社，2013 年，第 20 页。

② ［英］大卫·哈维：《资本的限度》，张寅译，北京：中信出版社，2017 年，第 51 页。

③ ［英］大卫·哈维：《资本的限度》，张寅译，北京：中信出版社，2017 年，第 52 页。

④ 参见 ［英］大卫·哈维《资本的限度》，张寅译，北京：中信出版社，2017 年，第 334—340 页。

推导出来，而是从一开始就是马克思研究的根本。① 总体而言，他倾向于从商品交换关系和数量层面的维度对其进行衡量。基于此，他将流通过程与相对时空对应起来。譬如，在《资本的限度》中，哈维指出："马克思是联系到交换价值——它首先被看作一种量的关系——来强调使用价值的量的方面的。"② 而在《跟大卫·哈维读〈资本论〉》（第一卷）中，哈维对交换价值的理解前进了一步。此时，他不再仅将交换价值与使用价值的数量层面进行结合，他已经看到"交换价值是体现在商品中的人类劳动的必要表现"③。这是哈维仔细研究马克思并"将交换价值看作价值的表现"④ 的结果。

最后，价值概念一直是马克思概念中具有谜一般性质的东西。此种"幽灵般的对象性"使得部分读者在解读这一概念时经常不得章法。这亦体现在哈维的思想中。在《资本的限度》中，哈维实际上并未准确涉及价值概念，更未能给出合理的定义。直到在《跟大卫·哈维读〈资本论〉》（第一卷）中，哈维才明确指出价值是指社会必要劳动时间。自此以后，哈维一直在"价值指涉社会必要劳动时间"的视域中对其进行解读与运用。譬如，在他分析"价值与货币体系所代表的价值形式"之间的关系时，直接将价值指涉为凝结在商品中的社会必要劳动时间。

> 马克思在他的分析模式中所建构的说服方式，是为理解存在于价值（凝结在商品中的社会必要劳动时间）和货币体系所代表的那种价值的方式之间存在令人担忧和有问题的联系。⑤

① 参见［英］大卫·哈维《资本的限度》，张寅译，北京：中信出版社，2017 年，第 47 页。
② ［英］大卫·哈维：《资本的限度》，张寅译，北京：中信出版社，2017 年，第 49 页。
③ ［美］大卫·哈维：《跟大卫·哈维读〈资本论〉》（第一卷），刘英译，上海：上海译文出版社，2013 年，第 23 页。
④ 参见［美］大卫·哈维《跟大卫·哈维读〈资本论〉》（第一卷），刘英译，上海：上海译文出版社，2013 年，第 27 页。
⑤ ［美］大卫·哈维：《跟大卫·哈维读〈资本论〉》（第一卷），刘英译，上海：上海译文出版社，2013 年，第 89 页。

而在其 2018 年的最新文本《马克思与〈资本论〉》中，他依然将价值指涉为社会必要劳动时间——"马克思将价值定义为社会必要劳动时间。"① 这些对价值的定义直接体现出他对价值概念的定位，基于此，哈维将价值与劳动时间量直接勾连。

换言之，哈维是从数量维度界定价值概念的。这直接导致哈维在后期解读与运用价值概念时，将其与交换价值混淆运用。因为在他看来，价值是以数量维度的标准进行衡量的或可计算的东西。所以在论述价值与价格之间的关系时，哈维不能识别出马克思的原意，即马克思不是在讨论价值本性与价格之间的不匹配，而是在探讨交换价值与价格之间的不一致。这虽然跟马克思在其原文中有时将价值与交换价值等同运用有关，但是也鲜明地体现出哈维并未识别出二者之间实质性的差异。与此同时，虽然哈维在论述价值与交换价值时，明确地指认了交换价值是价值的表现，但是他是以交换价值是价值得以存在的必要条件为前提进行此种论述的，这就意味着在他的视域中价值本性是不能独立地存在的。此外，哈维将价值与相关性时空直接联结的做法，体现出他认识到马克思的价值概念绝非实体性的存在，这因此扭转了将价值实体化的理论倾向。

在何种意义上与马克思产生了实质性的分野？

哈维在对商品进行论述的过程中，与马克思产生了实质性的分野。这种差异主要体现在以下几个方面。

首先，大卫·哈维指出马克思将商品概念作为逻辑起点是经历一段历程的结果。

马克思在《资本论》开篇的分析中考察了商品的本质。乍一

---

① ［美］大卫·哈维：《马克思与〈资本论〉》，周大昕译，北京：中信出版社，2018 年，第 8 页。

看，这个选择似乎略显随意。但若回顾一下《资本论》的预备材料——它们延续了近30年——我们就会看到，这个选择绝不是随意的。这个选择出自一段漫长的探索之旅，它让马克思得出了一个根本性的结论：只有揭开商品的秘密，才能解答资本主义本身错综复杂的秘密。我们的起点实际上是一个结论。①

而他之所以将商品概念作为逻辑起点，原因在于他认为马克思自《德意志意识形态》以来一直坚持将物质生产作为研究前提。商品的物质特性则恰巧符合这一研究前提。与此同时，在资本主义社会日常生活中，商品最为随处可见。即哈维认为："在资本主义生产方式中，商品形式是社会的一般形态。马克思选择利用商品的这个共有特征，它对于我们所有人都是熟悉的而且是普遍存在的，商品与阶级、种族、宗教、民族、性别偏好或其他因素无关。我们以日常的方式了解商品，并且，我们必须购买商品以维持生存。"②

一方面，大卫·哈维识别出商品概念的"日常生活性"以及它成为逻辑起点的过程性。在他的视域中，商品普遍化是资本主义社会的重要特征，其物质特性与"日常生活性"特征使其成为马克思分析资本运行机制的逻辑起点。此种解读是他从经验层面与日常生活表象层面把握商品概念的理论表述。这在一定程度上体现出商品与资本主义生产方式的必然联结，也在一定程度上体现出哈维对马克思资本批判理论逻辑起点的经验性解释。而此种解释在日常生活层面具有分析问题与解决问题的力度。

但另一方面，哈维对商品概念的解释又没有直达问题的根本之处。虽然哈维后来以"关系性范畴"的定位将使用价值再次引入商品问题的讨论，但是此种将使用价值以关系性范畴的方式引入政治经济学的

---

① [英] 大卫·哈维：《资本的限度》，张寅译，北京：中信出版社，2017年，第43页。
② [美] 大卫·哈维：《跟大卫·哈维读〈资本论〉》（第一卷），刘英译，上海：上海译文出版社，2013年，第20页。

做法，未能体现出马克思在商品内在要素与内在矛盾的角度诠释使用价值第二重维度——被资本主义社会建构过的使用价值——的初衷，也因此与马克思在理解商品概念时形成了实质性的差异。商品概念在哈维的视域中是因为其物质特性与在日常生活中随处可见的特征而成为起点的。但在马克思的视域中，此种商品仅是资本主义社会的前提，因为此种商品概念不足以涵盖整个资本主义社会的根本特质。譬如，在前资本主义社会中的物品交换或封建社会时期的集市均是因为商品的物质特性与在日常生活中对人的有用性而存在的。换言之，在马克思的视域中，只有被资本主义社会建构过的使用价值才能进入政治经济学的范围。基于此，马克思认为只有经过资本主义社会建构的作为资本主义社会结果的商品概念①才能成为分析资本主义社会的逻辑起点。从这一意义上看，商品概念在哈维的视域中已经被隐去了基础性地位。换言之，商品在哈维的理论中被弱化为商品交换过程的物质承担者，商品关系被弱化成商品交换关系。

其次，大卫·哈维在论述商品概念时，在指出商品因为其物质特性和日常生活性而成为分析资本主义社会的起点之后，直接对商品的基础性地位和商品本身提出了质疑。这主要体现在两个方面：第一，在哈维的视域中，"商品是马克思的一个先验的起点"②。由此可知，哈维不能真正理解商品因何成为《资本论》的逻辑起点。换言之，虽然哈维已经认识到商品成为马克思写作《资本论》的逻辑起点是经历过一段思想史发展的结果，但是他未能理解这一段思想史发展的实质。第二，大卫·哈维不能准确地理解内嵌在商品内在要素中的商品的二重性，在此基础上，他认为马克思在谈论这些基本范畴时亦采取了先验性的方法。譬如，哈维曾指出："让我从第一章第一部分的细节开

---

① 参见唐正东《马克思的两种商品概念及其哲学启示》，《哲学研究》2017 年第 4 期。
② [美] 大卫·哈维：《跟大卫·哈维读〈资本论〉》（第一卷），刘英译，上海：上海译文出版社，2013 年，第 19 页。

始。我这样做的原因，是因为在这一部分，马克思以一种先验的并且在某种程度上是神秘的、不容置疑的方式，列出了可以说明其理论的基本范畴。"① 此种"先验性"的解读，主要立基于哈维不能理解使用价值、价值与交换价值之间的真正关系，亦即哈维不能准确理解商品关系以及商品关系中使用价值与价值的内在矛盾性。基于此，他亦指认商品因其是劳动产品而能够被通约这一事实是"另一个先验的跳跃"②。

实际上，在《资本的限度》中，哈维已经以"高度抽象的、仿佛先天的概念"③ 对商品及其二重性等范畴进行过解读。而关于先验性的断言在《跟大卫·哈维读〈资本论〉》(第一卷) 中更以确定的语言表述出来。这是哈维与马克思在判定商品在分析资本主义社会中处于何种地位时存在的最为明显的区别。准确地说，哈维在解读《资本论》的"商品"章时，对商品这一基础性概念的先验性理解，实际上回到了阿尔都塞等人认为《资本论》第一章是先验或者纯粹逻辑性论证的水平。持有此种观点的学者普遍地认为马克思在《资本论》的开篇是纯粹逻辑性的论证。因此在论述之后其他章节的时候，他们认为马克思出现了一个断裂。哈维一直强调马克思《资本论》的"第 1 卷所建立的历史与理论的联系并不成熟"④ 的原因，亦在于此。

最后，哈维在对商品本身提出质疑的过程中，引入自身的跨学科知识，对商品的使用价值、交换价值与价值三大范畴进行了独具特色的解读与建构。正是在此种建构中，哈维与马克思在细节层面产生了极大的区别。

---

① [美] 大卫·哈维：《跟大卫·哈维读〈资本论〉》(第一卷)，刘英译，上海：上海译文出版社，2013 年，第 19 页。
② [美] 大卫·哈维：《跟大卫·哈维读〈资本论〉》(第一卷)，刘英译，上海：上海译文出版社，2013 年，第 22 页。
③ [英] 大卫·哈维：《资本的限度》，张寅译，北京：中信出版社，2017 年，第 44 页。
④ [英] 大卫·哈维：《资本的限度》，张寅译，北京：中信出版社，2017 年，第 194 页。

第一，在理解使用价值概念时，哈维局限于物的有用性。而基于此种使用价值的商品概念仅是资本主义社会的前提。亦正是基于此种物质层面的理解，哈维将使用价值与事物的物理世界相对应，这就将使用价值的问题限定在牛顿学说和笛卡尔哲学中的绝对空间和时间中。

此外，从严格的文本依据来看，哈维在论述社会需要、固定资本概念时，曾明确地提出了"社会性的使用价值"概念并将其作为政治经济学的范畴——"正如使用价值作为社会性的使用价值被重新整合进了政治经济学一样。"① 乍看之下，这与使用价值的第二重维度——被资本主义社会建构的使用价值——具有异曲同工之妙。然而，经过仔细的分析与辨别可知，此种社会性的使用价值被哈维以马克思在《资本论》第一节的末尾突然修改自身论述的方式，引入商品的论述之中。

> 到了第一节的末尾，在简要地考察了交换价值和价值之后，马克思修改了他的论述，并坚持认为商品生产者"不仅要生产使用价值，而且要为别人生产使用价值，即生产社会的使用价值。商品倘若不能满足一种社会欲求或社会需要，就无法具有交换价值或价值"（《资本论》第 1 卷，第 41 页）。使用价值的范畴现在被理解为社会性的使用价值，同交换价值和价值相联系，因而毫无疑问已经发挥了经济职能。②

一方面，此种做法体现出他并未识别出"作为资本主义社会结果的商品"概念。换言之，具有双重维度的使用价值内涵是作为逻辑起点的商品概念在一开始便已经囊括在内的。另一方面，哈维虽然看到了使用价值的异质性内涵，然而他在对其进行解读时，将其作为为别人生产的社会性的使用价值。此种从社会欲求和需要的角度诠释的使用价

---

① ［英］大卫·哈维：《资本的限度》，张寅译，北京：中信出版社，2017 年，第 185 页。
② ［英］大卫·哈维：《资本的限度》，张寅译，北京：中信出版社，2017 年，第 52—53 页。

值，还未涉及资本主义生产过程中创造剩余价值的使用价值。

> 首先就使用价值来说，使用价值的特殊内容，使用价值的进一步的规定性，对于商品的概念规定来说是完全无关紧要的。物品要成为商品，从而成为交换价值的承担者，必须满足某种社会需要，因而必须具有某种有用属性。如此而已。至于在生产过程中执行职能的商品的使用价值，情况则不同。按照劳动过程的性质，生产资料首先分为劳动对象和劳动资料；或者进一步地加以规定，它一方面是原料；另一方面是工具，辅助材料等等。这是从劳动过程本身的性质中产生出来的使用价值的形式规定，因此——就生产资料来说——使用价值有了进一步的规定。在这里，使用价值的形式规定本身，对于经济关系的发展，经济范畴的发展，成为本质的事情。①

更有甚者，虽然哈维已经识别出固定资本是生产剩余价值的物质资产，但是他在论述固定资本的使用时，将其指认为物质性的使用价值被生产性的消费掉，而且他还强调研究固定资本的起点与基础是机器的纯粹物质属性。② 这与马克思在商品作为逻辑起点时便将双重维度的使用价值内涵引入商品内在要素的做法形成天壤之别。而且从他之后在诸多文本中对使用价值概念的论述可知，他总体上仍然是在物的有用性的视角上阐述商品的使用价值概念的。

第二，哈维与马克思在理解交换价值概念时的最大区别在于：哈维认为交换价值是价值得以存在的必要条件，基于此，他指出只有在货币体系出现之后，价值才能得以存在；而马克思认为价值本性具有逻辑在先性，即价值本性决定交换价值而非相反，交换价值只有在商

---

① 《马克思恩格斯文集》第8卷，北京：人民出版社，2009年，第458页。
② 参见［英］大卫·哈维《资本的限度》，张寅译，北京：中信出版社，2017年，第334—340页。

品交换关系中才得以显现出来。

第三，哈维认为价值指涉社会必要劳动时间，并将其与世界市场的相关时空相对应。而依据马克思在《资本论》第一卷第一章中对价值概念的定义可知，在马克思的视域中，价值是由社会必要劳动时间决定的。这与价值是社会必要劳动时间存在本质上的差异。简而言之，哈维将价值指涉为社会必要劳动时间的做法不仅在本质上使其与马克思的价值概念相异，而且容易导致哈维从衡量社会必要劳动时间的数量维度或价值量来理解价值概念。事实也是如此，在哈维之后的理论中，他时常混淆价值与交换价值。与此同时，哈维将价值概念与世界市场的相关时空相对应。这是他将马克思的全部人类抽象劳动置于全球化视域中的结果。

第四，哈维以"使用价值与交换价值""使用价值与价值""价值与交换价值"三组概念之间存在社会关系的形式涵盖了由商品引申出的三大基本范畴。这就意味着哈维不是从商品的内在矛盾性或商品本身来理解这一概念。在他的视域中，商品这一整体必须以三分概念进行解释。一方面，此种行为将三大范畴置于并列式与结构式分析的境地，这就将商品中的三大范畴进行了机械性的切割且掩盖了价值与交换价值之间真正的关系：价值本性决定交换价值而非相反。另一方面，基于此种关系性范畴的解读，哈维将价值概念与相关性联结起来，这就打破了从实体性视角来理解价值概念的模式。值得注意的是，哈维走向了另一个极端，即进入了从单一的关系型视角解读价值概念的狡计之中。

综上所述，正是基于这些分歧，哈维与马克思产生了实质性的分野。

产生此种异质性解读的原因

诚如前文所述，商品概念虽然是大卫·哈维跟随马克思《资本论》的步伐而研究的第一个概念，但是这一概念在哈维的资本批判理论视域中的真实地位，与马克思商品概念的逻辑起点地位确实存在相异性。亦诚如前文所述，哈维视域中的商品概念实际上被指认为先验性的起点。此种指认体现了哈维不能理解商品关系的内在矛盾性以及商品二重性等基本范畴的实质。也因此哈维在理解商品概念与商品二重性时，呈现出前文所指认的诸多差异。而产生这一系列结果的原因，除去哈维自身的地理唯物主义与经验实证的理论背景知识的影响之外，主要可以归结为以下几个方面。

首先，马克思对商品逻辑起点地位的指认，被哈维以"先验性""先验的跳跃"等概念替代。实际上，哈维在其文本中，依然承认"逻辑起点"一词。只是因为他理解不了逻辑在先性，所以凡是在理论逻辑断裂处，抑或是凡是在他无法完成理论逻辑的过渡时，他便引入先验性用以弥补这一断裂。总体而言，哈维形成此种断言的根本原因在于他未能理解马克思在写作《资本论》时所采取的从抽象上升到具体的科学方法，尤其是"历史与逻辑相统一"的环节。

实际上，马克思的"历史与逻辑相统一"的方法，意味着只有在一般性的历史发展的客观事实与规律被理解之后，我们才能从"人体解剖是猴体解剖的钥匙"入手，来认识资本主义社会的问题。① 换言之，《资本论》中的商品概念是融合了马克思认知的资本主义社会发展的一般规律之后的基础性概念，它融合了资本关系、资本主义生产方式的内在矛盾与资本主义根本特质的萌芽。因此它不是先验的，而是遵循研究对象的历史发展过程的结果，是资本关系与资本主义根本特质在人脑中经过改造了的历史性的东西，是作为资本主义社会之结果的商品概念。譬如，马克思在论述商品时，将其置于"资本的生产过程"这一大标题之下。这就体现出此处的商品是作为资本主义生产过

---

① 参见孙伯鍨、侯惠勤主编《马克思主义哲学的历史和现状》(上卷)，南京：南京大学出版社，2004年，第216—217页。

程之基础的商品概念。基于此，商品不可能是纯粹先验性的起点，这一概念本身体现了历史与逻辑的统一。因此亦不存在哈维在论述《资本论》第一卷时所指认的情况——马克思未能将理论与历史很好地联结起来。

其次，哈维将商品二重性指认为商品三大基本范畴间的三组社会关系，并将其进行地理唯物主义建构的做法，体现出哈维不能理解马克思视域中的商品的内在矛盾性。诚如前文所述，在马克思的视域中，商品二重性指涉商品的使用价值与价值："在本章的开头，我们曾经依照通常的说法，说商品是使用价值和交换价值，严格说来，这是不对的。商品是使用价值或使用物品和'价值'。"① 而准确来说，商品的二重性理论指涉商品的使用价值与价值之间的内在矛盾性关系。这与哈维以三组基本范畴之间的社会关系所构建的三元空间体系具有根本性的不同。正是因为哈维无法理解商品及其内在矛盾性，他在诸多细节方面形成了具有自身特色的体系建构。然而亦正因为如此，哈维不能理解作为《资本论》逻辑起点的商品概念从一开始便从商品内在要素和内在矛盾的角度囊括了生产关系、资本关系与资本主义社会的内在矛盾等范畴的萌芽。

具体来说，第一，哈维未能理解商品的内在矛盾性，因此他在理解使用价值与交换价值时，不是通过"抽象力"的把握而是通过实证分析的方法将其进行了人为的割裂。换言之，他所提倡的商品二重性实际上是二分法。这就导致哈维在理解使用价值、交换价值与价值时，不是从商品本身而是从单一的某一范畴或至多以关系型范畴的角度来理解三大范畴。这也是他提出马克思从使用价值转移开并进入交换价值且由此进一步认识到价值的根本原因。② 基于此，他才将价值与其他

① 《马克思恩格斯全集》中文第 2 版第 44 卷，北京：人民出版社，2001 年，第 76 页。
② 参见［美］大卫·哈维《跟大卫·哈维读〈资本论〉》（第一卷），刘英译，上海：上海译文出版社，2013 年，第 26 页。

二者进行并列叙事。与此同时，哈维将交换价值作为独立因素加以考察并认为使用价值在解释资本主义社会时无"实质性"① 作用，因此他认为马克思在分析资本主义社会时是以交换价值为主导线索的。这就导致哈维在其后期相关理论的构建中，将交换价值的比重提高到过高的地步。基于此，哈维最终形成了以交换价值看待资本主义社会运行机制的主导视野，并在《资本社会的 17 个矛盾》中呼吁提高使用价值的地位。

第二，哈维在指认商品成为逻辑起点时，实际上只从商品的交换性与在资本主义社会的普遍化或日常生活化的角度对其进行了诠释。正因为哈维没有理解商品的内在矛盾性，"商品何以在一开始就囊括了资本关系以及资本主义社会内在矛盾的萌芽"这一命题便未能进入他的视野。亦正因为如此，哈维始终理解不了"被资本主义社会建构过的使用价值"与作为资本主义社会结果的商品概念，这是他将使用价值直接等同于物，以及将社会性的使用价值从"未以资本主义生产关系为基础的交换关系"扩大化的角度推理出来的根本原因。这亦使其忽视了使用价值自身如何作为商品内在要素被重新引入商品概念或政治经济学范畴的过程和实质。

第三，哈维在诸多理论场域中将价值与交换价值混淆使用或将商品与产品直接等同，这亦直接根源于他不能理解商品的内在矛盾性。一方面，虽然他明确看到并引用过马克思将交换价值作为价值的表现的相关文本，但是正因为他不能理解商品关系及其内在矛盾性，不能廓清马克思在严谨的意义上将商品二重性表述为使用价值与价值的真正原因，所以他无法理解价值与交换价值的差异。准确地说，马克

---

① 哈维以关系型的范畴将使用价值再次引入《资本论》的做法体现出他看到了以交换价值为主导的资本运行机制存在严重不足，然而关键在于他理解的使用价值依然是人类学维度上的物的有用性。因此他所指涉的使用价值并不包含从商品内在矛盾的角度将其作为被资本主义社会建构的使用价值的内涵。所以此种使用价值对资本批判的作用可以称之为非实质性的。

思正是在从《1857—1858年经济学手稿》到《资本论》的写作过程中，逐步将商品的二重性理论表述为使用价值与价值的内在矛盾。在这一过程中，马克思才得以从严谨的意义上，廓清价值与交换价值的本质差异：价值是无差别的对象化劳动的凝结，而交换价值是价值的表现形式，它只在商品交换关系中表现出来，因此更多的是与商品交换比例直接相关的价值形式。另一方面，因为哈维没有理解商品的内在矛盾性，所以他不能据此理解商品关系中囊括的资本关系的萌芽。换言之，哈维理解不了作为资本主义社会结果的商品概念。基于此，哈维未能从商品本身理解资本主义生产过程与一般劳动过程的区别，这便导致他在理解商品时，时常将其与产品概念混淆。

最后，哈维之所以无法完整地理解使用价值与抽象的人类劳动何以又被马克思引入资本批判理论中，是因为他不能理解马克思的历史唯物主义的实质内涵。在哈维的视域中，唯物主义与物理层面的"物"直接相关。譬如他指出："马克思经常被描述成一个坚定的唯物论者，如果不是原教旨主义者的话。每件事物都应该是物质的，以确保把它作为现实的东西来考虑，但在这里他否认商品的物质性能够告诉你任何你想知道的是什么使它们能够通约的问题。"① 此种对唯物主义的理解实际上回到了朴素唯物主义的水平。

基于此种理解，哈维在诸多方面陷入了朴素唯物主义的窠臼之中。一方面，哈维无法理解使用价值何以又被马克思引入资本批判理论中。因为在哈维的视域中，使用价值直接指涉物的有用性且在一开始便被马克思排除在研究资本主义社会的分析理论之外。这也是哈维在理解商品概念中的使用价值时，将其以关系型模式再度引入商品关系的原

① ［美］大卫·哈维：《跟大卫·哈维读〈资本论〉》（第一卷），刘英译，上海：上海译文出版社，2013年，第21页。

因。因为在他的视域中，使用价值因其物质属性无法直接进入政治经济学的范畴。然而实际上，被资本社会建构过的使用价值已经直接属于政治经济学范畴。换言之，哈维对唯物主义的理解停留在朴素唯物主义的阶段，因此他在理解使用价值概念时，无法从商品内在要素与内在矛盾的角度获取"被资本社会建构过的使用价值"这一内涵。

另一方面，哈维在理解商品何以具有通约性时，将马克思的"抽象的人类劳动"概念以"另一个先验的跳跃"的模式引入问题域中。然而，在面对"抽象的人类劳动"概念时，哈维批判说："如果抽象的人类劳动是'幽灵般的对象性'，那么，我们怎么可能看到它或衡量它呢？这又是一种怎样的唯物主义呢？"① 由此可知，哈维视域中的唯物主义与物理层面的物直接勾连。这导致他在理解非具象物形式的抽象人类劳动使其可以通约的过程时，将其打上先验的标签。这体现出大卫·哈维不能理解马克思视域中的历史唯物主义。因为在马克思的视域中，历史唯物主义的"物"是"具体的、历史的社会关系中的物"②，它可以指涉客观的然而是非实体性的存在。

二、"价值与货币"是进入"经验具体"层面的核心路径

哈维曾明确提出马克思未能从抽象彻底进入具体层面——"马克思一直没有完成这一宏大的工程"③，因此将自己的任务定位为在"具

---

① ［美］大卫·哈维：《跟大卫·哈维读〈资本论〉》(第一卷)，刘英译，上海：上海译文出版社，2013年，第22页。
② 唐正东：《深化历史唯物主义研究需要解决的三个问题》，《四川大学学报（哲学社会科学版)》2017年第5期，第5页。
③ ［美］大卫·哈维：《跟大卫·哈维读〈资本论〉》(第一卷)，刘英译，上海：上海译文出版社，2013年，第11页。

体"层面深化资本批判理论（或解决当代资本主义社会的具体问题）。事实证明，哈维的主要研究阵地确实体现在"具体"层面；准确地说，是"经验具体"层面。而从元理论进入当代资本社会现实问题的核心路径，便是其视域中的"价值与货币"之间的"辩证"关系。正是在这一社会关系的指引下，哈维得以研究价值与价格（以货币的形式表达出来的标价）、货币资本与生息资本、金融体系或借贷资本、价值的空间与时间等命题。

价值与货币概念的内涵

在哈维的视域中，价值与货币概念是必须同时关注的命题。因为在他看来，价值通过货币才能得以存在，而货币是价值在日常生活领域的物质体现。因此，将二者联结在一处进行考察成为必要而且是必须为之的任务。总体而言，哈维在论述价值与货币概念时，是以商品概念中使用价值与交换价值可以分割为叙事前提的。在他的视域中，马克思以仅仅四页的篇幅完成了从使用价值到价值的转移活动，即"将论题从使用价值转移到交换价值，再上升到人类的抽象劳动，最终到凝结于人类同质劳动中的价值"①。在此过程中，哈维形成了对价值与货币概念的独特理解，这主要体现在以下几个方面。

首先，哈维在阐释问题的前提下越出了马克思的原有思维。哈维将商品概念指认为分析资本问题的先验性起点之后，将其搁置一旁并以分析与归纳方法将商品裂变为使用价值、价值与交换价值三个部分。经过对这三个概念的直接分析，哈维又以使用价值指涉物质属性而不能直接解释资本主义社会运行机制为由，将其又暂时搁置一旁。问题的焦点理所当然地转移到价值与价值形式上，这是哈维跟随马克思的

---

① [美] 大卫·哈维：《跟大卫·哈维读〈资本论〉》（第一卷），刘英译，上海：上海译文出版社，2013 年，第 22 页。

步伐进展到《资本论》第一章第三节"价值形式或交换价值"的结果。

其次，在哈维的视域中，价值概念直接指涉社会必要劳动时间。这体现出哈维认识到马克思的社会必要劳动时间概念与古典政治经济学家的劳动时间概念之间存在着巨大的差异。正是因为马克思引进"社会必要"概念，才使得马克思在论述价值问题的实质时，将衡量价值的标准引入人类劳动的全部领域。基于此，哈维将"体现在商品世界全部价值中的社会的全部劳动力"进一步解读为"资本主义生产方式下的世界市场"。"当马克思说到'社会的全部劳动力'时，不言而喻地是指资本主义生产方式下的世界市场。"① 这就将哈维自身一直关注的全球化和世界市场的视野成功引入马克思对价值概念的论述中。由此，哈维将价值问题成功转移到世界市场或全球范围内的商品交换关系之中。与此同时，哈维将有形的货币形式作为价值得以存在的前提。依据他对马克思价值概念的解读，他认为：

> 价值，是非物质的，它无法在没有一种表现方式的情况下存在。所以，是货币体系的兴起，是货币形式自身作为一种有形的表现，使价值（作为社会必要劳动时间）成为交换关系的调节者。②

由此可知，哈维否认了价值的逻辑在先性，即他认为是货币使得价值得以存在。

显然，此处的"存在"指涉的是现实的经验领域的直接的物质存在。这体现出哈维与马克思在面对价值概念时研究视角的本质差异。在哈维的视域中，只有能以物质形式直接存在于日常生活中的东西才是真实存在的。基于此种定位，价值在哈维那里变成在货币体系产生

---

① [美] 大卫·哈维：《跟大卫·哈维读〈资本论〉》（第一卷），刘英译，上海：上海译文出版社，2013年，第23页。
② [美] 大卫·哈维：《跟大卫·哈维读〈资本论〉》（第一卷），刘英译，上海：上海译文出版社，2013年，第37页。

之后才得以存在的东西。这便改写了马克思视域中关于价值本性先于交换价值与货币存在的定位。价值只有通过货币体系的出现才得以存在的断言，不仅反映了哈维对日常生活中的商品交换体系的重视，而且反映出日常生活领域中的商品交换关系在哈维的视域中占据决定性的主导地位。在此种研究视角下，价值本性退居其次，让位于其表现形式——货币。譬如，哈维曾明确指出：

> 货币交换的兴起导致了社会必要劳动时间在资本主义生产方式内部成为主导力量。所以，价值作为社会必要劳动时间对资本主义生产方式来讲是一种历史的特定现象。它只出现在市场交换成为必需的情形中。①

这一研究切入点在哈维后期理论中起到了至关重要的作用，亦是他得出自身独特的资本运行机制理论的先决条件。

再次，哈维从价值、交换价值、货币与货币体系这一逻辑序列的进展中，将价值与货币问题同现实社会直接对接起来。这反映出哈维认识到在现实的资本主义社会中，价值问题会表现为交换价值与货币相关的问题。他明确地指认交换价值是价值的表现，此种表述将与价值进行勾连的现象层面的交换价值领域的问题，以一种本质与现象之间的关系精准地表达出来。这体现出哈维对日常生活领域的交换价值问题的本质性探索。也正基于此，哈维将问题从价值与交换价值进一步引申到货币与货币体系。与此同时，哈维指出价值与其表现形式——货币以及货币体系之间存在价值量的不相符合等问题，即二者之间产生了不一致。

最后，基于以上解读，哈维在论述货币概念时，将其置于纯粹的商品交换关系中进行理解。事实上，在哈维的视域中，货币是价值在

---

① ［美］大卫·哈维：《跟大卫·哈维读〈资本论〉》（第一卷），刘英译，上海：上海译文出版社，2013年，第37页。

现实的资本主义社会中集中表现出来的现象，因此能够借此理解资本主义社会出现的诸多问题。这与马克思的理解不谋而合。但与此同时，哈维在解读货币概念时，引入了自身的特有解读模式。

第一，哈维认识到货币产生的历史条件。譬如，他指出："货币商品产生于贸易体系，它并不是先于贸易体系产生的，所以交换关系的扩散和普遍化是货币形式结晶的重要的、必要的条件。"[①] 这也就是说，商品交换关系的普遍化是货币产生的真实原因。但是与此同时，哈维又指出："我认为，支持他对货币商品之产生的解释的历史证据，现在看起来是相当薄弱的……如果我们参考考古学和相关的历史记录，就会发现，许多现象可能都支持货币形式以根本就不是马克思所认为的方式而产生。"[②] 基于此，哈维认为马克思虽然在历史的论述上是薄弱的，但是出于理解资本主义方式的需要，货币必须被规制，即货币必须在一定程度上符合"它们在资本主义社会中被吸收，并起到了货币的作用"[③] 这一逻辑。换言之，哈维认为马克思所演绎的货币概念在资本主义社会中的形成过程，是纯粹逻辑上的论证，在一定程度上缺乏历史性。

第二，哈维在从商品交换关系或市场的视角理解货币概念之外，亦将国家的权力机制引入问题的讨论之中。譬如，他明确指出：

> 目前，在《资本论》中没有明确的关于国家的理论，但是如果你回顾全文中的许多表述，就会明显发现国家在资本主义生产体系中起到了基础性的作用（我们已经在第二章描述私有产权制度和一个适当发挥作用的市场时，暗含地提出了这一点）。正如我

---

① [美] 大卫·哈维：《跟大卫·哈维读〈资本论〉》（第一卷），刘英译，上海：上海译文出版社，2013年，第35页。
② [美] 大卫·哈维：《跟大卫·哈维读〈资本论〉》（第一卷），刘英译，上海：上海译文出版社，2013年，第36页。
③ [美] 大卫·哈维：《跟大卫·哈维读〈资本论〉》（第一卷），刘英译，上海：上海译文出版社，2013年，第36页。

们即将看到的，国家最重要的功能之一，是组织货币体系，调节
货币名称，并保持货币体系的有效性和稳定性。[1]

此种对于货币的理论定位，一方面体现出哈维在解读马克思《资本论》
的过程中，看到了政治权力与国家机制的重要作用；另一方面，亦反
映出哈维在理解货币概念时，陷入了西方左翼学派在"回归政治经济
学批判"的路径之中以经济学糅合政治学的理论狡计。譬如，哈维认
为人们通过积累货币的形式占有社会权力——"作为无限制的社会权
力，货币的积累是资本主义生产方式的基本特征。当人们试图积累这
种社会权力时，他们会以一个完全不同的方式开始。"[2]

第三，哈维在理解货币资本概念时，识别出这种新的形式已经不
是货币，而是以资本的形态出现的货币资本。"在作为商品的交换媒介
的货币流通，与货币被用于资本之间，存在很大的不同。不是所有的
货币都是资本。货币化的社会并不必然是资本主义社会。如果所有问
题都以 C—M—C 流通过程为中心，那么，货币将只是作为一个媒介，
而没有其他的作用。当货币被投入流通以获得更多货币时，资本就出
现了。"[3] 即在他的视域中，他看到了这种不同于货币本身的资本形式
的货币。然而与此同时，在他的视域中，一方面，货币资本的出现以
货币积累为前提；另一方面，货币资本以交换关系或金融体制为增值
的主要手段——"理应用来测量价值的货币，本身变成一种商品。也
就是货币资本（money capital）。货币资本的使用价值，在于它可以用
来产生更多价值（利润或剩余价值）。其交换价值则是利息，利息实际

---

[1] ［美］大卫·哈维：《跟大卫·哈维读〈资本论〉》（第一卷），刘英译，上海：上海译文出版
社，2013 年，第 62 页。
[2] ［美］大卫·哈维：《跟大卫·哈维读〈资本论〉》（第一卷），刘英译，上海：上海译文出版
社，2013 年，第 79 页。
[3] ［美］大卫·哈维：《跟大卫·哈维读〈资本论〉》（第一卷），刘英译，上海：上海译文出版
社，2013 年，第 82 页。

上赋予测量价值的货币一种价值（非常重复的一件事！）。"①

与马克思的价值与货币概念在何种意义上产生分野

与对商品概念的理解一样，大卫·哈维对价值与货币概念的理解，在很大程度上亦与马克思产生了差异。这主要体现在以下几个方面。

首先，大卫·哈维在理解价值问题时将其作为单独的因素进行独立操作并与使用价值、交换价值进行并列。此种行为体现出哈维未能领悟马克思商品这一逻辑起点的精髓而将问题平面化、经验化。亦正是在此处，哈维与马克思产生了真正的分野。在哈维的视域中，马克思从使用价值到交换价值再转移到价值概念，是"先验性的跳跃"。这便与马克思在阐释价值与货币概念时将资本主义生产过程中的商品概念作为阐释前提形成了巨大的差异。一方面，哈维撇开这一"商品"前提的做法，使其将使用价值、交换价值与价值置于一个三维空间的总体性结构之中。此种定位导致他不能理解马克思在论述商品概念以及这三大范畴时的逻辑脉络。譬如，他一旦无法理解马克思如何从一个范畴导引到另一个范畴，便引入"先验""先验性的跳跃"来弥补逻辑上的断裂。此种理论前提亦导致他在理解价值、交换价值与货币三大概念之间的关系时，时常将价值与交换价值概念混淆。另一方面，哈维在理解价值与货币之间的关系时，因其缺乏历史与逻辑相统一的科学方法的浸润，而将货币体系的存在确认为价值得以存在的必要条件。据此，他将价值概念的问题全部导引到商品交换关系中的货币问题上，这直接导致他将价值概念置于纯粹的数量维度之内进行思考。

其次，从形式逻辑视角来看，哈维将价值直接指涉为社会必要劳

---

① [美]大卫·哈维：《资本社会的17个矛盾》，许瑞宋译，北京：中信出版社，2016年，第22页。

动时间的行为，属于偷换概念的逻辑性错误。在马克思的视域中，商品的价值由社会必要劳动时间决定，这是由劳动的社会化分工这一客观历史前提所决定的，尽管它必须以交换价值的形式表现出来，但它并不因此被交换价值决定。从价值到交换价值的阐释思路，体现的是基于现实社会历史过程的解读路径；从交换价值到价值的阐释思路，则只能体现数量化的经验性解读路径。哈维在弱化社会历史过程思路的前提下，将价值直接指涉为社会必要劳动时间，使其与马克思在对价值的理解上直接分道扬镳。此种对定义的篡改体现出哈维未能理解马克思价值概念的实质内涵。在此基础上，哈维将价值视为无法独立存在的非物质的东西并继而引入了货币体系的必要性。基于此，他将价值的逻辑在先性予以改写，即哈维在理解问题时将货币体系作为价值存在的先决条件。

一方面，此种行为源于哈维在理解价值与货币概念时注重以日常生活或经验层面直接可见的"物"为立足点。在他的视域中，只有直接可见的物才能称为"存在着"的物。价值以交换价值与货币的形式表现出来，并不代表撇开交换价值与货币时价值就不存在。另一方面，这种行为造成他在理解价值与货币问题时，倾向于直接从货币体系与金融体系中挖掘价值产生"增值"（哈维语境中的用法）的根本原因，这便将问题彻底引入商品交换关系之中。与此同时，他据此将价值引入商品交换关系之中，亦从侧面遮蔽了在生产过程中价值已然以事实的方式存在的这一情况。基于此，哈维在理解价值生产与价值实现这一对矛盾时，倾向于将价值问题放置在价值流通过程之中。

也正是基于价值的这种定义，他认为正是货币交换的兴起使得价值在资本主义生产方式内部成为主导力量。譬如，他明确指认到："货币交换的兴起导致了社会必要劳动时间在资本主义生产方式内部成为主导力量。所以，价值作为社会必要劳动时间对资本主义生产方式来讲是一种历史的特定现象。它只出现在市场交换成为必需的情形中。"①事实上，如果说货币交换使得价值成为主导力量，还不如说货币交换的兴起使得交换价值成为资本主义生产方式的主导力量。因为根据马克思的定义，在商品交换关系中表现出来的是交换价值而非价值本性自身，即价值本性在商品交换之前便已存在。

此外，哈维指出价值成为资本主义生产方式的特定历史现象只出现在市场交换成为必需的情形中。确实，市场交换与商品普遍化是资本主义社会的独特特征。然而我们不能据此认为市场交换是价值成为资本主义生产方式内部主导力量的必要条件。因为从形式逻辑上来看，此种定位恰巧是颠倒的。换言之，只有价值增殖或剩余价值的出现才使得生产方式成为资本主义生产方式，也只有在剩余价值的基础上，市场交换与商品交换关系的繁荣才成为普遍的情况，因为真正的资本主义商业不是所谓的欺诈或贵买贱卖。

再次，在马克思的视域中，商品的内在矛盾在现实资本主义社会中表现为商品与货币之间的矛盾。因此，哈维将目光聚焦于货币问题亦无可厚非。然而问题的关键在于，哈维忽视了价值概念在商品内在要素以及资本主义生产过程中的重要地位。换言之，哈维在理解价值与交换价值概念时，未能将其置于商品的内在要素中进行理论叙事。与此同时，哈维并非如马克思一样，是从商品的内在矛盾在现实领域表现为商品与货币之间的矛盾的定位中，去理解现象层面的货币问题的实质。

一言以蔽之，大卫·哈维直接将立足点置于交换价值与货币概念上，他不是从商品中的内在矛盾表现为货币问题的层面，而是运用分析与归纳的方法从现象层面的货币问题直接进入问题的深处。这源于

---

① [美] 大卫·哈维：《跟大卫·哈维读〈资本论〉》（第一卷），刘英译，上海：上海译文出版社，2013年，第37页。

他对马克思《资本论》第一章第三节"价值形式或交换价值"进行解读中的偏差，即他将交换价值指认为马克思单独侧重的部分进行过分渲染。实际上，马克思论述第三节的内容的前提是商品概念与资本主义生产过程。也正是基于此种误读，哈维将使用价值、交换价值与价值进行并列式解读。换言之，哈维据此遮蔽了马克思商品概念的重要地位。此种行为直接导致哈维未能在商品的内在矛盾关系中理解商品转化为货币的社会历史过程。这转而导致他不能识别商品关系，即他的研究焦点仅限于商品交换关系。此种从一开始就越出历史辩证法视域的做法，也直接导致他不能理解货币转化为资本的社会历史过程。

最后，货币转化为资本的社会历史过程是识别马克思的资本关系的关键一步。因此，未能识别这一社会历史过程的哈维，亦无法理解"作为资本的货币"概念。事实上，哈维已经识别出"作为资本的货币"与之前的货币概念存在差异，因为哈维在其文本中明确地以"货币资本"概念对其进行表述过。譬如他曾明确指出：

> 这是我们在《资本论》中第一次看到的，资本的流通以货币形式之间存在的矛盾为媒介，从商品的流通中结晶出来的地方。在作为商品的交换媒介的货币流通，与货币被用于资本之间，存在很大的不同。不是所有的货币都是资本。货币化的社会并不必然是资本主义社会。如果所有问题都以 C—M—C 流通过程为中心，那么，货币将只是作为一个媒介，而没有其他的作用。当货币被投入流通以获得更多货币时，资本就出现了。①

由此可知，哈维已经从两种不同的维度研究货币概念，此种与作为交换媒介的货币不同的即是"货币资本"。准确地说，货币资本概念是马克思文本中的固有概念，也是马克思用以描述"作为资本的货币"

---

① ［美］大卫·哈维：《跟大卫·哈维读〈资本论〉》（第一卷），刘英译，上海：上海译文出版社，2013 年，第 82 页。

这一概念的又一词汇。这是哈维出于遵循马克思原有思路对其进行解读的结果，他多次强调过要以马克思的概念阐述马克思的思想。但是问题的关键在于，哈维用相同的词汇表达了不同的含义。

简而言之，在马克思的视域中，实际上存在两种货币概念，即"作为资本的货币"与"作为货币的货币"。

第一，货币的这两种规定处于两种不同的流通形式中，即 W—G—W 和 G—W—G。作为货币的货币属于简单流通关系的范围，在其中货币充当中介或一般尺度的作用。而作为资本的货币则是作为货币的货币得到发展的更高级形式且处在普遍流通关系阶段。它不仅仅是流通手段，更多的是作为资本表现形式的货币，即体现了资本关系的新的货币规定。

第二，作为货币的货币在简单流通中的二重规定是矛盾的。一方面，它作为流通的中介是转瞬即逝的形式；另一方面，货币又是价格的实现，它转而积累起来退出流通。换句话说，货币以否定流通获得自己的独立性。而作为资本的货币则在流通中保存自己并使得自己增殖[1]，即流通使得作为资本的货币获得生命力。这种 G—W—G 的流通形式与 W—G—W 这一流通形式已经有了很大不同，确切地说，G—W—G 应该被表述为 G—W—G′。这意味着货币作为起点和终点不断出现在流通过程中，以前作为流通手段的货币在这一功能之外又变成了流通的目的本身。马克思经过研究，发现流通过程或交换过程本身不能产生增殖，那么关键问题在哪？最初，马克思和古典政治经济学家一致认为商品因追加活劳动得到增殖。通过对货币转化为资本这一过程的社会性、历史过程性的研究，马克思最终发现劳动能力这一特殊商品在资本主义生产过程中使得价值作为价值自身得到增殖。而作

---

[1]《马克思恩格斯全集》中文第 2 版在涉及"价值增殖过程"时均使用"殖"一字，可参见《马克思恩格斯全集》中文第 2 版第 44 卷"劳动过程和价值增殖过程"章。参见中共中央马克思恩格斯列宁斯大林著作编译局编译《马克思恩格斯全集》中文第 2 版第 44 卷，北京：人民出版社，2001 年。

为价值的现实形式的货币在这一系列完整的过程中已经表现为资本，成为表现了资本关系的货币。在这一意义上，作为货币的货币可以说是资本关系的前提，而作为资本的货币则是资本主义生产过程的结果。

第三，作为货币的货币是简单流通过程中的自在的货币形式，对这种货币规定的理解往往属于纯粹的经济学范畴。而"作为资本的货币是超出了作为货币的货币的简单规定的一种货币规定"①，它已经发展为流通过程中自为的主体。如果想要完整理解这一概念，那么我们必须站在资本得以产生的社会历史过程的角度上。因为只有在资本如何产生的运动中，我们才能清晰地看到两种过程：简单商品流通过程和资本主义生产过程。作为资本的货币在这两个过程中完整地诠释了价值作为价值自身得到增殖的奥秘。

虽然哈维在对货币资本概念进行解释时，也看到了货币资本与货币本身的差异；然而在他的视域中，"货币资本产生更多价值"的方式被纯粹地归结为利息。"货币资本的使用价值，在于它可以用来产生更多价值（利润或剩余价值）。其交换价值则是利息，利息实际上赋予测量价值的货币一种价值（非常重复的一件事！）。"② 这便遮蔽了货币资本何以产生价值增殖的真实状况——资本主义生产过程中价值增殖过程的介入。此种将货币资本直接等同于生息资本的做法，忽视了资本的不同形式以及资本本身的定义。与此同时，哈维将马克思的资本概念直接限定为运动中的价值——"马克思更喜欢他'运动中的价值'的定义"③，而这一运动中的价值最终仍然是以一定数量的货币的积累

---

① 《马克思恩格斯全集》中文第 2 版第 30 卷，北京：人民出版社，1995 年，第 206 页。
② ［美］大卫·哈维：《资本社会的 17 个矛盾》，许瑞宋译，北京：中信出版社，2016 年，第 22 页。
③ ［美］大卫·哈维：《马克思与〈资本论〉》，周大昕译，北京：中信出版社，2018 年，第 11 页。

为表现形式的——"资本家占有一定数量的货币用作资本"①。由此可知，在哈维的视域中，"从货币到资本的转化并不涉及物质生产过程"②。

此种基于"积累的货币"而得出的货币资本概念，并未洞见货币资本的真实内涵。一方面，此种概念并未将货币资本如何增殖的实质内涵囊括在内，即资本作为价值主体自为增殖的奥秘不能据此揭示出来。另一方面，正是基于此种解读，哈维与资本作为资本本身自我增殖的奥秘失之交臂。在此种解读的基础上，哈维将货币资本的"增值"视为纯粹数量维度的数值增加并将其引入纯粹经济学的视域。更有甚者，哈维认为货币是一种社会权力。这就将问题的实质引入政治斗争的场所。可见，哈维的货币资本概念与马克思的"作为资本的货币"概念之间存在本质性的差异。这亦是后期哈维将金融体系与生息资本等流通领域的方式作为当代资本主义社会价值得以增值的重要手段，并指认此种手段愈加占据当代社会主导地位的根本原因。

从"价值与货币"到"金融资本与信贷体系"

在哈维的视域中，货币体系的出现是价值得以存在的条件，而经济学意义上的"货币资本"又是金融资本的基础。因此，哈维通过将货币指认为使得"价值"得以存在的原因这一操作，将商品交换过程与货币的主导性作用突显了出来。也正是在这一基础上，哈维从日常生活层面指出金融资本和信贷体系已经在当代资本社会成为货币增值的重要手段。总体而言，经过此种理论中介，哈维部分地实现了他之前制定的"研究具体层面问题"的理论任务。

而关于货币资本和金融体系在当下资本社会逐步成为货币增值的

---

① [美] 大卫·哈维：《马克思与〈资本论〉》，周大昕译，北京：中信出版社，2018 年，第11 页。
② [英] 大卫·哈维：《资本的限度》，张寅译，北京：中信出版社，2017 年，第410 页。

重要手段的理论，实际上反映出如下几个问题。

首先，最为根本的问题是哈维对马克思的劳动价值理论提出了质疑。这与当今西方学界诸多学者的判断趋向一致。从日常生活层面来看，金融体系的不断扩张促使将货币投入金融体系进行操作并产生货币增量的事实不断得到确证。甚至在一定程度上，金融体系产生货币增值（数量上的增加）看似已经成为普遍的情况。这导致诸多西方学者直接指认金融体系是货币增值的主要手段。既然金融资本与信贷体系是产生货币增量的重要手段，那么对于劳动价值论的坚持是否还必要？从表面上看，事实确实如此。然而从货币资本以及以此为基础的金融资本自身看待问题，会遭遇金融体系与货币自身的局限性。譬如，哈维据此将财富与价值进行混淆。换言之，哈维在金融体系与货币自身领域所论及的价值，实际上是交换价值与利息而非价值。

其次，哈维之所以质疑马克思的劳动价值论，原因主要有三点。第一，取决于他的切入视角。虽然哈维在其著作中多次强调要重新学习马克思的辩证法并将其用于对现实问题的分析，但是结果却事与愿违。理解不了历史辩证法的哈维倾向于从静态层面研究本质与现象的问题。这种静态性辩证法不能攫取内在矛盾自我运动发展的真实内涵。一方面，哈维试图从价值与货币的关系指出作为价值表现形式的货币是需要被认真对待的对象。但另一方面，哈维无法理解价值自身所具有的幽灵般的对象性。譬如，他虽然承认价值是非物质的、客观的，但却无法理解价值是存在的。在他的视域中，价值只有通过货币这一物质形式才能存在。虽然马克思曾明确提出货币是价值的现实形式或独立形式，但与此同时马克思也言明价值本性是先于货币存在的。换言之，价值本性决定货币这一现实形式。然而根据哈维的理解，如若没有繁荣的商品交换和货币形式，价值是无法存在的。这便在无形之中颠倒了本末。究其原因在于，哈维无法从历史辩证法的角度理解"价值"概念。这与他的经验性研究视角息息相关。倾向于从经验层面和现实层面看待价值概念的学者，无法从现实中不可捉摸、不具形态的价值的含义上确证它的存在。从这一角度来看，哈维在某种程度上陷入了朴素唯物主义的狡计。

第二，对马克思的"作为资本的货币"的误读。经过研读文本我们已经初步断定，在哈维的视域中，"货币资本"实际上取代了"作为资本的货币"的地位。诚如前文所述，哈维已经明确察觉出货币资本与纯粹的货币之间的差异。为了表现存在于 M—C—M′ 两端的货币存在差异——后者在数量上得以增加，哈维用"货币资本"这一概念对其进行了注解。即 M—C—M′ 两端的货币量之所以存在差异，是因为货币"成为货币增值的重要手段"①，货币成为"一种可以生产资本的生产资料"②。然而实际上，哈维的这一概念与马克思的"作为资本的货币"存在巨大差别（前文已经对此进行过详述，此处不再赘述）。因此，在一定程度上，哈维甚至回到了马克思在《1857—1858 年经济学手稿》的"货币转化为资本"章中曾明确批评过的学者的理论水平上。换言之，从这一意义上来看，哈维的货币资本退却到"作为货币的货币"的层次上。实际上，与其说这是一种退步，不如说哈维的货币资本实际上就是积累的"作为货币的货币"。

第三，对金融体系与生息资本的误解。这亦源于他未能理解马克思"货币转化为资本"章的精髓。在他的视域中，从货币转化为资本的过程中并不涉及物质过程（实际上，哈维承认在货币转换为资本的过程中存在"剩余价值的产生"——资本家对工人的剥削，但是在对货币资本的理解中出现了偏差。譬如他将货币资本与借贷资本直接等同，或者不加区分）。因此，即使哈维在阐释货币资本与雇佣劳动之间

---

① ［美］大卫·哈维：《马克思与〈资本论〉》，周大昕译，北京：中信出版社，2018 年，第 92 页。

② ［美］大卫·哈维：《马克思与〈资本论〉》，周大昕译，北京：中信出版社，2018 年，第 93 页。

的关系时，仍未能将资本主义生产过程引入问题域。实际上，哈维在阐释雇佣劳动的作用时，只是将其作为连接生产领域与交换领域的桥梁，而没有看到价值作为价值自身产生增殖的关键，货币资本在其中的作用仅限于购买生产资料、活劳动等。譬如，他指出：

> 我必须在每条生产线上预付一定数额的货币资本，以便购买建筑物、机器、原材料和劳动力，因为剩余价值的生产需要它们才能启动……但是贮藏会使货币退出流通，而这种现象如果大规模地发生，就有可能干扰货币和商品的流通。信用体系成了一种必要。到那时，我只要将口袋里的 10 美元存进银行、换取利息——它立刻就会作为资本被借出去——就的确可以将它转变成资本了。①

由此可知，一方面，货币资本自身形成的原因——资本主义生产过程之中剩余价值的产生——并未被识别，它在很大程度上依然来源于货币的积累，并只执行货币职能（或者充当借贷资本与生息资本，货币资本本身在此种形式上成为商品，其价格就是利息）。另一方面，借以补充货币资本的信用体系，只是执行"使得资本以生息资本的形式获得资本"的功能。在这一过程之中，金融资本如同货币资本一样，不涉及物质过程。基于此，哈维在论述以金融资本与信贷体系为主要表现形式的当代资本主义社会时，得以明确地将资本主义生产过程置于以货币资本与金融资本为主导的价值增值的视域之外。亦正是基于此，哈维在将金融资本与信贷体系作为当代资本主义社会价值增值的主要手段时，认为以资本主义生产过程为核心的第一个资本积累模型已经过时。

一言以蔽之，哈维与部分西方学者之所以无法理解生息资本和金融体系中货币在数量上产生"增值"的原因，在于他们未能完整地理解资本概念。从《1857—1858 年经济学手稿》到《资本论》三卷本，

---

① ［英］大卫·哈维：《资本的限度》，张寅译，北京：中信出版社，2017 年，第 401 页。

马克思的资本概念逐步脱离了"资本是积累的劳动"这一简单定义。换句话说,马克思的资本概念已经蜕变成"价值作为价值本身产生增殖"的资本概念。而价值作为价值本身产生增殖,并非哈维视域中的"货币在数量上的增加"。实际上,价值作为价值本身产生增殖,虽然在结果上表现为货币在数量上得到增加,但是这不能掩盖价值以价值自身产生增殖的原本奥义。

综上所述,虽然或多或少地存在一些问题,但是通过货币以及货币体系这一理论环节,哈维仍然成功地将价值与资本问题顺利地过渡到"以金融资本与信贷体系"为核心的日常生活层面或经验具体层面。此种对日常生活与经验具体层面问题的重视,亦反映出他对偶然性、可能性与革命的具体爆破点的期待。譬如,他在谈论"资本主义的出现是历史上不可避免的阶段"时,曾明确指认到:

> 当然,我们也许需要通过简单地将"必须"这样的语言,转化为"可能"或者甚至是"也许"或好像,以对历史的合理性作出某些妥协。我们还会认为,货币形式中存在的矛盾提供了一种资本主义流通方式产生的可能,这甚至可能指的是特定的历史环境,在这种环境中,从那些矛盾中释放出来的压力变得具有主导地位,以至于直接导致了对资本主义的突破。①

这一命题至关重要。一方面,哈维的此种解读与他自身处于现代向后现代的历史转向中密不可分。随着从现代性向后现代性的转向,辩证法逐步被世人摒弃,即在他们的视域中,事物不能仅仅以对立统一的两个因素作为解释的唯一方式,现实的问题更加复杂。基于此种理论前提,后现代性更加看重多样化与可能性。哈维虽然在主导形式上一直是以马克思的辩证法的拥护者的姿态出现的,但是其思想也因

---

① [美] 大卫·哈维:《跟大卫·哈维读〈资本论〉》(第一卷),刘英译,上海:上海译文出版社,2013年,第83页。

后现代的影响而产生了一些改变或来自自身的独特改写。此种改写结果的最大表现即为对马克思的历史必然性的怀疑与对可能性替代方案的期待。对偶然性或可能性进行期待的元理论支撑对其思想领域中的乌托邦思想或替代性政治方案的追求至关重要。另一方面，在西方左翼学派之中，哈维始终独树一帜。其与其他西方学者区分开来的原因之一，是其始终维护并积极发展马克思的辩证法思想。然而由于各种因素的影响，哈维的辩证法与马克思的辩证法产生了诸多实质性差异。基于此种差异，哈维时常将客观规律降低为历史的偶然性。反之，哈维对客观规律或历史必然性的怀疑亦对其辩证法思想产生了重大影响。

简而言之，哈维之所以在理解货币体系时产生了对偶然性和可能性进行期待的想法，主要归因于以下两点：第一，哈维从"历史的"唯物主义的角度来理解历史唯物主义。这意味着哈维在理解资本主义产生的历史过程时，注重从历史学的经验现实层面来陈述问题。而从历史学的角度来看待问题则倾向于裹挟经验现实层面中的多种复杂的不同部分。此种通过分析与归纳的逻辑方法提炼出的历史特定阶段的特定现象则较为多样。因此，但凡其中之一的历史现象与资本主义得以产生的社会历史过程不相符合，就会引起人们对其历史合理性的怀疑。这正是哈维提出通过用可能性与偶然性来弥补历史合理性的原因。实际上，这也是哈维不能理解历史与逻辑相统一这一科学方法的表现之一。第二，哈维从多样性与可能性的视角出发，积极寻求解放政治学的可能性替代方案。其主要原因在于：1968 年"五月风暴"之后，政治革命与阶级斗争逐渐式微，借由资本主义社会内部的矛盾与危机引发阶级斗争的希望在现象层面上更加渺茫。因此，随着后现代理论转向的风潮，哈维将阶级斗争的希望更多地诉诸具体的革命爆破点与可能性替代方案。

总体而言，哈维通过货币与货币体系这一理论中介，将价值与资本的问题过渡到与日常生活直接相关的金融资本以及信贷体系的问题上。基于此，他部分地完成了从抽象到经验具体的理论任务。此种对经验具体的关注，又直接导引他期待可能性与偶然性，这是他在寻求乌托邦与破除异化时求助于可能的替代性政治方案的直接动因。

三、资本概念与剩余价值（利润）的源泉

围绕马克思的商品、价值、货币等概念，大卫·哈维初步打造出带有地理唯物主义与实证化色彩的资本批判理论。伴随着这些概念的改造完成，一个全新的马克思形象逐步映入眼帘。但是，这一改造的理论嫁接逻辑仍缺乏一个关键性的步骤，即对资本概念与剩余价值源泉等相关问题的阐释。围绕这一理论命题，主要存在以下几个有待解决的问题。第一，大卫·哈维一方面呼吁在诠释资本概念以及与资本概念在同一理论逻辑脉络中的相关问题时，依照马克思的原意解读《资本论》并尽量保留马克思的既有词汇。另一方面，他又以"资本是运动中的价值"这一定义将马克思的资本概念带入新的领域；与此同时，他借此弱化了资本主义生产过程的重要地位，并将贯穿"从抽象上升到具体"这一逻辑脉络的"资本生产与再生产"的理论逻辑，转换为并列式的三大资本积累模型。这种对马克思思想的矛盾态度究竟包含了怎样的理论动机？第二，在马克思的视域中，剩余价值的真正来源是以其劳动价值论为基础的资本主义生产过程。然而在大卫·哈维的视域中，剩余价值源于资本主义生产过程的现象只存在于资本积累的第一个模型之中。那么，他究竟为何下此结论并如何缝合其自身的理论逻辑？第三，被大卫·哈维以当代资本主义社会已经发生了显著变化为依据而弱化的资本主义生产过程，在其视域中是以已经过时的第一个资本积累模型的方案再度引入其理论逻辑脉络之中的。这一做法遮蔽了马克思本真的理论意图。那么，资本的生产与再生产究竟

以何种面目存续于哈维的理论视域中？以下笔者将围绕这些问题做出解答，以厘清哈维资本批判理论中资本与剩余价值相关问题的深层结构，从而揭示出完整的哈维资本批判理论的最终诉求与理论框架。

两种资本概念

众所周知，大卫·哈维始终强调要依照马克思的原意来解读《资本论》，因此在阐释资本概念时，他依然从资本与商品、货币、价值、物与过程等概念之间的关系来解读资本概念。在这一意义上，哈维是马克思的忠实拥护者。然而，与此同时，哈维又以自身的理论背景知识对资本概念进行了改造与重释。基于此，哈维在无意间形成了与马克思不同的资本概念。

一方面，大卫·哈维认为"资本是运动中的价值"。从直接的文本依据来看，这一指认主要体现在以下几处：第一，在《资本的限度》中，哈维从资本在流通中经历一系列形态变化的角度指认马克思将资本定义为运动中的价值。因此，在哈维的视域中，"价值只有持续运动才能保持为价值"①。第二，由《资本的限度》中确立的关于资本的定义，在《跟大卫·哈维读〈资本论〉》两卷本中得到了延续。哈维在论述资本的过程性时，依然指认到：

> 所以，资本是运动中的价值。但是这种运动中的价值是以不同的形式表现的。"各种特殊表现形式固定下来"——请再次注意这句话——"如果把自行增殖的价值在其生活的循环中交替采取的各种特殊表现形式固定下来，就得出这样的说明：资本是货币，资本是商品"②。

---

① ［英］大卫·哈维：《资本的限度》，张寅译，北京：中信出版社，2017年，第317页。
② ［美］大卫·哈维：《跟大卫·哈维读〈资本论〉》（第一卷），刘英译，上海：上海译文出版社，2013年，第98页。

第三，在哈维 2018 年的最新文本——《马克思与〈资本论〉》中，他在讲述完水循环图之后，以类比的形式直接指出："首先还是要从马克思对资本的基本定义出发，即一种运动中的价值。"①

另一方面，哈维认为资本具有双重性，即资本是物和过程的统一。② 值得注意的是，哈维在理解资本是物与过程的统一时，经历了一个思想上的转变。因为在《跟大卫·哈维读〈资本论〉》（第一卷）中，哈维曾在指认"是运动使得价值转化为资本"时，明确提出"对于马克思来说，资本不是一个物，而是一个过程，特别是一个价值流通的过程"③ 的见解。而在《资本社会的 17 个矛盾》中，哈维明确提出资本是"东西或物与过程"的统一。由此，哈维从资本的定义与性质两个方面对资本进行了一个限定。

可见，哈维对马克思资本概念进行解读的焦点在于资本是以一系列形态变化不断处于运动过程中的价值。基于此种定义，他从过程性的角度将资本与流通过程或交换过程直接联结起来。譬如他曾明确指出："持续流动是资本的首要生存条件：资本必须流通，否则将会死亡。"④ 从表面上看，这与马克思强调的资本以货币资本、生产资本与商品资本的不同形态形成的资本循环并无二致。然而，哈维在进一步阐释资本概念时，又体现出他对资本进行此种定位所具有的几个特点。

首先，哈维通过指认货币的重要作用——"资本是以一定的方式使用的货币。对资本的定义不能与人们将货币的力量投放到这种流通

① ［美］大卫·哈维：《马克思与〈资本论〉》，周大昕译，北京：中信出版社，2018 年，第 7 页。
② 参见 ［美］大卫·哈维《资本社会的 17 个矛盾》，许瑞宋译，北京：中信出版社，2016 年，第 71 页。
③ ［美］大卫·哈维：《跟大卫·哈维读〈资本论〉》（第一卷），刘英译，上海：上海译文出版社，2013 年，第 97 页。
④ ［美］大卫·哈维：《资本社会的 17 个矛盾》，许瑞宋译，北京：中信出版社，2016 年，第 74 页。

中的选择分开。"① ——而将货币置于理解当代资本主义社会中资本概念的中心位置。实际上，哈维在将资本定义为处于过程中的价值的同时，亦直接将资本定义为处于过程中的货币。"下一步，我们将资本基本定义为：处于过程中的价值，处于过程中的货币。"② 这也就意味着哈维主要以货币的形态理解资本概念。准确地说，哈维通过马克思所阐释的"货币是价值增殖过程的起点和终点"这一定位，将价值重新转化为增量的货币视为价值与资本得以实现的标志。从现象层面来看，资本在循环过程的起点和终点确实以货币这一形式为表现形式。但是，在马克思的视域中，资本之所以能成为"价值以价值自身的形式产生自我增殖的自为主体"的关键因素，在于隐藏在资本循环中的生产过程。换言之，在马克思的视域中，资本循环过程包括两个交换过程与一个生产过程。

> 在这里，资本表现为这样一个价值，它经过一系列互相联系的、互为条件的转化，经过一系列的形态变化，而这些形态变化也就形成总过程的一系列阶段。在这些阶段中，两个属于流通领域，一个属于生产领域……因此，这个总过程是循环过程。③

而资本之所以能在资本循环中增殖，其直接原因是资本主义生产过程中剩余价值的产生。

然而哈维的特点在于，虽然他一直引用马克思的原文来阐释价值增殖与雇佣劳动对于资本的重要性，但是他却在具体的论述中对"资本主义生产过程中剩余价值的产生"进行了不自觉的弱化。譬如，他在《跟大卫·哈维读〈资本论〉》（第一卷）中曾猛烈地批判到，马克思

---

① ［美］大卫·哈维：《跟大卫·哈维读〈资本论〉》（第一卷），刘英译，上海：上海译文出版社，2013年，第97—98页。
② ［美］大卫·哈维：《跟大卫·哈维读〈资本论〉》（第一卷），刘英译，上海：上海译文出版社，2013年，第100页。
③ 《马克思恩格斯全集》中文第2版第45卷，北京：人民出版社，2003年，第60页。

由于将《资本论》第一卷作为封闭的资本主义体系，只关注剩余价值的生产来自生产内部而不是市场交换，因此只能转而研究个人而不是社会角色。① 与此同时，此种弱化的最典型表现在于哈维将资本中的价值增殖以流通过程中"增量的货币"或"价值增加"的形式来替代。这就将资本的活力完全置于流通过程或市场交换之中。换言之，将马克思所论述的资本循环在现象层面所表现出来的表象形式——货币增量——作为资本之所以成为资本的关键因素。

这一特征在哈维论述生息资本与金融资本时表现得更为明显。简而言之，一方面，在论述第一个资本积累模型或《资本论》第一卷中资本得以产生的原因时，哈维与马克思一样，将剩余价值以及资本主义生产过程的重要作用突显出来。而在论述资本总循环或关于《资本论》第二卷的资本积累模型时，哈维依然将资本之所以成为资本的原因归结为雇佣劳动与资本主义生产过程中剩余价值的产生。较为清晰的是，哈维始终强调剩余价值来源于资本主义生产过程中。

然而，另一方面，哈维在论述具体的资本问题如货币资本时，不自觉地进入了经济学意义上的资本概念视域。譬如，他在论述生息资本与金融资本时，考察了货币何以被信用体系发动为资本的两种方式。第一种方式是银行通过货币交易的流量将货币转变为借贷资本；第二种方式是金融机构聚集一切阶级的货币积蓄和暂时不用的货币资本并将其转变为资本。② 从这一意义上来看，货币资本仅仅是货币的积累。而这一结论在哈维论述作为资本的货币时又得到了强化与印证。在哈维的视域中，"从货币到资本的转化并不涉及物质生产过程，从而不涉及劳动在商品中的体现"③。由此可知，哈维在现象层面所表现出来的

---

① 参见［美］大卫·哈维《跟大卫·哈维读〈资本论〉》(第一卷)，刘英译，上海：上海译文出版社，2013 年，第 104—105 页。
② 参见［英］大卫·哈维《资本的限度》，张寅译，北京：中信出版社，2017 年，第 414 页。
③［英］大卫·哈维：《资本的限度》，张寅译，北京：中信出版社，2017 年，第 410 页。

"货币何以成为资本"的障眼法中迷失了方向并抹除了物质生产过程在货币转化为资本中的重要作用。也正是基于此，哈维在论述金融资本与生息资本时，将货币到资本的转化过程转译成了货币的积累或者利息的集聚。因此，在货币资本概念的层面上，哈维对资本概念的理解回到了古典政治经济学意义上的"资本是积累的劳动"的维度。加上货币资本是哈维论述资本概念时极为重视的一种资本类型，因此他对货币资本的理解对整个资本概念问题而言具有重要的参考地位。

其次，哈维在论述资本概念时，从资本以不同的价值形式不断运动的视角出发，明确地将资本视为物与过程的统一。这一理论定位与马克思对资本的界定具有相似性，也因此具有迷惑性。

第一，哈维从资本循环过程之中不断涌现的货币资本、生产资本与商品资本的视角出发，将资本界定为物。这与马克思所界定的"资本是物"的概念不谋而合。与此同时，哈维所界定的"资本是过程"，从表面上看与马克思的定位也并无二致。然而值得注意的是，哈维如此定位资本的理论前提是将其置于资本循环过程或价值流通过程。譬如，他曾明确指出："马克思又再一次将资本作为一个过程来研究。我通过从口袋中掏出钱，并把它投放到流通中以获得更多的货币，来获得资本。"① 实际上，在历史唯物主义的视域中，资本的总循环过程包括两个交换过程与一个生产过程。然而，哈维在具体地理解资本是"运动中的价值"时，因为弱化资本主义的生产过程而将资本的循环过程简化为价值流通过程。

第二，哈维忽视了"资本是关系"这一层内涵。实际上，资本在以价值自身的形式产生自我增殖的过程中，不仅产生了剩余价值量的增加，而且形成了使得资本得以生产的社会历史条件与资本关系。换

---

① ［美］大卫·哈维：《跟大卫·哈维读〈资本论〉》(第一卷)，刘英译，上海：上海译文出版社，2013年，第97页。

言之，马克思关于"资本是物、关系与过程的统一"的论断，是置于资本生产与再生产的理论视域之中的。从这一意义上来看，马克思关于资本是一种过程的定位应该被准确地理解为"资本是一种生产与再生产过程"。

综上所述，哈维在理解资本概念时，倾向于将其置于价值流通与价值运动过程之中。此种理论定位将资本之所以成为资本的关键因素界定为价值流通过程之中货币量的增加。一方面，这反映出哈维不足以理解历史唯物主义视域中的资本生产与再生产关系。另一方面，此种将货币资本视为资本概念之核心内容的形式，使其资本概念停留在了经济学意义的层面。基于此，货币量得以增加的原因（或利润得以产生的原因）就成为哈维资本批判理论的重点关注领域。

"剩余价值（利润）"的主要来源发生了哪些变化？

剩余价值理论是马克思得以超越古典政治经济学既有学理范围的关键一步。而作为马克思《资本论》的忠实解读者，大卫·哈维亦将剩余价值称为马克思资本批判理论的基础——"由此，我们首次遇到了剩余价值（surplus value）的概念。当然，它是马克思所有分析的基础性概念。"[1] 基于此，他结合当代资本社会的一系列新变化，尤其是通过"利润"来源方式的改变，对其进行了重构。总体而言，因为大卫·哈维在其诸多文本中混乱运用剩余价值与利润概念——"然后，商品会进入市场，按开始投入的货币数量加上利润（马克思称之为剩余价值）的价格进行售卖"[2]，所以为了避免赘述，下文在论及哈维观点时暂时采取剩余价值等同于利润的理论定位。

---

[1] ［美］大卫·哈维：《跟大卫·哈维读〈资本论〉》（第一卷），刘英译，上海：上海译文出版社，2013年，第96页。

[2] ［美］大卫·哈维：《跟大卫·哈维读〈资本论〉》（第二卷），谢富胜、李连波等校译，上海：上海译文出版社，2016年，第35页。

首先，哈维对剩余价值（利润）的重构立足于"资本积累之三大模型"这一理论前提。在他看来，"《资本论》关于资本积累的动态提出了三个主要的'模型'。每一个都反映了三卷《资本论》的每一卷建构这个'理论对象'的方式"①。这就意味着三大积累模型与《资本论》三卷本一一对应。

具体来说，第一，哈维认为马克思在《资本论》第一卷中揭示了"利润"在生产过程中的起源，即"利润"起源于资本与劳动的社会关系已经成型的生产过程之中。这一积累模型假定了价值在实现或流通过程中不存在问题——"资本家在出卖自己生产出来的商品时并没有遇到困难"②。因此这一积累模型的焦点是生产过程与劳资之间的价值分配，而且在这一积累模型中，马克思将剥削率归因于社会条件和技术条件。

第二，哈维认为《资本论》第二卷的焦点是资本的流通过程。在这一积累模型中，马克思将资本积累从生产领域提取出来，并将其根植于资本流通与交换的"扩大再生产"过程。然而，资本在从一个状态到另一个状态的运动过程中产生了一系列问题。因此，马克思在这一模型中着力讨论了"资本在消费中的实现"③ 所需的各种条件。值得注意的是，哈维认为马克思对价值实现所需的各种条件的论述并不严格，这些论述在很大程度上"是一种想象和试探"④。

第三，哈维认为存在于《资本论》第三卷中的资本积累模型是前两个积累模型的综合。这一模型是"将生产与分配的关系同生产与实现所需的条件整合起来的模型"⑤。它是马克思围绕"利润率下降和起反作用的倾向"这一主题而建构的关于"整个资本主义生产"的模型。与此同时，在哈维的视域中，第三个资本积累模型具有实质上的欺骗

① ［英］大卫·哈维:《资本的限度》，张寅译，北京：中信出版社，2017 年，第 263 页。
② ［英］大卫·哈维:《资本的限度》，张寅译，北京：中信出版社，2017 年，第 264 页。
③ ［英］大卫·哈维:《资本的限度》，张寅译，北京：中信出版社，2017 年，第 264 页。
④ ［英］大卫·哈维:《资本的限度》，张寅译，北京：中信出版社，2017 年，第 264 页。
⑤ ［英］大卫·哈维:《资本的限度》，张寅译，北京：中信出版社，2017 年，第 264—265 页。

性。哈维认为，虽然马克思以此模型为手段揭露了资本主义中产生不平衡的多种力量，并为理解危机的形成过程与解决过程提供了基础，但是这不足以证明这一模型的完整性，因为马克思在这一模型中并未涵盖《资本论》第二卷所涉及的资本流通的问题。准确地说，哈维认为第三个积累模型应该同时涵盖生产与流通，然而事实上，这一积累模型在理论视域中不够完整——几乎没有涉及第二卷的探索。

其次，基于资本的三大积累模型可知，哈维将剩余价值（利润）的来源主要定位为三种。第一，在第一个资本积累模型中，剩余价值（利润）来源于资本主义生产过程。在他的视域中，资本积累的第一个模型以生产过程以及劳动者与资本家之间的价值分配来诠释剩余价值（利润）的来源以及资本积累。因此，劳动者与资本家之间的阶级对抗关系在资本积累的过程中起到了重要的作用。由此而来的剥削率与工资的问题在两个版本——绝对剩余价值与相对剩余价值——中得到了不同的诠释。总而言之，资本家对劳动者的剥削程度在这一模型中产生重大影响。

第二，哈维将价值的实现以及资本在消费中实现的诸多条件，作为实现剩余价值（利润）的主要推动力。这是他以资本积累的第二个模型为基础所得出的结论。实际上，哈维认为凯恩斯时期以需求为主要动力的资本运行模式正是第二个模型的现实版本。从这一意义上来说，剩余价值（利润）来源于价值的实现过程。

第三，剩余价值（利润）来源于金融资本与信贷体系等价值流通与分配领域。在面对资本积累的第二个模型时，哈维提到，马克思在《资本论》第二卷中探讨资本的流通过程时始终强调交换过程不能产生剩余价值（利润）。譬如，他指出："但是马克思在这一点上不过是如实地对待了他自己。毕竟，他在《资本论》第 1 卷中的原则性观点是我们绝不可能通过对交换领域的分析来发现利润从何而来的秘密。"[1]

---

[1] ［英］大卫·哈维：《资本的限度》，张寅译，北京：中信出版社，2017 年，第 289—290 页。

那么，"价值增值"（哈维意义上的"价值量增加"）到底从何而来？针对这一问题，哈维进一步指出马克思的做法是将问题又引入生产过程。而这种将问题引入生产过程的做法在他看来是一种彻底转换思路并绕开问题的逃避性做法。因此，在哈维的视域中，马克思对流通过程中价值增量得以产生的解释缺乏力度。这也是他指认马克思在《资本论》第二卷的阐释中没有系统性地论述信用体系与金融资本的原因。与此同时，这也是哈维不断指认马克思不重视分配的原因之一。因为在他的视域中，马克思为了避免陷入古典政治经济学派因重视分配而忽视了社会生产关系的窠臼而走向了反面，即他因此没有在第二卷中系统性地分析信用体系与利率的作用。①

既然马克思的这一解释缺乏力度，那么"价值增值"的真正原因究竟是什么？实际上，哈维在其论述之中已经透露了这一点，即剩余价值（利润）来源于金融资本与信贷体系等价值流通与分配领域。随着资本主义社会的发展，尤其是在当代资本主义社会时期，生产过剩与价值丧失的问题日益严重，信贷体系与金融资本等方式也已经成为资本运行的主要手段。基于此，利润已经更多地来源于流通与分配领域而非资本主义生产过程。换言之，哈维认为，在当代资本主义社会，资本积累与剩余价值的来源已经从资本主义生产过程转换为资本主义的流通与分配过程。

到目前为止，哈维的态度已经产生了双重性：一方面，他承认资本积累以及剩余价值（利润）的来源在于资本主义生产过程；另一方面，他又认为马克思之于"剩余价值源于生产过程"的理论已经不适应当代资本社会的变化。换言之，他从价值流通的视角出发，将金融资本与信贷体系等价值分配视为当代资本主义社会之剩余价值（利润）的主要来源。总体而言，产生这一系列矛盾的原因：在哈维的视域中，

---

① 参见［英］大卫·哈维《资本的限度》，张寅译，北京：中信出版社，2017年，第306页。

剩余价值（利润）来自资本主义生产过程的状况只存在于马克思一直以封闭形式研究的《资本论》第一卷的资本积累模型中。而这一模型在他看来只适应于马克思的时代或目前经济还不发达且以生产过程为主导的个别发展中国家。他曾明确指出："但是现在可能很多人，甚至包括我自己，都会认为金融资本再次占据了主导地位，特别是从 20 世纪 70 年代开始。"① 因此，基于对现实状况与当代资本社会新变化的重视，哈维将第一个积累模型视为对目前现实而言"只具有理论性价值"的模型，并将资本转译成"运动中的价值"且将其置于流通与分配过程之中。实际上，此种定位在哈维的视域中早已具有隐性前提——价值只有在货币体系出现之后才能存在。从这一意义上来看，哈维所理解的资本以及剩余价值（利润）只能是经济学意义上的概念。

最后，哈维对剩余价值（利润）的两种主要来源方式的阐释，既反映了当代资本社会的新变化，又反映出他自身对资本关系以及剩余价值（利润）等概念的个性化解读。第一，在前一种来源方式之中，虽然哈维依然将剩余价值的来源定位为资本主义的生产过程，但是他最终将问题的本质归于劳动者阶级与资本家阶级之间的价值分配以及工资剥削率。这也导致他在这一资本积累模型中集中关注劳动者阶级与资本家阶级之间的阶级斗争。实际上，这亦直接导致哈维未能从劳资关系顺利过渡到资本的生产与再生产关系。

第二，哈维所指涉的后一种剩余价值（利润）的来源方式实际上遮蔽了问题的实质。一方面，由于哈维不能理解剩余价值与利润的区别，因此他不能理解利润是剩余价值与现实资本社会更为接近的表现形式。这导致他在理解利润时，将利润的诸多形式与剩余价值的本质等同看待。基于此，他不能将剩余价值本身与价值转移到资本主义社

---

① ［美］大卫·哈维：《跟大卫·哈维读〈资本论〉》（第一卷），刘英译，上海：上海译文出版社，2013 年，第 106 页。

会表象层面形成利润以及利润的诸多形式区分开来。由此，他将资本主义社会表象层面的货币量增加视为剩余价值（利润）的真实来源，亦即他混淆了"价值增殖"与"价值增值"之间的本质区别。隐含于其中的是剩余价值的转移，而非剩余价值的真实产生。另一方面，哈维误读了马克思的扩大再生产概念。在哈维的视域中，扩大再生产概念时而指涉资本主义生产过程中资本家对雇佣工人的剥削，时而又指涉资本的流通过程以及资本在价值流通过程中数量维度的积累。譬如，他在《资本的限度》中指出："这种积累是通过资本流通的扩大再生产来进行的。这个模型植根于资本流通和交换的理论领域……"① 而在《新帝国主义》中他又指出："'原始的'或'最初的'积累已经发生，并且如今的积累演进成在'和平、财产和平等'条件之下的扩大再生产（尽管是通过剥削生产过程中的活劳动实现的）。"② 但实际上，资本的生产与扩大再生产过程不仅包括资本的积累，而且包括资本的生产与再生产关系的再创造。基于此种误读，哈维未能从资本的价值流通与分配过程的表象层面，深入到资本的生产与再生产过程之中。这是他将资本主义生产过程加以弱化的深层原因之一。

资本运行的新机制：价值生产与价值实现之间的矛盾

历史唯物主义的核心内容在《资本论》中的主要体现之一是资本的生产与再生产，即唯物史观在真正意义上的体现是将劳资交换关系上升到资本本身的生产与再生产的理论高度上。而哈维在解读《资本论》时，从三大资本积累模型的角度，将"从抽象上升到具体"这一思维范式下的资本生产与再生产过程进行了经验实证主义式的分析与割裂。换言之，哈维在研究资本主义的生产过程或《资本论》第一卷

---

① ［英］大卫·哈维：《资本的限度》，张寅译，北京：中信出版社，2017 年，第 264 页。
② ［美］戴维·哈维：《新帝国主义》，付克新译，北京：中国人民大学出版社，2019 年，第 85 页。

时，仅将问题的本质归于劳资关系以及劳动者阶级与资本家阶级之间的价值分配与剥削程度。基于此种理解，哈维在研究当代资本主义社会过程时，有选择地弱化了第一个资本积累模型并从生产关系与社会关系的视角集中阐释第二个与第三个资本积累模型。那么，资本生产与再生产过程在哈维的资本批判理论视域中究竟以何种具体方式存在？

回答这一问题，依然要回归到哈维对于《资本论》三卷本的理论地位的解读。总体而言，《资本论》第一卷所研究的问题域被定位为价值的生产，第二卷与第三卷的问题域则被定义为价值能否实现的领域。因此，历史唯物主义视域中的资本生产与再生产过程，在一定程度上被价值生产与价值实现之间的互动模式取代。这主要体现在以下几个方面。

首先，价值生产与价值实现之间存在矛盾。这主要体现在两个方面：第一，价值生产与价值实现之间的矛盾表现为资本主义生产过程中的价值生产与资本总循环过程中的价值实现之间的矛盾运动过程。因此，在"资本总循环"的意义上，价值实现既包括生产领域内的价值实现——通过剥削劳动力实现剩余价值，又包括交换过程中的价值实现——价值以货币的形式得以实现。譬如，哈维曾明确指出：

> 但对有效需求问题的这个解答意味着要创造新的货币资本，这些货币资本现在必须在生产中得到实现。于是，我们转了一圈又回到了原点。我们回到了生产领域，而马克思当然坚持认为我们应该一直处于这个领域。对交换中的实现问题的解答转变成了通过在生产中剥削劳动力来实现剩余价值的问题。[1]

实际上，生产领域内通过剥削劳动力实现剩余价值的行为，与交换过程中价值以货币的形式表现出来的行为存在本质性的差异，而哈维未能对其进行区分。因此，在他的视域中，广义的价值实现既包括生产领域内存在的劳动者阶级与资本家阶级之间的价值分配以及阶级斗争，

---

[1] [英] 大卫·哈维：《资本的限度》，张寅译，北京：中信出版社，2017年，第178页。

又包括交换过程中商品与货币之间的矛盾关系。

第二，在哈维的视域中，虽然价值实现也包括资本主义生产过程中剩余价值的实现，但是他又基于当代资本主义社会的新变化，尤其是利润来源的主要手段发生变化的理论定位，将价值实现的问题主要置于资本的价值流通过程中。这在一定意义上属于狭义的价值实现过程。哈维亦经常在此种狭义层面上再次论述价值生产与价值实现之间的矛盾。譬如，他在《资本社会的 17 个矛盾》中对于第七个矛盾的论述就以此为基础——"资本的持续流通，有赖资本成功通过两个关键时刻（成功的程度以利润率衡量）：首先是劳动过程中的价值生产，然后是市场上的价值实现。但是，资本流通过程中这两个时刻的必要统一，是一种矛盾统一。"①

其次，马克思通过从抽象上升到具体以及"资本一般"的概念，将《资本论》第一卷中的资本概念定位为理论上的一般。而哈维正因为不理解"资本一般"，才将《资本论》第二卷与第三卷中遭遇到的个别资本问题理解为资本的本质内容，甚至以货币资本概念替代"资本一般"。基于此，哈维将集中阐释"价值生产"的第一个资本积累模型置于与当代资本主义历史之联系并不紧密的理论的逻辑层面上，而将《资本论》第二卷与第三卷所涉及的与价值实现相关的问题置于当代资本运行机制的核心。从此种对价值生产与价值实现主导地位的定位出发，哈维通过将货币资本视为资本的核心概念并结合当代资本社会金融资本与信贷资本的发展，将资本问题直接延伸到金融资本与信贷资本的层面。更为重要的是，哈维据此认为金融资本与信贷资本是当代资本社会资本积累的主要手段与本质内容。由此，他将价值生产的问题加以弱化并内嵌于与价值实现直接相关的价值流通与分配过程中。

---

① ［美］大卫·哈维：《资本社会的 17 个矛盾》，许瑞宋译，北京：中信出版社，2016 年，第 81 页。

实际上，哈维对三大资本积累模型的理论定位，亦体现出他未能理解马克思视域中存在的两种资本概念。一种是作为资本主义社会前提并以积累的劳动为衡量标准的资本概念；另一种是包含了资本生产与再生产关系的作为资本主义社会的结果的资本概念，此种资本概念以价值自身的形式产生自我增殖。由此可知，《资本论》第一卷所涉及的资本概念，不能简单地以具体的现实资本或理论逻辑领域的资本概念来涵盖。基于此，哈维在诸多理论定位上均不具有合法性：一是他认为《资本论》第一卷中的历史与理论的联系并不成熟；二是他认为《资本论》第一卷是与当代现实的资本主义社会不相符合的资本积累模型；三是他借此将价值生产主导的资本范式置于已经过时的历史地位。

再次，哈维将资本的流通过程视为剩余价值的来源。"因此，一些不是价值来源的东西，可以是剩余价值的来源。这个命题似乎可以延伸到流通领域内的活动。尽管价值不是在这个领域中产生的，但是剩余价值可以在其中实现。"① 这就将资本问题从生产领域"拉到"纯粹的资本流通领域。与此同时，他从当代资本主义社会的新变化出发，即从日益严峻的价值丧失与生产过剩等问题出发，呼吁价值实现所遭遇的阻碍已经远远超过价值生产的问题。基于此，他认为价值实现是当代资本主义社会更为迫切与亟待解决的问题。因此，《资本论》第二卷与第三卷也理所当然地成为哈维更为侧重的理论部分。然而，在马克思的理论视域中，价值实现的部分实际上属于资本生产与再生产过程之中的应有之义，即资本生产与再生产过程已经囊括了资本的总循环过程。哈维将资本的生产与再生产改写为价值实现遭遇阻碍的形式，一方面反映了他识别当代资本社会变化的敏锐性；另一方面也使其将眼光局限于当下资本主义社会表象层面的具体性的界限，即将眼光聚

---

① ［美］大卫·哈维：《跟大卫·哈维读〈资本论〉》（第二卷），谢富胜、李连波等校译，上海：上海译文出版社，2016年，第100页。

集于阻碍价值实现的具体矛盾与危机。基于此，哈维将阶级斗争的立足点置于具体的矛盾与危机或革命的具体爆破点。实际上，哈维已经识别出马克思的理论旨归在于寻求当时资本主义社会的整体性变革或对资本主义制度的革命，但是此种整体性的社会变革在当代资本主义社会已经愈加不可能。因此，将马克思的这种革命性的、有选择的构建，适当地转化成对具体层面的社会关系的变革，是哈维的一种主动性改写。这就为他之后热衷于替代性政治方案的选取埋下了伏笔。

复次，因为过于关注价值的流通过程，哈维将价值在流通过程中的地理界限也纳入思考的范围。一方面，此种通过空间视角解读《资本论》的理论行为促进了新的理论生长点的生发，为哈维的历史地理唯物主义与社会空间哲学提供了独特的理论视角。另一方面，哈维因此将资本向外扩张过程中所遭遇的诸多界限作为资本积累过程之中的重要理论视域。而此种将向外扩张和寻求资本界限视作重要视域的理论行为，在一定程度上体现出哈维对于内部—外部辩证法的重视——"资本主义内部辩证法迫使其在自身之外寻求解决之道。"① 即哈维认为因资本内在矛盾而形成的危机可以通过资本向外扩张的形式得以缓解。基于此，马克思在资本的生产与再生产过程之中所探寻的资本主义生产力与生产关系之间的内在矛盾，就在一定程度上以外在的矛盾与危机转移的形式进入新的领域。

最后，哈维将马克思的生产力与生产关系之间的内在矛盾转译为生产力与社会关系（包括生产关系）之间的经验层面的矛盾。因为在哈维的视域中，生产力要素是客观存在且不发生变化的，所以对于当代资本运行机制的优化只能诉诸社会关系的改良与创造。"唯一能最终解决这些矛盾的方案是消除它们的源头，从根本上创造新的社会关

①［美］戴维·哈维：《新帝国主义》，付克新译，北京：中国人民大学出版社，2019 年，第83 页。

系——社会主义的社会关系。"① 一方面，这与哈维将马克思的科学社会主义的理论诉求理解为寻求新的社会关系直接相关。另一方面，这导致哈维在研究价值生产与价值实现所需要的各种社会条件与社会关系时，将理论的主要阵地以及寻求可能性替代方案的途径，诉诸更加偏向经验具体层面的社会关系领域的价值实现过程。在他的视域中，价值实现在当今资本主义社会遭遇了极大了界限，大量的价值丧失与生产过剩导致价值实现领域的具体危机与矛盾更加严重。因此，将理论重点偏向于价值实现以及《资本论》第二卷与第三卷更为合理。也正是基于此，价值生产与价值实现之间的矛盾更多地体现在价值实现领域。换言之，在当今资本主义社会，哈维认为价值实现已经严重阻碍了价值的生产，他对消费与价值分配等问题的侧重便很好地反映出这一点。然而，价值分配所带来的诸多问题倾向于与阶级斗争直接挂钩；因此，着力于创造新的社会关系并选取合适的替代性方案成为哈维孜孜以求的目标。

综上所述，哈维将资本的生产与再生产过程转译为以三大资本积累模型为中轴的价值生产与价值实现之间的互动模式。一方面，这是哈维重视经验具体与日常生活的直接表现。哈维通过价值生产与价值实现之间的矛盾以及"社会关系"一词，将资本主义生产过程与流通过程联结起来。另一方面，这种新的资本运行机制要求对价值生产与价值实现均在本体论层面加以理解。通过此种转译，哈维将经验具体与日常生活层面的东西纳入本体论层面，或者将社会表面上的主导现象与中层理论引入本体论视域。譬如，哈维得以将马克思作为资产阶级社会表面的东西——诸如金融危机等——引入"过程性"的概念加以思考。因为"把金融资本作为过程的理论……可以揭示出许多原本

---

① [英] 大卫·哈维：《资本的限度》，张寅译，北京：中信出版社，2017 年，第 191 页。

一直被隐藏的东西"①。

四、资本积累的界限与三块危机理论

在哈维的视域中，资本在积累过程中遭遇了诸多的界限，譬如自然的界限、社会的界限等，而这些限制条件又导致资本在积累过程之中出现了一系列危机。在他看来，资本积累的"总危机"在于价值生产与价值实现之间的矛盾。基于此，他明确提出在资本主义社会机制的运行过程中存在阻碍资本积累的"三块危机"及其理论。② 第一块危机理论指涉利润率下降规律；第二块危机理论指涉与货币以及金融相关的危机理论并聚焦于时间维度与资本流通；第三块危机理论指涉资本主义空间经济中的危机——帝国主义的辩证法，它聚焦于空间视角与不平衡地理发展理论。

> 我们的任务是构造一种关于危机形成过程的"第三块"理论，它特别承认了在资本主义的生产和交换关系当中界定的社会空间所具有的物质特性……我们在这里关注的是"第三块"危机理论，它必须把发展程度并不平均的地理环境整合到危机理论当中。③

那么，哈维所指涉的危机模式体现出哪些问题？第一，"三块危机"与马克思的一般利润率下降规律的危机是何种关系？第二，金融危机和基于空间视角的危机是哈维在资本主义社会危机理论层面重点关注的部分，它成为哈维资本批判理论中独具创新的部分，这一部分与马克思所阐释的生产力与生产关系之间的内在矛盾具有何种关系？

---

① ［英］大卫·哈维：《资本的限度》，张寅译，北京：中信出版社，2017年，第451页。
② 参见［英］大卫·哈维《资本的限度》，张寅译，北京：中信出版社，2017年，第6—13章。
③ ［英］大卫·哈维：《资本的限度》，张寅译，北京：中信出版社，2017年，第649页。

第三，三块危机理论与资本主义社会的总危机之间又是何种关系？接下来笔者将围绕这些问题，集中论述哈维的三块危机理论。

第一块危机理论：利润率下降

总体而言，哈维所指涉的资本主义社会的第一块危机理论，直接建立在马克思所论述的"一般利润率下降规律"的基础之上。在他的视域中，马克思关于利润率下降的规律只能被解释为关于危机的第一块理论。这一见解的提出并非偶然。实际上，哈维将其置于第一块危机理论之中的前提在于他曾明确指认的资本积累的三大模型。基于此，哈维认为马克思在《资本论》第三卷中未能将前两卷的核心观点综合起来，这导致他在第三卷中不能提出完整的矛盾与危机理论。换言之，哈维认为马克思给我们留下了大量未竟的事业，譬如固定资本、资本主义的组织形式、金融资本、国家干预与世界市场等。因此，哈维在第一块危机理论之外又提出了另外两块危机理论。与此同时，哈维承认第一块危机理论揭示了马克思所指认的资本主义社会的危机形成过程背后的内在矛盾。因此，从这一意义上来看，第一块危机理论具有一定的合理性。基于此种定位，哈维以阶级关系的再生产危机以及危机在生产中的起源为背景，进一步丰富了第一块危机理论的具体内涵。

具体来说，第一块危机的形成伴随着资本的过度积累与价值的丧失。在这一过程中，"为生产而生产"与"为积累而积累"之间形成了激烈的矛盾。一方面，资本家使用各种技术手段促进剩余价值的生产，而运用资本的机会又相对不足，这就产生了资本的过剩，此种生产过剩的情况就是资本的过度积累。另一方面，对利润率稳定的追求促使一部分资本必须被清除并以达到资本积累运行机制的平衡为目的，这就意味着一部分被清除的剩余资本出现了价值丧失的状况。值得注意的是，价值丧失的概念是哈维通过对马克思的资本（价值）概念进行修改而提出的新概念。在他的视域中，"由于资本是运动中的价值，所以价值只有持续运动才能保持为价值"①。换言之，哈维认为马克思的价值丧失概念具有"一个纯粹技术性的界定：在稍长的时间内'静止地'处于任何一个特殊状态中的价值"②。

而哈维认为此种在稍长时间内以某种特定状态"静止"的价值或价值丧失主要有"三种影响因素"③：第一，"在其他一切保持不变的情况下，资本主义之下的劳动生产率的上升一般是与商品的单位价值下降相伴随的"④。此种贬值可以理解为价值丧失的一种情况。而如果在生产过程中资本静止的时间过长或者库存的资本过多（即资本的过度积累的数量过大），那么因为重新估值而导致的价值贬值情况就在很大程度上造成了价值的大量丧失。第二，在预付资本量的扩大速度远远高于剩余价值生产速度时，即在利润量增加的速度远低于预付总资本量的速度时，利润率就会不断下降。而为了制止利润率的下降或使得体系恢复平衡，资本总量必须被减少。资本集中——较大资本家对较小资本家的资本剥夺——就成为完成这一任务的手段之一。⑤ 此种剥夺实际上使得这些资本丧失了价值。第三，在资本主义社会危机发生的当下，资本贬值让位于价值毁灭。"在对危机的进程中发生的价值丧失进行描述时，'贬值'这个温情的形象就让位于'毁灭'这个更有戏剧性、更加暴力的形象了。"⑥ 此种价值的毁灭使过度积累得到抵消，并使已经遭到破坏的均衡体系得到瞬间恢复。而此种价值的毁灭是价值丧失的一种极端状态。

---

① ［英］大卫·哈维：《资本的限度》，张寅译，北京：中信出版社，2017 年，第 317 页。
② ［英］大卫·哈维：《资本的限度》，张寅译，北京：中信出版社，2017 年，第 317 页。
③ 参见 ［英］大卫·哈维《资本的限度》，张寅译，北京：中信出版社，2017 年，第 320—330 页。
④ ［英］大卫·哈维：《资本的限度》，张寅译，北京：中信出版社，2017 年，第 320 页。
⑤ 参见 ［英］大卫·哈维《资本的限度》，张寅译，北京：中信出版社，2017 年，第 322 页。
⑥ ［英］大卫·哈维：《资本的限度》，张寅译，北京：中信出版社，2017 年，第 325—326 页。

　　既然过度积累与价值丧失的情况已经如此严重，那么导致这些状况并形成危机的根本原因究竟是什么？在对这一问题进行回答之前，哈维对存在于马克思主义研究历史上的一场论战进行了描绘，即引发危机的源头到底是"消费不足"还是"利润率下降的倾向"？基于此种诘问，他给出了自己的答案——生产力与社会关系的对立是引发危机的根本原因，而论战双方的观点均是此种根本原因在现象世界中的表现形式。

　　　　现象世界中的利润率的下降和商品的供过于求都是同一个根本问题在表面上的展现。从理论上看，只有当生产力的无休止的革命倾向同"对抗性的"分配关系和生产关系——资本主义建立在这些关系之上——处于对立时，这种倾向——它表达为资本价值构成的上升——才能为理解危机的形成过程提供基础。生产力与社会关系的对立才是根本，因而我们不能把优先地位指派给任何一方。①

也正是基于此种原因，哈维在论述资本积累的第三种模型时，直接指认马克思在《资本论》第三卷中以一般利润率下降规律掩盖了资本主义之下的生产力与社会关系之间的根本矛盾。

　　　　我相信，关于马克思所描述的资本主义之下的生产力与生产关系之间的根本矛盾，这才是我们应该提出的正确解释。我还认为，正是这条根本性的主张被关于利润率下降的论点所掩埋了。②

　　由此可知，哈维在考察资本积累的界限与危机时，已经深刻地认识到掩盖在一系列危机表象形式之下的引发危机的根本原因在于生产力与社会关系之间的对立。这与马克思所提出的生产力与生产关系之

---

① [英] 大卫·哈维：《资本的限度》，张寅译，北京：中信出版社，2017年，第319页。
② [英] 大卫·哈维：《资本的限度》，张寅译，北京：中信出版社，2017年，第309页。

间的内在矛盾的理论已经具有一定的接近性。甚至在一定程度上，我们可以说哈维对生产关系进行了改写，即在他的视域中，生产关系的概念只是将问题框架限制在资本主义的生产过程之中，然而资本的问题包含了在流通过程中不同形态的转化以及价值的运动。基于哈维对资本概念的此种改写，包含了价值运动过程的资本积累问题已经不足以单独使用生产关系概念来加以定位。亦正是基于此种原因，哈维将生产关系转译为社会关系。

那么，马克思的生产力与生产关系之间的内在矛盾与哈维的"生产力与社会关系之间的根本矛盾"①（是哈维意义上的根本矛盾，实际上是经验层面的矛盾，为了从哈维原意上诠释生产力与社会关系之间的关系，故沿用哈维的表达。下同），到底具有何种区别并以何种差异性形成了二者在理解资本主义社会与资本运行机制中的诸多相异性？

实际上，诚如前文所述，社会关系相较于生产关系而言，具有更加宽泛的含义。哈维一直强调，马克思在《资本论》第一卷中总是以资本主义生产过程为论述立足点并且存在理论与现象层面的历史事实联结得不够紧密的情况。而他基于对当代资本社会新变化的研究，主张要完成对"从抽象上升到具体"之"具体"层面进行研究的任务。这一任务迫切要求哈维将资本主义生产过程中的生产力与生产关系之间的内在矛盾拓展为生产力与社会关系或社会生产关系之间的根本矛盾。因为具体世界的表现形式纷繁复杂，以生产关系以及资本主义生产过程为中轴的理论模式已经不适应当代资本社会的发展。资本主义的流通过程以及多阶层群体的出现已经将理论视域拓展到社会关系与多阶级关系，这意味着以生产关系以及劳动者与资本家两个阶级的形式为论述立足点的分析方式已经不足以涵盖问题的本质。譬如，哈维在《资本的限度》一书的第六章，批判马克思的预设前提是全社会只

---

① ［英］大卫·哈维：《资本的限度》，张寅译，北京：中信出版社，2017 年，第 309 页。

有两大阶级——资本家与劳动者，而这是与社会现实不一致的假定条件。① 因此在遭遇资本主义的"历史现实"层面的问题时，与资本主义流通过程相关的其他阶级也应该被纳入问题的考量范围。这最终迫使哈维的分析重点必须从生产关系与阶级关系向更宽泛的社会关系转移。基于此种定位，哈维的"生产力与社会关系之间的根本矛盾"与马克思的"生产力与生产关系之间的内在矛盾"产生了差异性。也正是基于此，哈维将马克思以资本主义生产过程为立足点的资本批判模式从本体论层面发展为将价值生产与价值实现均置于本体论层面的资本批判模式。

那么事实是否真的如此？即哈维所主张的将生产关系拓展为更加宽泛的社会关系的做法，是否真实地涵盖了问题的发展并捕捉到了马克思的缺陷？

其实，哈维将《资本论》三卷本分解为三大资本积累模型的做法本身，已经反映出他不能理解从抽象上升到具体的科学方法以及资本生产与再生产的总过程。因为在马克思的视域中，具体世界所体现出来的纷繁复杂的现象以及一般利润率下降规律都是本质层面的生产力与生产关系之间的内在矛盾在具体层面或现象层面的反映。譬如，资本主义社会的剩余价值的生产过程或价值增殖过程中的内在矛盾，在上升到具体层面时，被"硬化"和"颠倒"，此种"硬化"和"颠倒"使得"着了魔的世界"以一种障眼法掩盖了本质层面的内在矛盾。因此，在直接面对现象世界并将本质层面的内在矛盾作为理论模型加以接受的哈维看来，现象世界中充斥的多阶级关系以及流通过程中的复杂性已经不仅仅是现象层面的东西。换言之，在他的视域中，表象层面的东西因其"历史现实"性而应该被优先考量甚至纳入本质层面或本体论层面的理论之中。基于此，他认为本质层面的生产力与生产关

---

① 参见［英］大卫·哈维《资本的限度》，张寅译，北京：中信出版社，2017年，第307页。

系之间的内在矛盾已经不能涵盖问题的全部，因此生产关系必须被拓宽到包含现象层面的流通过程之中的各种社会关系的层面。

也正是基于此种将本质层面与现象层面加以混淆的做法，哈维在解读《资本论》第三卷时，将生产力与社会关系之间的根本矛盾——一种变异了的本质层面的内在矛盾 ——直接拖曳到现象层面。这是他认为马克思在论述现象层面的危机时以一般利润率下降规律"掩埋"了生产力与社会关系之间的根本矛盾的直接原因。

与此同时，正是基于此种差异，哈维对马克思的危机理论进行了改写并形成了自身理论得以发展的"岔路口"。那么，哈维的危机理论又在哪些层面具有自身的理论独特性？为了回答这一问题，我们必须进入对第二块危机与第三块危机理论的论述。

第二块危机理论：金融危机

金融危机理论是哈维对第二种和第三种资本积累模型进行直接分析的结果。在哈维的视域中，马克思在《资本论》第二卷中论述资本的流通过程以及价值实现遭遇到各种界限时，实际上已经看到了信用体系与金融资本对价值实现的重要作用。然而因为（在马克思的时代）金融资本的发展还不完善以及马克思不重视分配的作用，所以他未能对信用体系与金融资本进行体系化的分析。这是导致马克思没有形成系统的金融危机理论的直接原因。因此第二块危机理论是哈维设法填补的缺口之一。

总体而言，第二块危机理论是将货币现象与金融现象整合进关于资本主义商品生产的一般理论之中，并试图从金融与货币方面分析资本积累过程中导致不平衡的各种力量的理论。

"第一块"危机理论（第 7 章）揭示了危机在生产中的起源。由于自相矛盾的统一必然在生产与交换之间处于主导地位，所以危机无可避免地会在交换中得到表达。资本在这里既可以表现为商品，又可以表现为货币。由于货币是一种独立的形式，价值的等同性借此"可以在任何时候确定下来"（《资本论》第 1 卷，第154 页），所以危机必然具有货币的表达。前面两章的主题是分析信用、生息资本的流通、虚拟资本的形成以及其他所有金融的和货币的复杂情况；这些分析为关于危机在资本主义之下的形成和表达的理论添加了一个全新的维度。我们现在可以得出"第二块"危机理论了——它力求把相关事务的金融方面和货币方面同早先对生产中导致不均衡的力量所做的分析整合起来。①

由此可知，生产、货币与金融资本的问题是第二块危机理论的核心要素。那么问题就在于，货币与金融资本何以形成危机并形成何种危机？此种危机与第一块危机理论以及资本主义生产过程中的生产力与生产关系（社会关系）之间的矛盾具有何种联系？哈维在何种程度上发展了马克思虽暗含但没有完整地指认出来的金融危机理论？

首先，货币是哈维在论述资本主义表象社会与流通过程时所运用的核心概念工具。一方面，这是因为货币具有流通手段的职能。在执行这一职能的过程中，为了节省流通成本并提高流通速度，信用货币应运而生。而为了保证信用货币的正常运行并从社会事务性层面确保资本流通过程的正常运行，银行和国家层面建立的信用体系随之逐步得以完善。总之，"资本流通给货币体系加上了额外的责任和负担；为了应对它们，就必须把信用体系组织成金融运作的基础"②。另一方面，在哈维的视域中，"从货币到资本的转化使货币的基本用途具有了新的格局。于是，货币获得了作为生息的货币资本来流通的潜力"③。换言之，在哈维的视域中，正是从货币到资本的转化，使得只是执行流通手段或者一般等价物职能的货币具有了一种新职能：以利息与生息资

---

① ［英］大卫·哈维：《资本的限度》，张寅译，北京：中信出版社，2017 年，第 503 页。
② ［英］大卫·哈维：《资本的限度》，张寅译，北京：中信出版社，2017 年，第 401 页。
③ ［英］大卫·哈维：《资本的限度》，张寅译，北京：中信出版社，2017 年，第 384 页。

本的形式运行于信用体系的内部。基于此，金融资本——"那就是一种以信用体系为中心的特定的资本流通过程"① ——的概念破茧而出。值得注意的是，哈维指出马克思虽然没有直接定义金融资本的概念，却在无形之中已经暗含了这一概念。

然而，货币与金融资本自身均充斥着矛盾，这是引发资本主义社会金融危机的根本原因。一方面，哈维认为，货币基础自身充斥着矛盾，而矛盾存在的前提是货币具有独立于生产过程之外的社会权力。当货币执行价值尺度职能时，它是"体现在商品中的价值的一种外在的、为社会所接受的尺度"②。而当货币执行流通职能时，它又必须将自身与价值的"真实"代表分割开来，这主要体现在市场价格偏离价值的现象中。基于此，货币既要代表价值的真实维度，又要经常性地偏离其所代表的价值并以价格的形式频繁出现在千变万化的交换过程之中。此种既受到物质基础与生产过程的限制又独立于物质基础与生产过程之外的对抗性，促使货币在成为货币之时便存在矛盾。基于此种矛盾性，以货币为基础的金融体系亦存在无可避免的矛盾。

另一方面，金融资本以及信用体系与其货币基础之间亦充满了矛盾。为了使得货币的流动保持连续性并减少周转时间，信用体系以及虚拟资本的创造力度日益增大。而虚拟资本或对等价值的未来劳动是以预付的形式预先产生的，这就意味着"预付的虚拟资本随后能否以实际价值的形式得以实现"成为问题的关键，而风险和危机便隐藏在此处。换言之，"信用体系内部的虚拟价值与受实际价值约束的货币之间的缺口拉大了"③。那么，一旦实际的商品价值的扩大与先前创造的虚拟资本不能保持同步，虚拟价值的实现与商品形式的价值的实现就会受到威胁。

---

① [英] 大卫·哈维：《资本的限度》，张寅译，北京：中信出版社，2017 年，第 445 页。
② [英] 大卫·哈维：《资本的限度》，张寅译，北京：中信出版社，2017 年，第 459 页。
③ [英] 大卫·哈维：《资本的限度》，张寅译，北京：中信出版社，2017 年，第 420 页。

简而言之，信用体系本身是为了克服"对生产的内在的束缚与限制"而加速资本流通的一种手段。但此种脱离物质基础的信用体系与金融资本反过来促使剩余价值得以产生的生产过程逐步被颠倒错乱的现象掩盖。这种走上前台的颠倒形式催生了金融贵族与金融资本的产生与扩大化。但也正是在这一过程之中，一旦物质基础与虚拟资本不能保持一致性，与之相关的金融危机便一发不可收拾。基于此，哈维进一步指出，根据马克思的理论我们可以得知，"金融体系与它的货币基础之间的矛盾最终会以'货币形式的资本和商品形式的资本'之间的矛盾作为归宿"①。因此，在过度积累的状况下，资本家可以选择让货币丧失价值或者让商品丧失价值。前者造成通货膨胀，后者则是经济萧条。

其次，诚如前文所述，金融危机是否形成最为明显的特征是虚拟资本与其货币基础是否具有一致性。换言之，虚拟资本能否顺利回溯到它的货币基础与物质基础是是否形成金融危机的直接原因。因此，正是在虚拟资本对其物质基础的追逐过程之中，形成了第二块危机与第一块危机之间的关联性。一方面，为了迎合虚拟资本的价值量大小，资本——尤其是金融资本家阶级，会转而影响资本主义生产过程之中剩余价值的生产强度。这体现在两点上：一是"逼迫"资本主义生产过程加快生产速度；二是毁灭大量生产过剩。另一方面，资本主义生产过程之中的剩余价值的生产情况，也会直接影响金融资本的流向以及虚拟资本的量化程度。由此可知，哈维已经识别出马克思试图将生息资本和信用体系与剩余价值的生产过程直接联系起来。基于此，哈维提出第二块危机理论"力求将我们对作为过程的金融资本的内在矛盾的理解与对生产的不均衡问题的理解整合起来"②。而生产的不平衡

---

① ［英］大卫·哈维：《资本的限度》，张寅译，北京：中信出版社，2017年，第463页。
② ［英］大卫·哈维：《资本的限度》，张寅译，北京：中信出版社，2017年，第446页。

问题的相关理论指涉第一块危机理论。从这一意义上来看，他认可了马克思的解释。基于此，哈维指出在当下的资本社会中，每一次金融危机的解决都最终寄希望于生产过程与剩余价值的生产。①

最后，哈维指出马克思在多个方面已经过时。第一，他指出马克思在论述信用危机时预设了一个前提，即"这一切假定了纸币可以自由地兑换成贵金属"②。这就忽视了国家权力的重要性。因为在哈维看来，资本主义社会中存在"以国家权力为后盾的不可兑换的纸币"③。此种在 20 世纪以后已经成为常规的事件，在马克思的 19 世纪还表现得不够明显。尤其是金本位的废除，使得马克思所论述的货币基础进一步趋于瓦解。因此，国家权力对信用体系的具体控制过程应该被纳入金融资本的研究理论之中。基于此，他将金融资本的概念分为两种："第一种是关于生息资本的流通过程的概念；第二种是关于资产阶级内部一个制度化的权力集团的概念。"④ 在他的视域中，第二种金融资本概念造成的一系列波动与不稳定应该在第一种金融资本的概念视域中加以理解。因此，从这一意义上来看，两种金融资本概念是一回事。

第二，哈维认为马克思极少关注与金融资本相关的资产阶级内部的派系斗争。总体而言，在哈维的视域中，货币是一种社会权力的代表，因此金融资本的积聚实质上是一种社会权力的集聚。这种内含极大社会权力的金融资本是整个资本家阶级的共有资本，但是对其运行进行负责并与其相关的货币资本家、金融家以及管理者等不同的阶级又会因追逐私利或派系的利益而展开争夺社会权力的激烈斗争。因此信用体系在这一意义上成为权力较量的场所。此种权力斗争的结果在哈维看来极为重要。然而马克思只是将其作为资产阶级社会表面上存

---

① 这也是金融危机频发的当下，各国注重供给侧改革的原因之一。
② ［英］大卫·哈维：《资本的限度》，张寅译，北京：中信出版社，2017 年，第 461 页。
③ ［英］大卫·哈维：《资本的限度》，张寅译，北京：中信出版社，2017 年，第 461 页。
④ ［英］大卫·哈维：《资本的限度》，张寅译，北京：中信出版社，2017 年，第 490 页。

在的不言而喻的冲突，并认为"作为资本的生息货币的流通与剩余价值的生产过程之间的关系"是隐藏于冲突之中的更为根本性的关系。显然，哈维不同意这样的看法。基于此，他提出要将金融资本作为过程的理论而非资产阶级社会表面上的东西。

第三，哈维认为马克思对其所指认的"资本主义生产方式在资本主义生产方式自身范围内自我扬弃"的论点令人难以捉摸。简而言之，马克思认为信用体系一方面加速了生产力的物质发展并建立了世界市场，另一方面也加速了自身危机的形成并促成自身的解体。此种被马克思用"一个自行扬弃的矛盾"或"否定之否定"进行概述的观点在哈维看来过于抽象而难以捉摸。基于此，哈维提出必须为这个措辞提出一个解释。这导致哈维在论述金融危机时，将马克思忽略的诸多部分尤其是资产阶级社会表面上的部分直接引入理论的分析。换言之，金融危机这一被马克思用现象层面的冲突所涵盖而没有进行系统阐释的部分，应该被视为直接的过程性的目标与研究对象。这也是哈维系统化地提出金融危机——第二块危机理论的直接动因之一。

综上所述，哈维在马克思生息资本、虚拟资本与信用体系等理论的基础上对第二块危机理论进行了系统化的阐释。虽然他依然承认马克思所指认的"虚拟资本与其货币基础（物质基础）之间的脱节或货币与金融资本自身蕴含的矛盾"是导致金融危机的根本原因，但是他也指出马克思因为过于重视生产力与生产关系之间的矛盾或金融危机之下更深层的关系——"作为资本的生息货币的流通与剩余价值的生产过程之间的关系"[1]，而忽略了置于资产阶级社会表面上的金融危机的完整内容。基于此，哈维形成了较为完整地直接面对金融资本的"过程性的"——"我希望在这一章证明：就资本积累的矛盾动态而言，把金融资本作为过程的理论……可以揭示出许多原本一直被隐藏

---

① [英] 大卫·哈维：《资本的限度》，张寅译，北京：中信出版社，2017年，第451页。

的东西。"① ——第二块危机理论。

第三块危机理论：资本主义空间经济中的危机

第三块危机理论是哈维基于地理与空间视角建构的关于过度积累与价值丧失在不平衡的地理环境中体现出来的特殊性与具体性。这一块危机理论与集中探讨资本主义内在矛盾的第一块危机理论以及侧重于从时间维度讨论资本主义社会危机的第二块危机理论不同，它将研究的触角延伸到地理与空间维度。"我们的任务是构造一种关于危机形成过程的'第三块'理论，它特别承认了在资本主义的生产和交换关系当中界定的社会空间所具有的物质特性。"② 基于此种空间视角，哈维将发展程度并不平衡的地理环境整合其中——"我们在这里关注的是'第三块'危机理论，它必须把发展程度并不平均的地理环境整合到危机理论当中"③，并就此研究了基于此种不平衡地理发展理论而出现的新问题或危机的新形态。

首先，哈维基于内在转化与外在转化的论战，提出了第三块危机理论的研究背景与前提。一方面，资本通过向外转移危机与矛盾的形式缓解资本在其发展过程中所遭遇的各种过度积累与价值丧失的危机状况，即危机在一定程度上能够通过"空间修复"得到暂时缓解。此种向外转移危机并使得资本得以持续发展的理论在相当长的一段时间内占据西方学界的主导地位。罗莎·卢森堡便是此种向外转移危机理论的典型代表。而此种向外转移危机与矛盾的理论的立足点在于地理空间的不断扩大，这与资本在其发展过程之中逐步走向全球化的历史进程密切相关。也正是基于此，哈维将其自身的地理知识背景同资本的空间转移与拓展结合起来，开辟了从空间视角研究资本的历史地理

---

① ［英］大卫·哈维：《资本的限度》，张寅译，北京：中信出版社，2017年，第451页。
② ［英］大卫·哈维：《资本的限度》，张寅译，北京：中信出版社，2017年，第649页。
③ ［英］大卫·哈维：《资本的限度》，张寅译，北京：中信出版社，2017年，第649页。

唯物主义。另一方面，哈维从马克思既承认向外转移能够缓解危机又认为危机的最终解决仍依赖于内在矛盾的解决的角度，认识到资本发展过程，尤其是资本向外部不断发展并转移危机的过程，最终只是相同的资本主义生产条件以及内在矛盾不断得到复制的过程。因此资本向外扩展并转移危机并非长久之计，从某种程度上来说，资本在向外扩展的过程之中，最终会遭遇阻碍资本能够持续发展下去的界限。

但无论如何，因资本发展而产生的危机与矛盾能够在空间拓展过程中暂时得以缓解。那么，此种缓解基于何种资本与空间互动的模式呢？

针对这一问题，哈维从资本的空间化以及资本的界限的视角出发，提出了不平衡地理发展理论。在他的视域中，剩余价值需要通过缩减资本流通时间来获得加速实现的条件，与此同时，它也需要通过缩短空间距离来加速资本流转。此种通过缩短时间与空间距离来加速资本流通与剩余价值实现的过程，是资本在其自身发展过程之中必然提出的内在要求。基于此种理论前提，哈维在第三块危机理论中聚焦于空间视角，提出资本的"发展"与危机之所以可以转移，具体原因在于不同区域间资本发展水平不同。即正是由于不同区域之间资本发展水平不同，资本家得以参与区域之间的贸易，并"从不平等的交换中撬出利润，并把剩余资本放到利润率最高的无论什么地方"[1]。换言之，"资本在不平衡发展的地理环境中进行迁移"是获取利润并缓解利润率下降的手段之一。而这种不平衡的发展状态以及领土和区域的连贯性本身，都"是资本主义主动生产出来的"[2]。一方面，各个区域的生产力水平或资本主义发展程度不同，在不同区域或地理环境上呈现出各自的资本发展水平，而此种"不同"造成了地理差异并导致各区域设

---

[1] [英]大卫·哈维：《资本的限度》，张寅译，北京：中信出版社，2017年，第638页。
[2] [英]大卫·哈维：《资本的限度》，张寅译，北京：中信出版社，2017年，第637页。

置了自身的区域界限。另一方面，剩余价值需要通过缩短空间距离来加速资本流转与价值实现，因此在资本发展过程中不自觉地建立了领土与区域的连贯性。此种矛盾以及过度积累与价值丧失的倾向促使资本不断突破自身的界限，进行对外贸易与现代殖民等。基于此，资本主义社会的危机可以暂时得到缓解。

然而与此同时，资本在突破自身界限的过程之中又反过来造成了新的地理差异，此种需要不断克服的空间壁垒内化到价值形式之中形成了资本主义不可避免的不平衡地理发展的状况。具体而言，哈维认为此种不平衡的地理发展造成了以下几种现象：第一，这种不平衡的地理发展在某种程度上通过相互抗衡与对立的力量进行表达，而这些力量会造成资本流通在地理环境中的积聚或分散；第二，不平衡的地理发展导致阶级斗争与派系斗争形成了区域化的特征，战斗特殊主义便是基于此种理论定位而提出的新观点之一；第三，资本的不平衡发展以及这种不平衡导致的区域化使得资本主义的组织能力承受了极大压力，为了应付这一压力，等级结构与各种不同的机构与组织得以产生。总体而言，这些现象都是在不平衡的地理框架中得以产生的，与此同时，这些新现象又使得危机问题更加复杂化。

其次，基于此种复杂性，哈维将发展程度并不平衡的地理环境整合进危机理论，提出了一系列由空间视角以及不平衡地理发展引发的具体性的资本主义社会的危机形式。

第一，不加区分的价值丧失情况被"特定的、个别的、具体地点的价值丧失"取代。这就意味着价值丧失具有普遍性（全面性）与特殊性共存的特征，全面性的危机形式立足于由本地的、特殊的和个别的事件所构成的混合并产生于其中。[①] 值得注意的是，这种特殊事件的混合体是由资本发展的特殊要求所决定的。因此，指定地点的价值丧

_____

① 从某种意义上来看，这是哈维在其后期得以寻找阶级斗争的具体爆破点的理论立足点。

失并非偶然，它以空间格局的形式被系统化并以空间格局不断变化的形式得以发展。

第二，过度积累等危机形式从具体的区域性中产生并逐步通过向外转移而避免价值丧失，但是此种转移并避免价值丧失的情况具有一定的限度。资本一旦耗尽了所有向外转移的可能性便会遭遇自身的终极界限。此外，此种转移导致各个区域不断向资本和劳动的流动开放边界，区域之间由此引发竞争。一方面，这种竞争有助于各个区域之间的互相补偿并暂时缓解危机；另一方面，这种竞争迫使一些区域因为外在的压力而产生危机。

第三，因为危机可以在不同的区域间进行转移，所以危机获得了一种新身份——被还原成微小的"转换危机"。此种转换危机只有当资本与劳动的流动从一个区域转换到另一个区域时才会发生。譬如，"固定资本的数量的增加和生产中周转时间的延长制约了不受抑制的机动性"[①]。换言之，固定资本阻碍了资本主义的空间经济在区域间迅速进行结构转换。新的空间格局无法建立，因为区域性的价值丧失未能走完自己的进程。此外，尽管这些转换困难重重，但是转换的可能性仍为资本主义空间经济得以恢复均衡提供了一定程度的保障。

第四，空间格局既能缓解危机又能助长危机，因此哈维认为我们必须关注对空间格局与资本流动加以塑造的协调机制。协调机制自身的稳定性就变得至关重要。一旦影响协调机制稳定性的张力在某一时刻产生断裂，那么协调机制就会出现危机。

第五，因为不平衡地理发展与扩展不可能从根本上解决资本主义的内在矛盾，所以空间修复不足以解决根本性的问题。基于此，哈维认为全面性的危机最终必然以一种由本体的、具体的危机形式所组成的混合体的混乱形式展现出来，而全面性的危机又以全球性危机的形

[①] ［英］大卫·哈维：《资本的限度》，张寅译，北京：中信出版社，2017年，第654页。

式展现出来。此种以全球和区域为参照体系的发展模式，更好地揭示了资本在向外扩展的过程中会遭遇由与资本主义生产方式不同的其他生产方式主导的社会形态。由此，直接向外转移危机的模式被在他处重新创造新的资本主义生产方式的模式取代。

然而，哈维认为这种在他处创造新的资本主义生产方式的模式会在具体的实施过程之中遭遇阻碍。一方面，如果此种新的生产方式在他处或他国重新得到复制或创造，那么"他国"会与本国形成国际竞争并给本国带来价值丧失。反之，如果为了保护本国而推行限制国际竞争的策略并反对在他国重新创造新的资本主义生产方式，那么又影响资本输出，这就使得本国因为过度积累而产生价值丧失。因此，对他国进行资本输出并创造新的生产方式本身存在两难。这就导致在他国创造新的生产方式以缓解资本危机的模式会在政策上遭遇阻碍。另一方面，在哈维的视域中，"资本积累是无产阶级的增加"①，因此持续供给新鲜的劳动力是在他国重新创造资本主义生产方式的必要条件。此处的"新鲜劳动力"指涉彻底失去生产资料并获得"自由身"的劳动者，而他们在他国的出现是资本以原始积累的方式完成的。然而原始积累的可能性会被耗尽，这最终导致资本必须吞噬自身才能形成新的劳动力资源。

总体而言，第三块危机理论诠释了基于空间视角与不平衡地理发展而形成的各种具体的危机形式。基于此，第一块危机理论与第二块危机理论中所预设的积累过程的统一性被打碎并由第三块危机理论中的差异性的、区域性的危机节奏替代。与此同时，哈维在阐释这些具体危机的过程时，也证明了解决这些危机的各种具体方式最终都以两难或失效的模式散场。因此，在不平衡的地理发展过程中，在地理环境或空间格局上转移危机的形式最终都会遭遇自身的界限并使得危机

---

① ［英］大卫·哈维：《资本的限度》，张寅译，北京：中信出版社，2017 年，第 667 页。

爆发出来。基于空间格局形成的帝国主义以及帝国主义之间的世界大战,恰巧也是一种以毁灭价值的形式抑制资本主义内在矛盾的方式。此种毁灭实际上是资本积累动态过程中的建构性环节。

综上所述,三块危机理论分别从内在矛盾、时间维度与空间维度这三个"窗口"向我们展现了哈维所构建的与资本主义社会危机相关的全部理论。由此可见,马克思由一般利润率下降规律诠释的危机理论被哈维以结构式的三块危机理论取代。此种改写反映出哈维将马克思以内在矛盾决定各种表象层面的危机形式的理论转换成三块独立的理论。这与哈维的实证分析以及关注日常生活或表象层面的理论出发点直接相关。此种与马克思的"从抽象上升到具体"完全不同的思维模式,将问题直接延伸到现象层面或具体层面所呈现的特殊性的危机形式并试图直接从具体层面寻找解决危机的方法与手段,譬如区域间的危机转移、国家对金融机构的权力控制等。

然而,与此同时哈维也看到,这些具体的解决危机的方法在最终都趋于失效或陷入两难的根本原因仍然在于马克思所指涉的资本主义社会的"内在矛盾"。此种定位显示出哈维在理解三块危机理论时并未完全脱离马克思的思维模式并积极地向内在矛盾回溯。此种回溯的最明显表现是,哈维认为"三块危机"之所以产生的根本原因依然在于劳动者与资本家之间的阶级关系与阶级斗争。譬如,他在第三块危机理论之中指出,这种不平衡的地理框架来源于"多种多样的资本和劳动力在机动性方面的差异"①。一方面,此种对劳资关系或阶级关系的重视体现出他认识到资本积累的根源在于对雇佣劳动者的剥削。然而,另一方面,此种仅仅停留在阶级关系与劳资之间的价值分配的理论定位,也体现出他对生产力与社会关系之间根本矛盾的误读。在他的视域中,生产力与社会关系之间的根本矛盾可以直接被拖曳到现象层面。

———————————

① [英] 大卫·哈维:《资本的限度》,张寅译,北京:中信出版社,2017年,第648页。

此种被拖曳到现象层面的根本矛盾，也只能以诸多阶级之间阶级斗争的形式进行表达。①

　　但无论如何，哈维的三块危机理论体现出一个事实，即资本主义社会的总危机在于价值生产与价值实现之间的矛盾，而利润率下降、金融危机与基于空间视角的危机都是价值实现受到阻碍的危机表现。譬如，过度积累与价值丧失是贯穿在三块危机理论中的核心问题。这一问题直接体现出，在资本主义生产过程中得以生产的价值，因为在资本流通与拓展过程中遭遇诸多界限而不能得到实现。此种不能得到实现的价值以过度积累与价值丧失的形式遭遇自身的危机。

①　这为哈维在其后期的《资本社会的 17 个矛盾》之中提出寻找具体的爆破点以及用内爆与外力共同作用的形式助推革命埋下了伏笔。

第二章

资本批判的基础理论（下）：
对《资本论》的另一种解读

换言之："个别资本"的概念和"资本一般"的概念绝不是同一的。"资本一般"比"个别资本"含义更广，从而马克思认为，在"资本一般"的范围内才能对"社会总资本"进行最有成效的研究，并且实际上也必然是这样。

——罗曼·罗斯多尔斯基：《马克思〈资本论〉的形成》

作为商品，这台机器只是潜在的固定资本。它一旦被资本家买下来、被纳入生产过程，就成了固定资本。

——大卫·哈维：《资本的限度》

一个资本可以有两种不同的使用方法，都会给它的所有者提供收入或利润。

——亚当·斯密《国富论》

正是通过对《资本论》的另一种解读，大卫·哈维在重新诠释马克思《资本论》的基础上，创造性地重构了具有地理学特色的资本批判理论。从这一意义上来看，马克思的资本批判理论是哈维资本批判理论的直接理论基础之一。因此，廓清哈维对《资本论》的异质性解读，不仅有助于我们更进一步地理解哈维何以形成自身独特的资本批判理论，而且有助于理解历史唯物主义何以在当代具有新的生命力。总体而言，哈维对《资本论》的重构主要体现在三个不同的理论视角上：第一，哈维对马克思《资本论》三卷本之间的关系给予了异质性的定位；第二，哈维选取固定资本与使用价值的视角，将固定资本的概念重新激活并重构了《资本论》；第三，哈维以其地理学背景知识为基础，重点突出了空间与城市维度在《资本论》解读与资本批判理论建构中的独特作用。

一、对《资本论》三卷本之间学术关系的另一种理论定位

基于当今学术界对《资本论》第二卷与第三卷的研究相对较少的事实，美国著名学者大卫·哈维呼吁我们应该侧重对这两个部分的研究。但与此同时，他指出第一卷已经部分地过时。换言之，《资本论》第二卷与第三卷（尤其是第二卷）在哈维的资本批判理论视域中具有相较于第一卷而言更为重要的理论地位。那么，《资本论》三卷本之间的学术关系到底如何？围绕这一命题，三大问题逐渐显现出来：第一，大卫·哈维在其诸多文本中给予《资本论》三卷本何种理论定位？第二，此种定位具有何种理论意图？即哈维为何认为《资本论》第二、三卷比第一卷更为重要？第三，当下的我们应该如何解读《资本论》三卷本之间的学术关系？以下笔者将围绕这些问题尝试做出解答。

哈维对《资本论》三卷本的理论定位

大卫·哈维在《资本的限度》一书中首次集中概述了《资本论》三卷本的主要内容以及三卷本之间的学术关系。这一观点在其后出版的《跟大卫·哈维读〈资本论〉》(两卷本)、《马克思与〈资本论〉》等元理论分析较为集中的文本，以及诸多讲座中均得到了不同程度的强调与丰富。准确地说，哈维对《资本论》三卷本之间理论关系的阐释是以"三大资本积累模型"为前提的，即他认为《资本论》三卷本分别对应了三种不同的资本积累模型。"《资本论》关于资本积累的动态提出了三个主要的'模型'。每一个都反映了三卷《资本论》的每一卷建构这个'理论对象'的方式。"①

总体而言，在他看来，《资本论》第一卷揭示了利润起源于劳资关系已经成型的资本主义生产过程中的资本积累之运动过程。值得注意的是，哈维指出马克思在这一理论模型中预设了"价值实现不存在问题"这一前提②。在这一积累模型中，焦点问题是生产过程本身遭遇的各种社会条件和技术条件以及劳动者与资本家之间的价值分配。因此，劳动者与资本家之间的阶级斗争以及剥削率成为此卷着重关注的问题，即资本的积累源于资本家对劳动者阶级的剥削。

《资本论》第二卷所建构的理论模型则倾向于将资本积累从生产领域提取出来，并将其植根于资本流通与交换的"扩大再生产"过程。因此，哈维认为，马克思在这一模型中的焦点是探讨在资本流通过程中价值得以实现所需要的各种社会条件。同样值得注意的是，他指出马克思对价值实现所需的各种条件的论述并不严格，这些论述在很大

---

① ［英］大卫·哈维：《资本的限度》，张寅译，北京：中信出版社，2017年，第263页。
② 参见［英］大卫·哈维《资本的限度》，张寅译，北京：中信出版社，2017年，第264页；
［美］大卫·哈维《马克思与〈资本论〉》，周大昕译，北京：中信出版社，2018年，第39—40页。

程度上只"是一种想象和试探"①。甚至可以说，马克思在很大程度上忽视了分配、消费对价值实现的作用，未能对信用体系和金融资本等给予系统化的论述。

而《资本论》第三卷中的资本积累模型是前两个模型的综合，是"将生产与分配的关系同生产与实现所需的条件整合起来的模型"②。它是马克思围绕"利润率下降和起反作用的倾向"这一主题建构的关于"整个资本主义生产"的阐释模型。哈维指出，马克思在第三卷中忽视了第二卷所提及的资本流通问题。因此，虽然第三卷揭露了资本主义发展不平衡的各种因素并为危机提供了相关可供参考的理论，但是第三个模型并未同时涵盖生产与流通，因此在理论视域中没有完成整合前两个模型的任务。

基于此，哈维指出，《资本论》第一卷与第二卷所阐释的资本积累模型因为其前提条件之间存在着对立而具有冲突性。马克思并未对此种冲突性进行恰当的论述，这是导致我们在理解第三卷的积累模型时存在诸多困难的原因。与此同时，也正是因为前两个积累模型得以成立的预设前提是矛盾的，所以马克思才有必要确立第三个综合模型。哈维这一关于《资本论》三卷本以及三大资本积累模型内容的概述与阐释，一直延续到 2018 年的最新文本——《马克思与〈资本论〉》中。③

由此可知，哈维将《资本论》三卷本之间的关系从马克思意义上的从抽象上升到具体的关系演变为三大资本积累模型之间的总体性关系。此种英美实证分析式的建构，将经验总体性的视角引入三卷本之间的学术关系，即将三卷本看成各自独立的部分一起构成的一个总体。

① [英] 大卫·哈维：《资本的限度》，张寅译，北京：中信出版社，2017 年，第 264 页。
② [英] 大卫·哈维：《资本的限度》，张寅译，北京：中信出版社，2017 年，第 264—265 页。
③ 参见 [美] 大卫·哈维《马克思与〈资本论〉》，周大昕译，北京：中信出版社，2018 年，第 38—74 页。

基于此，哈维开始从各卷之中存在的焦点与问题入手进行理论分析，并引入了对《资本论》三卷本孰重孰轻的理论定位。

> 我个人在许多方面都非常感激《资本论》第二卷，因为《资本论》第二卷是关于资本循环如何塑造自己的空间和时间的。这有助于解释为什么资本主义历史以生产加速和削减空间移动的成本与障碍为特征。第二卷把这一趋势置于永不停歇的再生产和阶级关系扩张的背景下——这恰恰是资本是什么的核心问题。第二卷还提供了更严谨的理论基础，使我得以理解城市化的政治经济学和区域间不均衡发展的动力学，因此我自己的著作从中获得了很多灵感。①

此外，哈维在其多次演讲中谈到：在公众视野中，《资本论》第一卷受到很多重视，对第二、三卷却涉及较少，这也是我们今天应该重视《资本论》第二、三卷的原因之一。②

可见，基于这些文本分析与零散的讲座内容，哈维关于《资本论》三卷本的理论定位逐渐浮出水面。首先，第一卷指涉从货币资本到价值生产过程再到价值以货币形式实现的价值运动区间，其焦点内容是资本主义生产过程。这一卷的预设前提是技术不断变革以及价值实现没有问题。第二卷的焦点内容是资本的总循环过程——价值流通总过程，这一卷的预设前提是零技术改变（zero-technological change）、价值实现通过信用制度的调节不存在问题、价值分配不存在问题。第三卷的重点内容则是分配，这一卷的预设前提是假定循环过程的条件保持不变。其次，第一卷与第二卷的预设前提存在潜在冲突，即第一卷

---

① [美] 大卫·哈维：《跟大卫·哈维读〈资本论〉》（第二卷），谢富胜、李连波等校译，上海：上海译文出版社，2016年，第6页。
② 譬如，2018年5月，大卫·哈维在以客座教授身份于南京大学哲学系开展的国际短期课程——"哈维邀你来上课：大卫·哈维完整思想肖像的第一次中国描绘"——的第三次课的一开始便直接言明这一点。

假定技术不断变革，而第二卷则假定技术保持不变。与此同时，《资本论》第一卷与第二卷关于工人与消费的命题得出的结论相左，即"第一卷提到工人面临工资被不断降低的压力，但第二卷又强调需要工人的有效需求来稳定经济"①。第三卷则是第一卷与第二卷模型的综合。最后，从哈维资本批判理论的总体视域来看，他出于诸多原因更重视《资本论》的第二卷与第三卷。这主要体现在他在其资本批判理论建构过程中所侧重的理论部分。譬如，他基于《资本论》第二卷创造性地在《后现代的状况》一书中提出了"时空压缩"的概念。总体而言，哈维对《资本论》三卷本之间内容与关系的理解，反映了他从总体性视角阐释《资本论》的倾向，这与他自身的总体性辩证法是密切相关的。

哈维为何认为《资本论》第二、三卷比第一卷更重要？

基于哈维对《资本论》三卷本的理论定位，我们已经明确了他更为重视第二卷与第三卷的理论事实。那么，他为何更为重视第二、三卷？

首先，这与哈维自身所侧重的理论视域直接相关。在他看来，马克思未能完成"从抽象上升到具体"之"具体"部分的理论研究。因此，研究具体层面的理论内容的任务必须得到重视。为此，他将其理论任务定位为完善与研究具体层面的资本主义社会的诸多情况。与此同时，从学界对《资本论》三卷本研究的理论现状来看，第一卷已经受到很多重视，而第二卷与第三卷尤其是第二卷因为内容的艰涩而较少受到重视。基于此，他更为重视对侧重于具体层面的第二卷与第三卷的理论研究。具体而言，哈维认为马克思在《资本论》第一卷中没

---

① [美]大卫·哈维：《马克思与〈资本论〉》，周大昕译，北京：中信出版社，2018年，第49—50页。

有很好地将理论与历史联结起来，此种更依赖理论假设的纯粹理论性的研究结果，对于现实的解释缺乏力度。换言之，哈维自身的实证分析与地理唯物主义的知识背景，尤其是他对资本主义社会日常生活层面的重视，使其更为重视第二卷与第三卷。此种对现象层面更为重视的分析模式与齐泽克所宣扬的"日常生活与我们更为密切相关从而也更重要"的理论不谋而合。

其次，正因为哈维更关注现象层面，所以与其现实诉求直接相关的"当代资本主义社会的新变化"成为他理论研究的重要对象。在他看来，历史发展的现实已经向我们证明以第一卷为基础的积累模型是马克思时代的产物——现在已经不适用了。准确地说，这种资本积累模型至多在不发达的、以生产为中心的部分发展中国家仍适用，对于大多数发达国家而言已经过时。与此同时，他认为当下资本主义社会是以《资本论》第二卷与第三卷的资本积累模型为中轴的。譬如，与马克思的时代不同，在当下的资本主义社会，金融资本、信贷体系等已经成为问题的中心，尤其是利润的主要来源已经发生了变化，即从以资本主义的生产过程为主要手段转变为以信贷与金融体系为主要手段。基于此，哈维将涉及信用制度、金融资本以及价值分配的第二卷与第三卷的资本积累模型界定为当下资本社会应该面对的焦点问题。

最后，哈维基于其理论旨趣与现实诉求，在诸多具体的理论解读之中直接凸显了他更重视《资本论》第二、三卷的原因。这主要体现在以下几个方面：

第一，价值生产与价值实现之间的矛盾。放眼当今资本主义社会的现实状况，经济危机频发。尤其是2008年金融危机之后，过度积累与价值丧失的情况愈加严重。因此，在哈维看来，价值生产已经暂时不成问题，更关键的问题是价值的实现。根据他对《资本论》的定位可知，第一卷聚焦于价值的生产，第二卷与第三卷则关注价值交换与价值分配等价值实现的问题。譬如，第二卷对于资本循环总过程的关注，直接关乎价值交换与扩大再生产能否成功。换言之，哈维认为马克思在第二卷中的焦点是探讨在资本流通过程中价值得以实现所需要的各种社会条件。而第三卷又围绕对价值分配的关注，集中探讨了价值生产与价值实现所需的各种条件以及在资本积累过程中遭遇的各种危机形式。正因为如此，聚焦于价值实现的第二卷与第三卷顺理成章地成为他集中关注的部分。

第二，从使用价值与固定资本的角度重构《资本论》的诉求。在论述资本在"时间—空间"中进行周转的过程时，哈维遭遇了固定资本的问题。与此同时，在当代社会，由于科技的变革与机器的发展，固定资本的比重在生产资料领域愈加占据主导地位。因此，无论出于理论需要还是现实实践诉求，固定资本都已成为哈维不可避免的论题之一。一方面，固定资本作为一种特殊的生产资料形式，既是资本流通的阻碍，又是资本的一种特殊的流通形式。另一方面，固定资本之于资本积累的作用在于其使用价值。这意味着在正确对待劳动力的特殊使用价值之外，也要认真对待固定资本的使用价值。根据哈维的判断，资本主义社会诸多危机以及疏离、异化、拜物教产生的根本原因在于资本的运行机制是以交换价值为主导因素的①。基于此，他指出使用价值必须得到重视。然而，在他看来，商品的使用价值因其只具有物的维度而不能作为研究政治经济学的切入点。与此种"物的维度"不同，固定资本因为加入资本主义生产过程发挥其使用价值并实现了价值转移，所以其使用价值得以进入政治经济学的维度。因此，哈维提出必须将使用价值与固定资本作为研究资本社会的切入点。这也因此导致他侧重于《资本论》第二卷与第三卷。

第三，以空间视角重构《资本论》的理论诉求。自列斐伏尔提出

---

① 参见［美］大卫·哈维《资本社会的 17 个矛盾》，许瑞宋译，北京：中信出版社，2016年，第 6—16 页、第 30—31 页、第 58 页、第 63—66 页。

极具影响力的"空间的生产"概念之后，西方诸多学者在这一空间视域中指认马克思的理论存在时间性优先的特征，这一特征遮蔽了从空间维度理解资本主义社会的理论脉络。因此，诸多学者开始从空间维度来理解资本主义社会的问题，哈维便是其中一员。他从日常生活与地理学知识出发，对资本运行的总循环过程加以拓展并绘制了资本运行图式。在他看来，资本是运动中的价值，因此对资本积累的考察必须置于运动过程之中。对运动过程的关注（值得注意的是，此种价值运动过程与马克思的社会历史过程存在殊异）使其逐步跃出马克思的视野并建构出以空间视角为基准的时空压缩理论、不平衡地理发展理论、"反叛的城市"理论等。而这些理论内容与第二卷与第三卷中涉及的信用制度、固定资本、土地所有制以及地租等内容具有更直接的关系。

第四，从信用制度与价值分配的角度重构《资本论》的诉求。根据对价值与货币概念的理论定位——价值在货币体系出现之后才真实存在，哈维将货币体系置于价值得以实现的重要位置。"价值，是非物质的，它无法在没有一种表现方式的情况下存在。所以，是货币体系的兴起，是货币形式自身作为一种有形的表现，使价值（作为社会必要劳动时间）成为交换关系的调节者。"① 而货币体系在其发展过程中逐步被信用体系与虚拟资本等概念替代。这主要归因于货币能够使得各种商品同质化的功能。这种同质化的功能以及追求价值无限性的需求迫使货币与其物质基础逐渐远离并被信用体系、虚拟货币与虚拟资本等取代。因此，与价值分配直接相关的信用制度问题进入哈维的视野。

当然，哈维同时也指出，马克思在《资本论》第二卷中虽然提及了信用制度的问题，但他过于重视生产从而忽视了分配的作用。此种

---

① [美] 大卫·哈维：《跟大卫·哈维读〈资本论〉》(第一卷)，刘英译，上海：上海译文出版社，2013年，第37页。

忽视分配的做法导致马克思对信用制度的分析停留于"走马观花"，这继而使马克思未能形成系统化的关于信用制度与金融资本的理论。因此，在他看来，此种理论缺位不仅昭示了马克思的理论已经部分地过时，而且体现出《资本论》缺乏直接分析金融体制与信用制度的方法。然而，金融体制与信用制度已经发展得如火如荼，并在一定程度上成为资本主义社会中利润来源的主要手段。这迫使我们必须找到直接分析它们的方法。由此，哈维聚焦于第二卷中已经萌芽的信用制度的问题，结合现实的经济情况进行了理论的拓展：将第三卷中所涉及的利润分配或价值分配的主体——货币资本家、产业资本家等概念引入其分析框架之中。应该说，这也是他重视这两卷的原因之一。

我们应如何理解《资本论》三卷本之间的学术关系？

哈维对《资本论》三卷本的理论定位体现出他通过重新阐释《资本论》来关注当代资本主义社会新情况的理论意图，在这一意义上，他的这种做法具有积极的意义。然而，他的判断是否触及了问题的实质？换言之，当下的我们到底应该如何理解《资本论》三卷本之间的学术关系？

首先，我们的确应该立足于当代资本主义社会的现实，深化与拓展对《资本论》第一卷中的资本生产逻辑的解读，并依据从抽象上升到具体的方法，进入以资本流通过程与资本主义生产总过程为核心的《资本论》第二、三卷的研读之中。但我们应当看到，哈维对资本主义社会现实的判断存在问题。在他看来，当前的资本主义社会现实更加符合第二卷和第三卷中与价值流通和分配相关的资本积累模型。换言之，他认为第一卷所聚焦的资本生产逻辑已经部分地不适用于当代资本社会。实际上，当下的资本主义社会依然是以资本的生产逻辑来决定价值流通与分配的，而不是相反。只是此种生产逻辑被"着了魔的世界"所体现出来的颠倒性所遮蔽，而这一"颠倒"由于当代资本主义社会生产机制的转型而愈加具有迷惑性。譬如，随着当代资本主义社会向后福特制社会转型，资本的生产机制产生了诸多变化——从有形商品的生产转型为知识、信息等无形商品的生产，知识生产与智能化生产成为资本生产机制的新形式并逐步占据重要地位，金融资本与房地产对资本生产机制的"硬化"与"颠倒"，等等。① 正是此种资本生产机制本身的变化促使当代的资本主义社会呈现出哈维所说的新型社会现象。而此种表象层面的新型社会现象又促使诸多学者开始怀疑劳动价值论以及生产逻辑本身的重要性。

基于此，结合当下现实来深化与拓展对《资本论》第一卷中的资本生产逻辑的解读成为至关重要的任务。我们认为，不是要弱化或抛弃《资本论》第一卷中的资本主义生产逻辑，而是要结合现实来研究资本生产逻辑在当代的表现形式，这才是研究《资本论》三卷本之间学术关系的关键一步。总体而言，马克思在第一卷中所讲的生产逻辑，既是商品的生产与再生产逻辑、剩余价值的生产与再生产逻辑，又是资本主义生产关系的生产与再生产逻辑。立足于这样的理论维度，我们不难发现，资本在流通及分配领域中出现的各种现象，其性质是由生产关系的性质所决定的。也就是说，资本主义的流通及分配领域所出现的问题，都是由资本主义生产关系的特性所决定的。只有立足于此，我们才能越出物的生产、流通或分配的单一维度，在社会历史观的维度上对哈维所说的资本主义的商品流通及分配问题做出全面的解读。也唯有此，才能对当代资本主义在上述这些领域中的新变化做出准确的解读。

其次，我们应以《资本论》三卷本之间的真实关系为解读的支撑点，以从抽象上升到具体的方法论为原则，立足于资本的生产与再生

---

① 参见孙乐强《〈资本论〉如何走向当代：21 世纪政治经济学批判大纲——重塑资本逻辑与阶级斗争的辩证法》，《华中科技大学学报》2017 年第 3 期。

产过程，完整地理解《资本论》的理论结构。从马哲史研究的发展进程来看，学界一直存在着两种解读《资本论》的具体结构的理论范式。第一种理论范式以卢森堡、阿尔都塞等人为代表，属于以实证经验主义范式来解读《资本论》三卷本的理论倾向。此种解读模式虽然在不同的学者那里呈现出具体的观点差异，但其基本准则是一致认为《资本论》三卷本处于并列式、可断裂的结构中。基于此，三卷本可被视为逻辑进程完全不同的三个理论模型。譬如，卢森堡在《帝国主义与资本积累》中，针对马克思的社会再生产图式提出过以下两个问题：第一，《资本论》第一卷仅研究个别资本且未能考虑社会总资本，考察经济过程应从个别资本还是社会总资本出发？第二，《资本论》三卷本均假定资本主义社会只存在资本家阶级与雇佣工人阶级，这种假定与现实条件不相符合，此种假定社会只有两个阶级的抽象方法与从社会总资本出发的理论方向在方法论上是否一致？

关于第一个问题，卢森堡坚定地认为必须从社会总资本出发并考虑具体历史进程中资本积累的复杂性，否则我们关于资本积累的讨论只是一个"不流血的理论虚构"。[①] 关于第二个问题，她认为在资本不断向外扩张的过程中，尤其是帝国主义阶段，资本不断遭遇非资本主义生产方式的社会状况以及在资本家与雇佣劳动者阶级之外的其他阶层。因此，我们已经不能再以马克思在第一卷中经过抽象而精简的预设前提来理解更复杂的资本积累进程。[②] 基于此，她指出，只有两个阶级的抽象方法与从社会总资本出发在方法论上形成了对立，从社会总资本出发要求废除从个别资本出发的预设前提并开始考虑因资本扩张

---

① ［德］罗莎·卢森堡：《资本积累——一个反批判》，参见 ［德］罗莎·卢森堡、［苏］尼·布哈林《帝国主义与资本积累》，柴金如、梁丙添、戴永保译，哈尔滨：黑龙江人民出版社，1982年，第70页。

② ［德］罗莎·卢森堡：《资本积累——一个反批判》，参见 ［德］罗莎·卢森堡、［苏］尼·布哈林《帝国主义与资本积累》，柴金如、梁丙添、戴永保译，哈尔滨：黑龙江人民出版社，1982年，第59—80页。

而产生的一系列新现象。

针对卢森堡的此种解读，罗斯多尔斯基在其著作《马克思〈资本论〉的形成》中对其进行了合理的批驳。① 首先，他明确指出卢森堡未能区分个别资本与"资本一般"。这是导致卢森堡在诸多问题上不能理解抽象与"资本一般"并将其作为需要预设理论前提的"纯粹理论部分"的根本原因。根据卢森堡对第一卷未考量社会联系的理论定位可以看出，她将社会总资本排除在第一卷的视域之外。然而，第一卷在诸多地方已经考虑了社会总资本的情况。换言之，第一卷探讨资本问题的基础是"资本一般"或抽象领域的资本概念。此种资本既不是个别资本，也不是社会总资本。罗斯多尔斯基毫不留情地指出，此种将马克思的再生产图式与现实的经济情况进行比对并以二者不一致为由指责马克思的再生产图式仅是一个不流血的理论虚构的做法，反映出卢森堡不理解"资本一般"与从抽象上升到具体的方法。其次，卢森堡不同意将社会划分为两大阶级的观点，恰恰体现出她没有理解马克思的原意。马克思确实曾明确提出过为了理论的简便而做出一些假定，但他也明确指认这些假定实际上也是资本主义生产方式的前提。与此同时，马克思指认到：

> 但是我们在理论上假定，资本主义生产方式的规律是以纯粹的形式展开的。实际上始终只存在着近似的情况；但是，资本主义生产方式越是发展，它同以前的经济状态的残余混杂不清的情况越是被消除，这种近似的程度也就越大。②

换言之，一方面，这些假定是为了更好地研究资本主义社会的基础与经济规律；另一方面，这些假定是基于资本主义生产方式而建立起来

---

① 参见 [德] 罗曼·罗斯多尔斯基《马克思〈资本论〉的形成》，魏埙、张彤玉、沈玉玲等译，济南：山东人民出版社，1992年，第70—79页。

②《马克思恩格斯全集》中文第2版第46卷，北京：人民出版社，2003年，第195—196页。

的。此种近似于资本主义社会经济表象的规律是包含了资本关系及其内在矛盾的"资本一般"规律。因此，不能以与资本主义表象层面的经济现实是否相一致来印证其适当性。

阿尔都塞则直接指认《资本论》第一卷第一章属于思想实验，因此在与现实的接洽过程之中存在断裂。基于此，他在分析第一卷所研究的资本问题时，倾向于将马克思预设了理论前提——假定暂时撇开市场等外部影响因素——的部分视为思想实验并就此与现实状况脱节。这一定位得到了诸多西方学者的认可。由此可知，第一种解读模式倾向于将三卷本置于各种理论假设中进行考量。这种做法既体现出他们对辩证法存在界限及条件的积极回应，又反映出他们不能理解抽象以及如何从抽象上升到具体的理论路径。

与此相对，学界存在另一种解读《资本论》的理论范式。这种理论范式立足于马克思本人建构的从抽象上升到具体的研究方法。基于这一方法，他们在理解具有假定条件的理论部分时，不会以经验实证主义范式的视角来看待资本主义社会表象层面所实际发生的具体状况。换言之，对资本主义社会之所以产生如此表象的本质原因的分析，是他们看待需要理论假定的抽象领域部分的切入点。基于此，他们又用历史与逻辑相统一的方法来看待从抽象如何上升到具体的问题。这就规避了将抽象与具体进行直接割裂并独立分析的经验实证主义范式所带来的诸多问题。

笔者是赞同后一种解读思路的。总体而言，产生两种不同解读范式的关键在于能否正确认识从抽象上升到具体的原则以及"理论的一般"。实际上，第一卷的"资本"是蕴含资本主义生产力与生产关系内在矛盾的"资本一般"范畴，这不是"个别资本"概念足以涵盖的理论范畴。此外，马克思所论述的具体世界不是社会学意义上的"具体"，而是历史唯物主义视域中的具有内在矛盾性的"具体"。此种"具体"与马克思的"抽象"具有一脉相承性，而从抽象上升到具体是围绕资本主义生产方式的内在矛盾不断发展与演绎的社会历史进程。因此，不能直接以抽象与具体现实是否相一致来佐证《资本论》第一卷与第二、三卷的理论立足点是否存在差异。换言之，我们应以从抽象上升到具体的方法论为原则，立足于资本的生产与再生产过程，以内在矛盾不断演绎发展并形成诸多现象层面的"颠倒"的角度完整地理解《资本论》的结构。

在我看来，哈维的问题恰恰在于没能把握住这种解读思路的深层内涵。他对《资本论》的解读，可归属于第一种理论范式。首先，在他看来，三卷本之间的关系被定位为三大资本积累模型之间的总体性关系，这三大模型均基于一定的预设前提而成立，尤其是《资本论》第一卷所预设的理论前提使其与现实直接割裂。这体现出他将从抽象上升到具体的思维范式转译成总体性的结构关系。其次，他与卢森堡等人一样，在诸多理论细节上体现出经验实证主义的倾向。譬如，哈维在《资本的限度》中曾批判马克思仅将资本主义社会划分为两大阶级。此种通过现实社会阶层化（即将现实社会划分为阶层而非阶级）的倾向来证明马克思所指涉的两大阶级已经过时的做法，直接反映出他不理解"理论的一般"与具体的社会表象之间的真实关系。哈维指责马克思预设的理论前提与社会学意义上的具体现实存在不一致，恰恰反映出他不理解马克思运用于《资本论》中的"从抽象上升到具体"的科学方法论的本质内涵。

概括起来，哈维对《资本论》三卷本的理论定位及其偏重第二、三卷的做法，虽然在一定程度上反映出他对当代资本主义新变化的理论敏感性以及试图通过理论转型来诠释现实的学术努力，但从学术逻辑的层面来看更反映出他在阐释方法上固有的经验实证主义倾向。这种理论倾向导致其只关注与人类生活表象直接相关的社会学意义上的具体世界，而对这种具体世界的社会历史本质不怎么感兴趣。它反映出哈维根本无法理解从抽象上升到具体的方法论原则以及《资本论》第一卷所聚焦的资本生产逻辑的重要性。从根本上说，在结合现实来理解资本生产机制的当代转型的前提下，回到《资本论》的文本语境本身并依据从抽象上升到具体的科学方法论，来完整地理解《资本论》三卷本所阐述的资本主义生产与再生产过程，才是我们理解《资本论》三卷本之间学术关系的正确路径。唯有如此，我们在理解现象界的诸多危机与具体矛盾时，才不至于弱化甚至取代本质层面的内在矛盾思路，才不至于像哈维一样以三大资本积累模型来取代从抽象上升到具体的科学理论范式。

二、从固定资本的角度重新阐释《资本论》

大卫·哈维从固定资本与使用价值的视角重构《资本论》并形成自身的资本批判理论，是面对固定资本在当今资本主义社会卷土重来的一个典型回应。相较于古典政治经济学时期的资产阶级经济学家谈论固定资本与流动资本的理论事实，固定资本与流动资本在当今资本主义社会以一种新型的形式重新占据主要的理论阵地。这不仅成为当下学术界迫切需要分析的新问题，而且也成为哈维重构《资本论》的切入点。围绕这一命题，主要有如下几个问题需要认真对待。第一，究竟何为固定资本，固定资本在何种意义上与资本运行机制直接相关？第二，"固定资本与流动资本"这一组概念何以取代"不变资本与可变资本"概念成为当今学术界的讨论焦点？第三，固定资本以何种形式在当今资本主义社会重新占据理论阵地？围绕这一命题的争论，不仅有助于我们更好地理解固定资本的复兴，而且有助于我们从比较分析的视角进一步反思哈维对固定资本理论的重构。因此有必要结合同时期其他思想家关于固定资本的争论，来帮助我们更好地理解哈维的固定资本理论。

固定资本的使用价值与价值的实现

固定资本是哈维在论述资本的流通与周转的过程时直接遇到的问题。譬如，他在《资本的限度》一书中讨论资本在区域间的结构式转换中所遭遇的诸多界限时说："资本流通越来越被监禁在不动的物质基础设施和社会基础设施当中——打造这些设施是为了支持某些种类的生产、某些种类的劳动过程、分配安排、消费模式等等。固定资本的数量的增加和生产中周转时间的延长制约了不受抑制的机动性。"① 基于此，他提出此种以物质基础设施和社会基础设施的形式存在的死劳动，逐步产生了对活劳动的制约，并促使资本与劳动从一个区域转向另一个区域更加困难。而在《跟大卫·哈维读〈资本论〉》(第二卷)的导言中，他再次强调：

> 第一卷中假定的资本持续循环在第二卷中成为主要的分析领域。我们处理周转时间和加速问题时要考虑到复杂性，因为资本周转越来越是固定资本的周转——不仅仅是机器和工厂，还有整个复杂的运输网络、建成环境和基础设施。②

可见，固定资本的问题是影响价值得以实现的关键因素之一。因此，厘清固定资本的实质内涵以及它与资本运行机制之间的关系至关重要。

首先，在大卫·哈维的视域中，固定资本具有两个独特特征。第一，"固定资本不是一件东西，而是资本通过对物质对象的使用——如机器的使用——来流通的过程"③。此种判断的立足点是哈维所提出的"资本是运动中的价值"。基于此，固定资本的流通不能撇开物质对象具有的用途和具体的有用后果。因此，只有在对劳动工具的实际使用

---

① [英]大卫·哈维：《资本的限度》，张寅译，北京：中信出版社，2017年，第654页。
② [美]大卫·哈维：《跟大卫·哈维读〈资本论〉》(第二卷)，谢富胜、李连波等校译，上海：上海译文出版社，2016年，第10页。
③ [英]大卫·哈维：《资本的限度》，张寅译，北京：中信出版社，2017年，第334页。

会给剩余价值的生产提供方便时，这些劳动工具才能被归入固定资本。换言之，固定资本成为社会总财富（物质资产总存量）中用来生产剩余价值的部分。基于此，哈维认为固定资本是剩余价值的来源。这一定位在其后期的文本——《跟大卫·哈维读〈资本论〉》（第二卷）中得到了部分的修正，即将"固定资本是剩余价值的来源"明确地替换成"固定资本的使用"。这就在一定程度上避免了固定资本与可变资本在生产剩余价值层面的实质性混淆。正是在这一意义上，他将固定资本之所以成为固定资本的关键因素归结为固定资本的使用价值，即固定资本的一定的使用方式使其在参与剩余价值生产的过程中发挥独特的作用。其间，我们必须从固定资本（或机器）的纯粹物质属性出发，探索出使用价值本身如何被整合进价值理论并成为在社会中被决定的因素，即使用价值如何成为被资本社会建构的使用价值或政治经济学范围内的使用价值。

第二，固定资本的独特性在于它特殊的实现方式、周转方式或再生产方式。换言之，固定资本是一部分一部分地实现价值转移，因此它的周转会延续多个周转期间且受到各种因素的制约。从这一意义上看，固定资本与流动资本一样，均是资本流通的独特存在方式。也正是基于此，固定资本之价值实现的独特性成为哈维聚焦于固定资本流通的一个重要方面。

其次，哈维对固定资本的分析是置于固定资本与流动资本、不变资本与可变资本这两组资本概念之中的。通过对这两组资本概念的分析，他明确地指认出这两组资本概念的理论视角的不同。在他的视域中，马克思重点提出的不变资本与可变资本概念，"反映了资本与劳动在'隐蔽的生产场所'内部的关系"①。因此，这一组概念可以帮助我们理解剩余价值的生产、利润的起源和剥削的本质。而固定资本与流

---

① ［英］大卫·哈维：《资本的限度》，张寅译，北京：中信出版社，2017年，第337页。

动资本，可以帮助我们理解资本流通中的诸多问题或障碍。因为固定资本与流动资本反映了资本运动中两种不同的流通方式。虽然正如马克思所言，这一组资本概念掩盖了资本主义的剥削和剩余价值的秘密，但是"这并不意味着固定资本和流动资本的区分对马克思来说是不重要的。它影响了资本一般的总周转时间，从而影响了积累的整个动态"①。实际上，马克思早已将固定资本的流通视为具有独特性的流通，即"这个资本部分不是在它的使用形式上进行流通，进行流通的只是它的价值，并且这种流通是逐步地、一部分一部分进行的，和从它那里转移到作为商品进行流通的产品中去的价值相一致"②。

此外，虽然哈维指认固定资本与流动资本、不变资本与可变资本均是在生产内部得以界定的资本概念，但是他又指出："由于一切资本都必须在它存在的某个时刻采取货币形式或商品形式，所以固定资本与流动资本的关系以及不变资本与可变资本的关系都是由商品和货币的交换来'中介'的。"③ 因此，对于这两组资本概念的理解，最终依然要回溯到价值实现与资本的流通领域。与此同时，哈维认为，在当下的资本主义社会，固定资本既是缓解过度积累的重要手段，又是阻碍价值实现与资本流通的障碍。因此，价值实现与资本流通领域的问题，依然是哈维重视的焦点问题。诚如前文所述，哈维认为固定资本与流动资本是研究资本流通的又一关键性的理论范畴。因此，研究价值实现与资本流通的诉求以及固定资本与流动资本在这一领域的重要地位，促使哈维最终将研究焦点置于固定资本与流动资本这一组资本概念。这是固定资本与流动资本从"幕后"来到"台前"的原因之一。

再次，基于哈维将固定资本与流动资本作为资本的两种流通方式

---

① [美] 大卫·哈维：《跟大卫·哈维读〈资本论〉》(第二卷)，谢富胜、李连波等校译，上海：上海译文出版社，2016年，第115—116页。
②《马克思恩格斯全集》中文第2版第45卷，北京：人民出版社，2003年，第177页。
③ [英] 大卫·哈维：《资本的限度》，张寅译，北京：中信出版社，2017年，第336页。

的理论定位，他将这一组资本概念大范围地"裹挟"到资本流通领域。那么，这一理论行为如何得以实现？第一，哈维认可了马克思所指认的固定资本与流动资本只存在于生产过程并只是生产资本的观点。"这两组范畴的共同点是：它们都是在生产内部得到界定的。"① 因此，他始终强调固定资本与流动资本所涉及的资本流通是资本在"生产"中的流通过程。在他的视域中，作为使用价值的固定资本（譬如机器）从不离开生产过程并在其间保持形体上的物质形式，这一物质形式在多个生产期间内被生产性的消费掉，即固定资本的价值一部分一部分地转移到产品之中；但其价值要想真实地被实现，必须以"某种方式"继续流通，即以商品的形式与货币相交换。② （这与哈维在理解价值与货币时认为价值只有在货币体系出现之后才真实存在的理论定位一脉相承。） 由此，他将固定资本的流通与固定资本的"价值"如何得以实现这一命题直接联结起来。总体而言，考察固定资本的流通既要考量固定资本以物质形式保留在生产过程之中的状况，又要考察已经转移出去的价值如何进一步得以实现。前一个问题与固定资本的耐用程度、折旧、维修与置换等问题直接相关；后一个问题则关乎价值转移出去之后能否实现自身，即能否成功转化为货币资本。可见，固定资本又不能被视为仅与生产相关的问题。

第二，固定资本对于资本流通而言，既是"加速器"又是资本流通的障碍之一。一方面，固定资本为生产剩余价值或维持资本积累持续性提供了必要的前提条件。"固定资本为资本积累提供了一根有力的杠杆，对固定资本的进一步投资也至少为过度积累的问题带来了暂时的缓解。"③ 随着技术的不断变革与固定资本的革新，相对剩余价值在

① ［英］大卫·哈维：《资本的限度》，张寅译，北京：中信出版社，2017 年，第 336 页。
② 参见 ［英］大卫·哈维《资本的限度》，张寅译，北京：中信出版社，2017 年，第 338—339 页。
③ ［英］大卫·哈维：《资本的限度》，张寅译，北京：中信出版社，2017 年，第 355 页。

资本积累过程中的比重不断提高。这反过来又意味着固定资本在资本积累过程中取得了更为重要的地位。而随着资本过度积累与价值丧失情况的严峻化，如何缓解过度积累并减轻价值丧失的问题亦凸显出来。由于对固定资本的投资需要大量的劳动力与资本，因此这种投资亦在一定程度上起到了消化闲置劳动力与资本的作用并暂时缓解了过度积累的问题。另一方面，资本越是以固定资本的形式流通，生产和消费的体系就越被封锁在特定的、与固定资本的实现相关的活动中——"生产和消费越来越被束缚在特定的生产线上。"① 基于此，资本的运行机制愈来愈僵化，甚至产生与固定资本相关的诸多危机。换言之，从生产的立场来看，固定资本表现为资本的成就顶峰；从资本流通的立场来看，固定资本又是进一步资本积累所面临的障碍。因此，在资本流通中研究固定资本成为必不可少的事情。

最后，哈维在成功地将固定资本引入资本的流通过程之后，又结合资本主义社会的新变化，提出了一系列与固定资本流通相关的问题。第一，固定资本需要的货币投入或早期资本投入较多，这给生产者带来了沉重的经济负担，而信用体系和国家的介入减轻了这方面的压力。"因此，个别资本家也许必定会试图把这些工程的'开支转嫁到国家肩上'（《大纲》，第531页）。具有如此规模和耐用性的固定资本在生产或使用时肯定没法不求助于信用体系。"② 第二，存在独立类型的固定资本。"在有些情况下，固定资本不单纯表现为生产过程中的生产工具，而且还表现为独立的资本形式，如铁路、运河、公路、灌溉渠道等形式。"③ 即与土地相关的、与封闭在生产过程之中的固定资本不同的运输性的固定资本或场所等。此种固定资本并非只供某一个生产者或个别资本家使用，甚至在一定程度上，某些独立类型的固定资

---

① [英] 大卫·哈维：《资本的限度》，张寅译，北京：中信出版社，2017年，第355页。
② [英] 大卫·哈维：《资本的限度》，张寅译，北京：中信出版社，2017年，第361页。
③ [英] 大卫·哈维：《资本的限度》，张寅译，北京：中信出版社，2017年，第363页。

本——譬如运输工具——在供生产使用的同时，也会进入消费，譬如旅客的个人消费。值得注意的是，哈维对此种类型的例外情况极为感兴趣，因为这直接涉及固定资本的"双重使用"或"联合产品"的问题，此种联合产品对于哈维而言，是沟通生产与交换、消费的桥梁，也是马克思以关系性定义来界定固定资本概念的表现之一。第三，存在与固定资本极为类似的、被称为"消费基金"的商品。"某些商品在消费领域中发挥的作用有些类似于固定资本在生产过程中起到的作用。这些商品没有被直接消费掉，而是被用作消费工具。"① 它们的本质区别在于商品的使用，即固定资本帮助生产，消费基金则帮助消费。第四，不动的固定资本（即不包括移动的固定资本，如机车和船舶）以及部分消费基金等要素，构成了资本流通的建成环境。"它的职能是一种巨大的、人工创造的资源体系，由内嵌在物理景观当中的使用价值组成，可以在生产、交换和消费中得到利用。"② 这是哈维结合自身的地理学背景知识对固定资本概念加以丰富的结果，也为他关注城市化、地租和房地产等与土地、环境相关的问题埋下了伏笔。

总体而言，哈维基本上认可并延续了马克思对固定资本概念的定义。在此基础上，他聚焦于固定资本的流通的独特性——固定资本不是在使用形式上进行流通，而是通过它的价值逐步地、一部分一部分地进行流通，并最终以商品的形式与货币进行交换从而得到实现——将侧重于使用价值的固定资本与价值实现和资本流通结合起来，并结合自身的地理学背景知识对与空间和土地相关的固定资本问题进行了初步的分析。

固定资本与流动资本为何会重新占据当下学界的理论阵地？

固定资本与流动资本的概念早已有之。在古典政治经济学时期，

① ［英］大卫·哈维：《资本的限度》，张寅译，北京：中信出版社，2017年，第367页。
② ［英］大卫·哈维：《资本的限度》，张寅译，北京：中信出版社，2017年，第372页。

魁奈、亚当·斯密、李嘉图等人均对这一组概念展开了较为详细的论述。总体而言，"在魁奈那里，固定资本和流动资本的区别表现为'原预付'和'年预付'"①。鉴于魁奈通过对农业的重视将"生产"作为特殊的研究对象并提出生产之重要性的理论判断，他将固定资本与流动资本之间的区别引入资本主义的直接生产过程之中。换言之，固定资本与流动资本之间的区别应该被置于"生产资本"之中。这是魁奈赋予固定资本与流动资本概念的最独特定位。但与此同时，我们也应该看到，魁奈的此种定位主要是建立在农业基础之上的。那么，对于一般的产业资本而言，这两种资本之间的区别又该如何理解？

围绕这一问题，斯密和李嘉图继续拓宽视野，在魁奈的"原预付"与"年预付"的基础上，进一步丰富了固定资本与流动资本这一组概念的定义以及二者之间的区别。实际上，在马克思的视域中，"亚·斯密的惟一进步是把上述范畴普遍化"②。即斯密将二者之间的区别所涉及的、与租地农场主密切相关的特殊形式的资本拓展为每一种形式的生产资本。基于此，他将"年预付"的概念发展为流动资本概念，而将"原预付"界定为固定资本。然而，在斯密的视域中，流动资本在很大程度上只是存在于流通过程之中的流通资本，即属于以交换为中介的形式变换的形式，因此属于与生产资本相对立的商品资本和货币资本的形式。从这一意义上看，他混淆了"固定资本和流动资本"与"生产资本和处于流通领域的资本（商品资本和货币资本）"。换言之，一方面，斯密将生产资本看成固定组成部分与流动组成部分，即他识别出只在生产资本意义上的固定资本与流动资本之间的区别。另一方面，斯密识别出生产资本与处于流通领域的资本之间的区别。但问题在于，他混淆了这两方面之间的区别。

---

① 《马克思恩格斯全集》中文第 2 版第 45 卷，北京：人民出版社，2003 年，第 211 页。
② 《马克思恩格斯全集》中文第 2 版第 45 卷，北京：人民出版社，2003 年，第 212 页。

　　而李嘉图在沿用斯密的固定资本与流动资本概念时，敏锐地意识到投在劳动材料（原料和辅助材料）上的那部分资本价值，既不属于固定资本又不属于流动资本。换言之，如果它属于固定资本，那么它会因为在流通方式上和投在劳动力上的那部分资本完全相同而产生矛盾。如果它属于流动资本，那么它又会与斯密的理论定位产生冲突，即此种归类使得将固定资本和流动资本的对立与不变资本和可变资本的对立等同起来的做法失效。基于此，李嘉图摒弃了这一部分的资本价值。然而，此种"摒弃"并不能彻底遮蔽斯密对固定资本与流动资本的定义所带来的问题。

　　实际上，在马克思的视域中，斯密和李嘉图共同的错误在于他们混淆了"固定资本和流动资本"与"不变资本和可变资本"之间的差异。第一，他们均将流动资本理解为流通资本。基于此种定位，固定资本和流动资本的区别仅体现在价值转移或价值补偿是一部分一部分地逐渐地完成，还是一次性完成。这就混淆了不变资本与可变资本之间的本质性差异。因为投在劳动力上的资本（或可变资本）在流通方式上与流动资本（或流通资本）无异。也就是说，可变资本的特征在于它作为一个既定的价值额与一个会自行增殖、会创造价值的力即劳动力相交换，"而劳动力不仅再生产它自己的由资本家支付的价值，而且同时生产剩余价值，即原来不存在的，不是用等价物买来的价值"①。此种可变资本必须从资本主义生产过程或产生剩余价值的角度加以理解，因为一旦只从流通过程来考察，那它只能作为流动资本与固定资本相对立。这就遮蔽了可变资本的独特性并使其与流动资本等同起来。譬如，马克思曾明确指出：

　　　　但是只有在生产过程中，投在劳动力上的价值（不是为工人，而是为资本家投入的），才会由一个已定的不变的量，转化为一个

---

①《马克思恩格斯全集》中文第 2 版第 45 卷，北京：人民出版社，2003 年，第 243 页。

可变的量；并且始终只是由于这一点，预付的价值才转化为资本价值，转化为资本，转化为自行增殖的价值。①

　　第二，以固定资本和流动资本的概念掩盖不变资本与可变资本概念的行为，是资产阶级政治经济学家普遍接受的做法。在他们看来，投在工资上的那部分资本（可变资本）与投在原料上的那部分资本根本没有区别，或者至多只在形式上与不变资本相区别，即是一部分一部分地还是完整地通过产品而流通。这就将理解剩余价值的来源以及资本主义剥削的现实运动与可变资本完全分离。基于此，他们掩盖了资产阶级的剥削实质。一方面，他们将价值增量的根本原因置于流通过程之中，即买与卖这一过程中价值量的增加。换言之，他们以流通过程中价值量的增加掩盖了价值增殖过程或资本主义生产过程之中剩余价值的产生。另一方面，他们将商品得以生产出来的功劳归于资本家所投入的资本——固定资本与流动资本，这为维护私有财产与私有制提供了很好的理论论证。

　　综上所述，马克思通过析出不变资本与可变资本概念，将资产阶级政治经济学家一直推崇的固定资本与流动资本概念进行了重构。一方面，马克思借由可变资本与流动资本在价值增殖过程之中所起到的不同作用，将可变资本与剩余价值得以产生的原因进行了嫁接与分析。即正是可变资本之中劳动力的使用，产生了价值增殖。另一方面，马克思通过对"固定资本和流动资本"与"不变资本和可变资本"之间差异的分析，将固定资本、流动资本、不变资本与可变资本概念进行了鉴别和重新定义。基于此，马克思亦指出："然而，使一种生产资料成为固定资本的，并不只是流回的快慢，而且是价值转移到产品中去的一定的方式。"②

---

①《马克思恩格斯全集》中文第2版第45卷，北京：人民出版社，2003年，第238页。
②《马克思恩格斯全集》中文第2版第45卷，北京：人民出版社，2003年，第253页。

既然马克思已经尝试以不变资本与可变资本来取代固定资本与流动资本在其政治经济学之中的理论地位，并给出了合理的原因，那么为何固定资本与流动资本在当下的资本主义社会又会卷土重来呢？

首先，在部分西方学者的视域中，价值实现的问题已经取代价值生产成为当下资本主义社会的主导问题。众所周知，不变资本与可变资本所揭示的核心问题是资本主义生产过程之中的剩余价值的产生。而随着资本主义社会危机的不断发生，生产过剩与价值丧失的现象日益严重。这促使诸多西方学者将理论视野转向了价值实现、资本的流通与资本界限的扩张等缓解生产过剩、过度积累与价值丧失的理论领域。固定资本与流动资本相较于不变资本与可变资本而言，与资本的流通和资本界限的扩张更直接相关。譬如，哈维正是通过固定资本与流动资本来分析价值实现与资本流通的代表人物之一。总体而言，一方面，虽然固定资本为持续的资本主义生产提供了便利条件，但随着固定资本比重的不断提升和资本主义危机紧迫性的加剧，固定资本日益成为资本界限不断扩张的障碍之一。另一方面，随着科技变革和固定资本的更新换代，固定资本的价值的转移日益缓慢且随时会因为被替代而直接遭受价值丧失，这给进一步的资本积累带来了潜在的威胁且此种威胁的比重日益加大。因此，固定资本对于价值实现、价值丧失以及价值流动等日益增长的影响力迫使我们必须面对它。

其次，固定资本在当代资本主义社会的生产方式转型中占据了重要的地位。随着资本主义社会从福特制向后福特制转变，资本主义生产方式或生产逻辑发生了深刻的变化，即愈加与"一般智力"直接相关。此种生产方式自身得以发展的现实状况，促使剩余价值的生产以一种新型的方式呈现出来。一方面，帮助生产剩余价值的固定资本以诸多"变形了"的固定资本——譬如网络化固定资本——的形式呈现出来。而这些新型的固定资本在诸多具体问题上对资本运行机制产生了新的影响。因此需要对固定资本的具体形态加以分析。另一方面，固定资本对剩余价值生产的影响程度相较于过去而言，看似以一种主导性的形态弱化了可变资本的比重并迫使可变资本与固定资本相分离，但实际上又以一般智力的形态促进了可变资本与固定资本的融合。换言之，可变资本与固定资本之间日益以一种融合的关系影响着一般的生产力。基于此，诸多西方学者从固定资本的视角出发，或重新理解一般智力与资本运行机制之间的关系，或以固定资本的发展来诠释自治主体存在的可能性，等等。这集中体现在马克思主义学界诸多学者对"机器论片段"的关注。

再次，随着西方哲学界的存在论转向的完成，人类的生存与体验成为当下社会诸多学者迫切关注的焦点问题之一。然而，在诸多学者的视野中，"死劳动"对"活劳动"的统治极大地影响了人类的生存与体验。因此，破除异化与拜物教并获得人类解放的诉求促使诸多学者关注与"死劳动"直接相关的固定资本概念。由于固定资本在资本主义社会中的比重愈来愈大，尤其是人工智能和机器化的高度发展，固定资本所累积的"死劳动"对"活劳动"的统治日益严重。因此，通过对固定资本的研究来分析拜物教的问题，是包括哈维在内的一部分学者的理论尝试。

复次，对于劳动价值论的怀疑，促使当代学术界再次关注与其直接相关的固定资本问题。众所周知，马克思在其《资本论》第三卷中直接言明资本主义社会的总危机是由一般利润率下降规律所导致的危机。而通过对一般利润率下降规律的分析可知，一般利润率下降的关键性原因在于不变资本比重的增长速度远远高于利润的增长速度。换言之，可变资本在相对剩余价值创造过程中的比重日益缩小甚至趋零化。当然，这种比重是从经济学维度或数量维度的计算中加以界定的。实际上，"可变资本同不变资本从而同总资本相比的这种不断的相对减少，和社会资本的平均有机构成的不断提高是一回事"[1]。而在当下的

---

[1]《马克思恩格斯全集》中文第 2 版第 46 卷，北京：人民出版社，2003 年，第 236 页。

资本主义社会，资本的有机构成因为固定资本比重的加大而提高到了白热化的程度。正是在这一背景之下，当代资本主义社会的劳动价值理论是否依然有效的问题亦浮出水面。因此，对于固定资本问题的研究，一方面符合当下相对剩余价值生产在剩余价值生产与再生产过程中比重提升的时机，另一方面也是对于劳动价值理论是否依然有效的再一次探讨。譬如，哈维在《跟大卫·哈维读〈资本论〉》第二卷中曾明确指出："固定资本的估值问题在资产阶级经济学中也是令人讨厌的问题，也被许多人视为马克思主义经济学中的深层问题。特别是，这个问题有时被看作是马克思劳动价值论概念的'阿喀琉斯之踵'。毫无疑问，固定资本的'独特性'确实挑战了劳动价值论中的一些概念的正确性。"①

实际上，持有"劳动价值论已经失效或过时"的观点的学者不在少数。他们普遍认为固定资本是对马克思劳动价值理论的一次否定。譬如，他们认为智能机器人对工人的部分取代直接否定了马克思所界定的剩余价值的产生在于可变资本购买来的劳动力的使用。这亦在一定程度上直接否定了另一既有理论，即剩余价值的奥秘在于资本主义生产过程之中资本对工人的剥削。换言之，可变资本在资本积累过程之中所起到的决定性作用"貌似"在下降，劳动价值理论因此遭受极大的质疑。然而，这种质疑存在两种理论前提上的错误。一方面，马克思的劳动价值理论并非建立在活劳动的基础上。这也就意味着活劳动在当下的资本生产过程中主导地位的弱化，并不能代表劳动价值论的过时。其实，马克思已经在劳动二重性理论的层面上，将价值界定为抽象劳动的产物。② 因此，以固定资本为中介而界定的"对于具体劳

---

① ［美］大卫·哈维：《跟大卫·哈维读〈资本论〉》第二卷，谢富胜、李连波等校译，上海：上海译文出版社，2016 年，第 142 页。
② 参见孙乐强《超越"机器论片断"：〈资本论〉哲学意义的再审视》，《学术月刊》2017 年第 5 期。

动或者活劳动在资本生产机制中的弱化",并不能否定马克思的劳动价值理论。另一方面,马克思的劳动价值理论并不能直接建立在数量维度上的财富或利润的多寡。从这一意义上来看,固定资本所否定的劳动价值理论,至多是古典政治经济学家意义上的劳动价值理论。也正是从这一意义上来看,那些执着于将固定资本作为剩余价值主要来源的人,既不能理解固定资本仅是转移价值而非生产价值的内涵,又不能理解剩余价值与利润或财富之间的区别。这是他们在当代资本主义社会,以数量多寡或财富比重来界定固定资本对于资本主义生产过程的主导性作用的实质性原因。

最后,固定资本与流动资本在城市理论的空间转向与资本的城市化进程中具有重要的理论地位。在西方城市学派将"空间的生产"作为资本在当代资本主义社会阶段的重要的再生产内容之后,空间本身的生产成为资本主义生产方式的独特内容。以此为中介而兴起的空间转向,迫使资本以城市化进程的模式充斥了当代资本主义社会的方方面面。而通过对资本城市化进程的研究,建成环境或固定资本的主导性作用被逐步揭示出来。譬如,哈维曾指出:

> 地租和房地产价格在不同地方差异很大,主要取决于嵌入到这些地方的固定资本的资产质量。这使资本主义城市化的全部历史纳入了一条某种程度上与资本运动规律相一致的轨道。反过来,这也开辟了一条实际的道路:城市化反过来对这些运动规律如何运行发挥了关键作用。这是我个人多年以来一直非常感兴趣的问题,通过这类关于无法移动的固定资本的作用的段落,我发现,把马克思的一般理论扩展到城市建设和城市化进程领域是可能的。但是马克思仅仅暗示了这种联系的存在。[①]

[①] [美] 大卫·哈维:《跟大卫·哈维读〈资本论〉》(第二卷),谢富胜、李连波等校译,上海:上海译文出版社,2016年,第126页。

而事实也是如此，"最近发生的资本危机——尤其是发生在 2007—2008 年的危机——都发生在建筑环境投资领域或其周围"①。

对哈维及同时期其他思想家关于固定资本的比较研究

从当前情况来看，固定资本已经成为当今西方学界热议的问题。哈维亦是这一争论的代表人物之一。对于同一问题域的集中讨论，不仅有助于固定资本在百家争鸣的态势中得以复兴，而且有助于我们理解哈维究竟在何种形式上重新激活固定资本概念。因此，下文将围绕奈格里、斯蒂格勒与哈维之于固定资本概念的当代复兴模式，通过比较分析的研究方法，力图挖掘出哈维固定资本概念的独特性以及这几种模式对于当代资本积累与阶级斗争理论的重要作用。

围绕这一命题，又有几个更为具体的问题逐渐展露在我们眼前。第一，当下理论界存在几种固定资本的复兴形式？第二，他们对于固定资本的理论定位，与马克思之前的古典政治经济学家是否存在理论前提上的差异？第三，固定资本的当代复兴形式究竟在何种意义上成为政治斗争理论的新起点。结合这几个问题，西方学界展开了激烈的争论。为了更好地回答这些问题，我们先从争论本身开始。实际上，以这一命题为核心的固定资本的复兴，主要表现为三种具体的理论路径。

第一，以非物质劳动为核心的寻求活劳动这一主体的革命性与反抗性的路径。此种路径以意大利的奈格里、保罗·维尔诺等人为代表。在奈格里的视域中，由于生产方式经历了从物质性的生产占据支配地位到非物质性的生产的霸权的转变，机器系统与工人的混合式生产方式，已经使得固定资本在双重维度上变成了"人自身"。一方面，过去

① ［美］大卫·哈维：《马克思与〈资本论〉》，周大昕译，北京：中信出版社，2018 年，第 221 页。

的人类劳动和智力积累、凝结为固定资本；另一方面，在资本主义发展的某些时刻，活劳动发挥出可以颠倒受资本控制的关系的力量，即人们有能力在他们自身和社会生活中重新吸收资本。① 譬如，活劳动在资本和社会生产的资本主义管理中开始展现出自身的优先权。从这一意义上来说，活劳动部分地存在于资本控制的规训结构之外。也正是基于此，奈格里认为活劳动是颠倒资本关系的突破口。而随着非物质劳动对机器系统与工人的混合式生产方式的影响与革新，固定资本日益表现为可以为活劳动的身体与思维所占有的形式。换言之，可变资本与固定资本日益紧密的关系使得活劳动或生产者阶级成为霸权的主体。

基于此，奈格里指出在双重维度上变为"人自身"的固定资本，实际上已经部分地为生产者阶级所占有。而此种对固定资本的占有成为阶级斗争可以接纳并当作政治纲领的装置。这一思想得到了维尔诺的部分支持。维尔诺指出，既然活劳动或者每一个个体均具有掌握"一般智力"的潜能，那么当一般智力的社会化与个体化过程达到同一时，个人便可转化为马克思当年所说的"社会个人"，即一般智力的主人。② 基于此，他们实现了对人本身的一般生产力的全部占有，并可以摆脱资本主义的统治成为自治的主体。而活劳动通过一般智力占有人本身的一般生产力的行为，与奈格里所说的对双重维度的固定资本的占有异曲同工。

可见，活劳动与固定资本之间日益紧密的关系，以及数字化机器与非物质劳动对生产方式的变革，促使活劳动在更高的程度上占有了固定资本。此种占有使得活劳动或工人所掌握的生产过程与资本主义增殖和控制的手段日益分离。换言之，非物质劳动的霸权性使得工人

---

① 参见 2017 年 6 月初由南京大学哲学系于薛光林楼主办的第四届当代资本主义国际学术研讨会的中文版论文集第 149 页。

② See Paolo Virno, *The Grammar of Multitude*, Los Angeles/New York：Semiotext（e），2004，pp. 100 - 106.

的尊严和权力已经达到了存在"足以拒绝强加给他的价值增殖形式"的可能性的程度。这在一定程度上赋予了工人，尤其是与数字化机器相关的工人一定程度的自治性——即使在价值增殖形式被资本控制的局面下仍可以取得一定自治权的自治性。而依靠这份自治性尝试社会性地占有固定资本所代表的生产力和财富，是推进活劳动获得解放的可能条件之一。因此，重新占有固定资本，既成为更加容易成功的事情，又成为活劳动取得人类解放和阶级斗争胜利的突破口之一。

第二，数字化资本主义社会中固定资本的转型。此种理论路径以斯蒂格勒为代表。在他看来，由于计算机技术以及大数据的迅猛发展，固定资本逐渐成为网络化的生产工具，即成为纯粹数据化、资讯化或计算性的生产工具。与此同时，这种愈加复杂与趋向不明的固定资本，日益呈现出双重性特征：一方面，固定资本经过云端计算高度中心化；另一方面，固定资本经过体外化的器官逐步"元分配化"①，即通过体外的智能器官——譬如智能电话或者植入芯片等——延伸了人体本身的机能。资本主义借由此种特殊形式的固定资本建构出一个物质性的知识型时代，即奈格里等人所指称的认知资本主义时代。在这一阶段，此种以"绝对的非知识"为表征的网络化固定资本实际上成为"创造性破坏"的中介，即所有的知识都在计算中或在计算性的讯号中溶解，而这直接带来了知识的毁灭以及虚无主义的风险。这种趋向于破坏所有知识的时代又被斯蒂格勒称为熵纪或人类纪。因此，所谓的熵性时代昭示了所有知识的毁灭和万物的计算化与数据化。在这一过程中，人类不仅在其自身层面遭受了更为普遍的异化，而且迎来了"乱序"或混乱的"末日"。

为了克服计算性以及网络化的资本主义的人/熵的末日化倾向，就

---

① 参见2017年6月初由南京大学哲学系于薛光林楼主办的第四届当代资本主义国际学术研讨会的中文版论文集第186页。

需要重新建构一种知识型，从被固定资本整合的机械的、模拟的、数码的数据化资源库（即第三持存）以及它所造成的熵纪出发，形成一种新型的知识或负人类纪的特征。那么，为了实现这一目的，首先应该从造成计算性时代的生产工具本身——网络化固定资本——出发，通过一种对数据、网络构架以及下层的数据化构建原理的批判，来分析这一生产工具以及由这一生产工具所整合的资源库。这就意味着固定资本又以此种新型的模式重新进入马克思主义哲学界的理论阵地。一方面，我们需要分析固定资本的新型特征，即网络化的特征。另一方面，由固定资本所整合的各方资源如何以这种新型模式加以整合，以及呈现出何种新型特征、发挥何种新型职能等问题均需要认真对待。

与此同时，最初为人类所用的计算性或人工智能化工具，在其具体的使用过程之中，产生了"主奴辩证法"的颠倒。即最初作为主人的生产者阶级或活劳动，最后反而变成数据化生产工具的奴隶。换言之，工人使用生产工具的模态部分地为生产工具使用工人的模态所替代。因此，以辩证法为核心的提倡无产阶级作为否定力量来实现人类解放的构想，容易再次因为主奴辩证法的颠倒而功亏一篑。也就是说，即使无产阶级普遍性地掌握了固定资本所代表的生产力和财富等，也可能会因为主奴辩证法的颠倒而形成无产阶级为固定资本本身所控制的风险。实际上，固定资本的网络化构成在一定程度上已经促进了无产阶级的普遍化。但这种与无产阶级的普遍化相伴随的历史虚无主义也带来了熵纪与毁灭。基于此，斯蒂格勒认为问题的实质不在于否定的力量，而在于将固定资本逆转为去无产阶级化的可能性。因此，对抗历史虚无主义、熵纪以及"去思维"的理论任务转而成为当下社会应该聚焦的任务。而对于固定资本的分析，为这一理论任务提供了可能性。从这一意义上来说，固定资本以一种新型的模式重新进入了斯蒂格勒的理论视野。

第三，以空间与城市为核心的对资本主义社会的建成环境中固定资本的重视。这主要以大卫·哈维为代表。他根据固定资本的不同形态——机器、运输工具、工厂车间等，尤其是固定资本与空间直接相关的形态，提出了"建成环境"的概念。基于此，哈维将固定资本与资本的流通、资本界限的拓展以及城市化空间进行了联结。准确地说，哈维通过"固定资本之循环"的理论界定，将固定资本问题融入其以资本积累与资本的总循环为核心的资本运行机制。这种融入又主要体现在对不可移动的、地理空间维度上的固定资本的关注。

实际上，将固定资本同"资本积累与总循环"进行联结的理论做法，是哈维以空间理性重构马克思资本批判理论的直接结果。在他看来，把马克思的一般理论扩展到城市建设与城市化进程领域是可能的。一方面，空间生产已经成为资本积累的重要方式。譬如，嵌入到土地上的固定资本成为资本扩张与推进城市化进程的重要手段。对于建成环境或土地领域固定资产的投资，为资本主义的扩大再生产提供了重要的场所或必要条件。另一方面，随着生产过剩与价值丧失的严峻化，如何减缓价值丧失并维持资本积累持续性的问题成为重要的研究对象。而地理空间维度上的固定资本在一定程度上缓解了过度积累危机。换言之，对空间生产或建成环境的投资，在某种意义上成为吸收过剩资本与过剩劳动力的重要途径。这亦是哈维空间—时间修复理论的重要理论场所。值得注意的是，这种固定资本投资在面临固定性与移动性之间的矛盾时，又展现出自身所具有的双重性。即固定资本既成为吸收过剩资本与劳动力的途径，又在一定时期成为资本积累的阻碍。因为它妨碍了价值实现的速度与进程，而资本周转时间与周转速度是资本积累与总循环过程的重要因素。

综上所述，哈维以空间与城市化进程丰富了固定资本的理论内涵。也正是在这一意义上，资本向外扩张并寻求缓解危机的诉求，以地理空间意义上的建成环境的形式，成为固定资本在当代得以复兴的重要途径之一。与此同时，哈维对死劳动（固定资本）统治活劳动的拜物教现象的关注，亦促使他以寻求活劳动的自由解放为理论旨归。正是在这一意义上，在当代资本主义社会之城市化进程日益推进的背景下，对以建成环境为基础的城市本身的争夺，亦成为边缘化群体或贫困阶级展开政治斗争的重要场所。基于此，对于控制城市规划之城市权利的争夺，成为具体的革命爆破点之一。

总体而言，以上三种固定资本得以复兴的形式，均存在相同的理论前提上的误区。一言以蔽之，他们对于固定资本的理解仍然停留在《1857—1858年经济学手稿》的"机器论片段"的理论层面上。奈格里以活劳动占有固定资本的形式、斯蒂格勒以人体机能延展以及普遍异化诠释网络化固定资本的形式、哈维在诠释固定资本时对于《1857—1858年经济学手稿》的引用率远高于《资本论》的理论行为，均体现出他们对于固定资本的理解仍然停留在《1857—1858年经济学手稿》的理论水平上。然而，马克思在此时还未明确提出劳动的二重性理论。这就直接导致对于固定资本的理解仍然带有古典政治经济学的理论特色。

一方面，他们对于固定资本何以在当代资本主义社会的资本生产中居于重要地位的诠释，均是在数量维度与活劳动的维度进行的。换言之，固定资本在相对剩余价值中比重的提升，以及活劳动在剩余价值生产中比重的下降或趋零化，是他们界定固定资本已经在当代资本主义的资本积累中占据主导地位的直接参考系。也就是说，活劳动在参与价值生产时所占据的数量多少或比重大小，成为他们指认可变资本理论已经过时并需要重新回归固定资本的重要原因。

另一方面，以此为理论前提，他们最终逼近了人本主义的理论路径。换言之，正是对活劳动的关怀，以及对死劳动统治活劳动的拜物教现象的警惕，使他们最终试图通过活劳动的反叛或身体的反叛，来达到破除异化并寻求人类解放的目的。譬如，斯蒂格勒在以网络化固定资本之于当下社会的普遍性来界定异化程度的加剧的同时，给出了无产阶级得以普遍化的判断。因此，针对此种死劳动对活劳动进行统治的主奴辩证法的颠倒，应该通过更为普遍化的无产阶级斗争的形式进一步颠倒回来。

实际上，这种理论前提的失误，最终亦加剧了固定资本对于劳动价值理论的威胁。但诚如前文所述，这种固定资本与劳动价值理论不相容的情况，至多停留在古典政治经济学意义上的劳动价值理论层面。

总之，无论如何，他们以此为切入点，重新激活了固定资本并推动了固定资本在当代的复兴。这既是他们面对当代资本运行新现象的理论回应，又是他们在面对无产阶级不革命或主体不革命时所做的理论尝试。这种对政治斗争元理论的丰富，在当代西方左翼面临困境的背景下，无异于一场及时雨。而哈维的独特性就在于他以缓解资本过度积累为出发点，从空间—时间修复、城市与空间等地理学维度丰富了固定资本的内涵。

三、从城市空间的角度重新阐释《资本论》

哈维从空间维度重新诠释《资本论》的做法，是他对马克思资本批判理论进行重构的着重点。这种从历史地理学的视角回应当代资本主义社会的资本运行机制的做法，又主要以城市空间的问题域体现出来。换言之，城市是哈维在研究当代资本主义社会时着重选取的理论视角。这既是他从空间维度重新诠释《资本论》并落实到具体经验世界的现实表现，也是他从宏观的元理论叙事进入具体现实世界之中层理论的直接路径之一。因此，厘清哈维的城市空间理论具有重要的理论意义。那么，城市究竟因何可以成为重新诠释《资本论》的重要理论视角，又以何种方式对马克思资本批判理论进行重构呢？面对这一情况，我们又应该如何看待这种从城市视角重构《资本论》的理论行为呢？

城市何以成为重新阐释《资本论》的视角？

"城市"一直是马克思阐释《资本论》及其资本批判理论的潜台词或理论前提。即马克思资本批判的理论对象——资本主义社会，主要以城市为空间载体。既然如此，那么哈维又何以据此重新阐释《资本论》？

实际上，哈维从城市视角重新阐释《资本论》的做法，是其从空间视角重新阐释《资本论》的理论具体化。在历史唯物主义的视域中，城市是马克思面对资本主义社会时无须言明的理论前提。然而，这一无须言明的理论前提，在面对资本向外扩张或对外贸易、全球化、房地产急剧发展等状况时，成为必须直面的理论问题。在马克思写作《资本论》的规划之初，即"六册计划"时，国家、对外贸易等问题已经直接被囊括进即将研究的范围。然而由于诸多原因，"六册计划"最终未能成型。这导致马克思在《资本论》中未能直接阐释关乎资本主义社会诸多新情况或表象层面的具体问题。此种理论的"止步之处"成为哈维得以继续发展的丰沃土壤。换言之，哈维依据资本社会的新情况——尤其是资本不断扩张并遭遇地理界限的情况，将与资本扩张直接相关的空间视角视为其资本批判的核心理论阵地。而空间问题在资本主义社会现象层面的最直接表现为城市问题。基于此，城市成为哈维重新阐释《资本论》的视角之一。

与此同时，自列斐伏尔提出"空间的生产"概念之后，西方诸多学者在这一视角的指引下，先后阐释了与空间相关的诸多理论。这主要体现在大卫·哈维的"历史地理唯物主义"、卡斯特的"城市实践体系"（system of urban practices）理论，索亚的"三元辩证法"（trialectics）与多琳·马西的"多元异质轨迹"（multiple heterogeneous trajectories）说之中。虽然他们在具体的理论定位以及理论方法上存在差异，但是他们一致认为资本主义社会已经发生改变并与马克思时代的资本主义社会产生了极大差异，"即城市以及消费社会已经成为人类日常生活的主导环境，并因此成为阶级斗争的舞台"①。这就改写了资本主义社会阶级斗争的主导形式。即与马克思的时代不同，"工人阶级在资本主义生产过程内部的阶级斗争"已然失去了主导地位。换言之，对人类日常生活的侧重与关注，直接导致了城市以及消费生活的比重被提高到主导地位。

总体而言，城市之所以能够成为哈维重新阐释《资本论》的视角，主要归于以下几点原因。

第一，为什么是城市而非乡村？实际上，对于这一问题的回答亦是对于"哈维以城市问题解读《资本论》的根本原因是什么？"的回答。他曾明确指出："我的目标是理解资本主义条件下的城市进程。我之所以将研究限定在资本主义城市化形式上，是因为我认为'城市'这一概念在资本主义生产方式中是有特殊意义的，与其他社会制度条件下的'城市'概念存在重大意义和实际上的差别。"② 那么，城市之于资本主义社会的特殊意义又体现在何处呢？

一方面，诚如前文所述，城市始终是历史唯物主义与《资本论》的理论前提。此种以私有财产为前提的私有制社会，主要以城市的形式表现出来。换言之，马克思所论述的资本主义社会以及资本主义生产方式实际上只存在于城市之中。以土地所有制为主导形式的乡村，因缺乏资本主义生产方式而逐渐成为资本主义社会的附庸形式。在马克思看来，资本主义生产方式得以进行的前提是工人因缺乏生产资料和丧失土地而成为自由人。而在乡村，大多数人以耕作土地的农民身份居住于其中。可见，符合丧失生产资料的"自由人"这一条件的情

---

① 胡大平：《社会空间元理论与解放政治学前提重建——西方马克思主义的经验》，《社会科学家》2017 年第 9 期，第 16 页。

② [美] 大卫·哈维：《世界的逻辑：如何让我们生活的世界更理性、更可控》，周大昕译，北京：中信出版社，2017 年，第 63 页。

况只存在于城市这一空间载体中。事实也是如此，工业较为发达的生产方式主要存在于城市之中。因此，城市是资本主义生产方式天然的载体。

另一方面，在当代资本主义社会，城市这一载体不断得以扩大，这主要体现在资本的地理扩张或资本的城市化进程。资本主义的发展伴随着对外贸易与资本的全球化。而由于不平衡的地理发展，资本在其全球化的过程中不断遭遇非资本主义社会。在这一过程之中，资本通过现代殖民与城镇化进程，不断地在"他处"复制自身的资本主义生产方式，使得"他处"亦成为新的资本主义社会。也就是说，"虽然'外在转化'可以为产业提供新的市场和新的场地，但是必要的代价是把资本主义的私有制关系和对他人的剩余劳动加以占有的能力再次创造出来"①。这一过程的直接后果是导致资本主义生产方式的空间载体——城市——不断得以扩大，而与城市相关的诸多问题也随之得到发展。因此，面对并研究与城市相关的诸多问题，是研究当下资本主义社会所不可避免的。基于此，哈维选中城市作为重新阐释《资本论》的理论视角，是一件顺理成章的事情。

第二，为什么是人类日常生活以及消费社会而非资本主义生产过程？随着卢卡奇、海德格尔、列斐伏尔和科西克等人在日常生活批判领域的不断深耕，日常生活批判转向已然成为 20 世纪哲学的基本转向与基本问题。总体而言，它的盛行意味着"现代哲学自此由宏观而崇高的历史理性期盼走向微观而具体的生活实践诉求"②。而且这一概念最初"滥觞于马克思的商品拜物教批判，故从出身血统上说是马克思主义的"③。因此，从某种意义上来看，适用于商品拜物教批判与作为

① [英] 大卫·哈维：《资本的限度》，张寅译，北京：中信出版社，2017 年，第 634 页。
② 刘怀玉：《日常生活批判：走向微观具体存在论的哲学》，《吉林大学社会科学学报》2007 年第 5 期，第 14 页。
③ 刘怀玉：《日常生活批判：走向微观具体存在论的哲学》，《吉林大学社会科学学报》2007 年第 5 期，第 16 页。

马克思资本批判理论的空间载体的城市，亦是人类日常生活批判理论的生发地。与此同时，消费社会发生的地方也是城市这一空间载体。因此，从日常生活以及消费社会的层面来谈论城市问题，亦是必要的。

众所周知，历史唯物主义在论及资本主义社会时，较为重视资本主义生产方式自身的内在矛盾或者生产力与生产关系之间的内在矛盾。此种聚焦资本主义生产方式的资本批判理论，更为重视资本主义的生产过程而非资本主义社会的日常生活以及消费社会。而从西方哲学史的存在论转向可知，人类的生存体验或日常生活已经成为20世纪西方哲学界直接关注的基本问题。对于微观世界或现象层面本身的直接关注，意味着由德国古典哲学而来的本质与现象这一维度的思维范式已经发生了改变。虽然哈维在多处强调要穿透现象找到"隐藏在下面"的东西，但是对本质与现象之间关系的误解最终导致他将日常生活层面现实存在的东西理解为问题的本质。

简而言之，20世纪存在于西方哲学界的存在论转向与日常生活批判转向，已经影响了诸多学者在理解马克思《资本论》时的根本性见解。这鲜明地体现在他们倾向于从日常生活与消费社会层面理解人类的生存与体验。鲍德里亚提出的以消费为主导的思维范式替代以生产为主导的思维范式的理论，在这一过程中也呈现出重要的意义。与此同时，在哈维看来，当代资本主义社会的资本积累模式已经从生产性积累转变为以以金融资本为核心的非生产性积累为主导的模式。这也就意味着哈维认为资本主义的直接生产过程本身已经式微，真正的重点应该被置于以金融资本为核心的支撑非生产性积累的一系列资本运行机制——包括金融机构、国家—金融体系等现象。而这些现象又主要体现在日常生活的每一处。因此，人类日常生活与消费社会或具体层面的问题成为哈维理解《资本论》的理论阵地之一。而资本主义社会的人类日常生活与消费社会集中存在于以"城市"定义的居住地。

此外，从现象层面来看，资本家阶级与工人阶级之间的阶级斗争，在很大程度上已经部分地从资本主义生产过程内转移到日常生活以及消费领域。因此，对城市权的争夺以及与城市权相关的诸多阶级斗争成为阶级斗争的新领域。这是哈维在其诸多文本——譬如《希望的空间》《叛逆的城市：从城市权利到城市革命》等——中集中讨论的空间政治斗争方面的问题。

第三，为什么是"空间的生产"而非"空间中的生产"？一方面，随着当代资本主义社会新变化的发生，资本主义生产方式本身也经历了转型。譬如，由于资本流通与资本向外扩张打破资本界限的需要，对促进资本积累与再生产的运输工具、厂房、公共基础设施、建成环境或空间性固定资本的需求日益增大，即对资本主义生产过程中与空间性固定资本相关的生产资料的需求日盛。基于此，对空间本身的生产成为资本主义生产过程的一个重要部分。

另一方面，这一问题与第二个问题一脉相承，即"空间或城市"成为消费的主要对象之一。20 世纪以来，西方哲学界形成了以日常生活批判为研究主题的基本转向。在这一基本转向的影响下，对"我们居住于其中的现象世界"本身的研究得以盛行。又因为日常生活批判最早来源于马克思的商品拜物教批判，所以在这一过程中，以生产为主导的思维范式亦逐渐被以直接关涉日常生活本身的消费为主导的思维范式替代。此种思维范式的转换，直接导致资本主义的生产过程需要在新的含义上被再一次解读。即以消费需求为导向，关注与人类的生存与体验直接相关的居住环境。这便是人类日常生活以及消费社会的存在载体——城市。基于此，城市本身的生产或空间的生产进入我们的视野。而事实也是如此，自列斐伏尔提出"空间的生产"概念之后，西方诸多学者在这一视域中不断地思考社会空间的问题。哈维正是在此理论背景下，提出了社会空间哲学与历史地理唯物主义。对人类日常生活以及消费社会的关注，迫使诸多西方学者将关乎人类生存与日常生活体验的城市这一功能性居住空间本身的生产视为社会生产的一部分。实际上，城市这一居住空间本身的生产，尤其是城市内部各大功能性设施的规划或市政规划、住房等，是为城市居民的消费服务的。换言之，此种空间的生产实际上是一种空间性的消费。

可见，这些关系性空间本身的生产已经跃出了"空间中的生产"的既有范围，即对城市与空间的生产本身亦成为资本关系的生产与再生产的一部分。基于此，随着资本的不断扩展与自身既有地理界限的突破，复制资本主义生产方式的首要任务变成建构适合资本主义生产方式的城市载体。

如何以城市视角重新阐释《资本论》？

实际上，哈维以城市视角重构《资本论》的理论行为，是其以空间视角或结合自身地理学背景知识重构《资本论》的具体表现。他在着重强调《资本论》第二卷与资本流通过程，尤其是资本积累遭遇界限并尝试突破其界限的过程时，日益发现在"他处"复制资本主义生产方式是一种重要的资本积累与扩张方式。换言之，面对资本主义过度积累的危机，哈维认为寻求外部因素解决资本主义内在矛盾是一种可行的办法。基于此，他提出了空间—时间修复、不平衡地理发展、时空压缩等一系列与空间维度直接相关的理论。也正是在此过程中，哈维将研究焦点转移到资本主义生产方式的空间载体——城市。那么，哈维究竟如何以城市视角重新阐释《资本论》？

首先，从元理论层面来看，哈维的城市视角直接源于他自身对空间维度的重视。自列斐伏尔提出"空间生产"的口号之后，西方学界掀起了一股以空间视角批判马克思主义理论的热潮。在这股热潮之中，尤其以从空间维度弥补时间性优先偏好的马克思主义理论的范式为代表。此种将历史唯物主义拓展为历史地理唯物主义的典型代表是大卫·哈维。换言之，他依据自身的地理学背景知识，通过对马克思《资本论》的解读，以空间和城市视角为切入点，将历史唯物主义拓展为历史地理唯物主义。因为在哈维的视域中，马克思在一定程度上忽视了空间维度。一方面，这与马克思未能完整地完成《资本论》第二卷与第三卷直接相关，即马克思没有彻底完成从抽象上升到具体的理论任务。

> 马克思一直没有完成这一宏大的工程。实际上，他只是用某种系统的方法或在某些细节上选择了这些主题中的一部分进行了研究……你将看到，第一卷从生产的角度探索了资本主义的生产方式，不是市场，也不是全球贸易，而只是生产的角度。第二卷（从未完成）从交换关系的角度，第三卷（也未完成）则基本集中探讨了作为资本主义基本矛盾产物的危机的形成机制，随后他还研究了以利息、金融资本的回报、地租、商业资本利润、税收和其他形式出现的剩余分配问题。①

正因为如此，马克思在论述与具体层面直接相关的空间与城市问题时，未能形成系统的理论。另一方面，哈维认为马克思的《资本论》以及资本批判理论是以封闭系统为参考对象的。正因为如此，马克思未能将开放的地理空间以及“资本突破自身界限并向外寻求扩展”作为其资本批判理论的重要内容。零星可见的关于资本主义世界市场与现代殖民的理论也只是作为附庸形式被引入其理论视野。基于此，他以空间与城市视角为基石，对马克思的《资本论》及其资本批判理论进行了“空间维度”的填充，并形成了独特的社会空间哲学与城市空间的资本批判理论。

其次，资本的城市化进程一直是哈维以城市视角重新诠释《资本论》的直接对象。在他看来，理解特定的资本主义条件下的城市化进程，能够帮助我们从经验具体层面更好地理解当代资本主义社会的具

---

① [美] 大卫·哈维：《跟大卫·哈维读〈资本论〉》（第一卷），刘英译，上海：上海译文出版社，2013年，第11页。

体运行机制。总体而言，哈维认为资本积累与阶级斗争是分析城市进程的两条主线。"在资本主义框架内，我将通过资本积累和阶级斗争两条主线来分析城市进程。"① 基于此，他以城市视角重构《资本论》的理论行为，又主要表现为一些具体的理论改写或重释。

第一，资本积累的地理学是对马克思资本积累理论的重建。在哈维的视域中，马克思以"时间消灭空间"的资本积累使得时间成为人类社会的基本维度。但"时间消灭空间"并不意味着不必关注空间维度。他继而指出："马克思资本积累理论中的地理纬度长期以来都被忽略了。"② 基于此，他以空间与城市视角重构了《资本论》中有关资本积累的理论。实际上，这种重构是相互性的。也就是说，哈维对马克思资本积累理论的重新诠释亦是他以马克思的相关概念对城市理论进行重构的过程。因此，哈维以资本积累的地理学对《资本论》进行重构的理论过程，也就是他借助马克思的概念并以资本积累解释城市化的过程。

准确地说，一方面，哈维以《资本论》三卷本为对象，将三卷本所阐释的有关资本积累的主要内容概括为"资本的三级循环过程"③。易言之，哈维认为资本积累过程体现为三级循环过程：初级循环过程指涉资本在直接的生产与消费领域的循环与积累，它是在资本主义生产过程的生产与再生产关系中的循环或流通。在这一情况下，我们需要假设劳动生产率不变且生产与消费处于同一时期。第二级循环指涉资本在固定资本与消费基金领域的循环与积累——"固定资本和消费

---

① ［美］大卫·哈维：《世界的逻辑：如何让我们生活的世界更理性、更可控》，周大昕译，北京：中信出版社，2017 年，第 63 页。
② ［美］大卫·哈维：《世界的逻辑：如何让我们生活的世界更理性、更可控》，周大昕译，北京：中信出版社，2017 年，第 37 页。
③ 参见［美］大卫·哈维《世界的逻辑：如何让我们生活的世界更理性、更可控》，周大昕译，北京：中信出版社，2017 年，第 66—73 页。

基金的资本流入可称为资本的第二循环"①。为了保证这一过程的顺利，完善的资本市场、金融机构与国家机构的支持成为必需的现实条件。第三级循环则指涉资本在由社会性支出与科研技术组成的循环框架中的积累——"要完成资本循环的完整图景，就必须引入第三资本循环的概念，这包括对科技的投资（目的是提高科技对生产的帮助，由此不断推动社会生产力的发展）以及与劳动力再生产相关的各种社会投资。"② 实际上，三级循环过程是在价值生产与价值实现框架中研究资本流通过程的基本逻辑，它揭示了资本积累在遭遇空间维度与城市视角的变形。

譬如，资本在初级循环中由于自身的内在矛盾很容易遭遇过度积累的问题。这一过度积累得以暂时缓解的途径是资本进入第二级与第三级循环过程。而资本能顺利进入第二级、第三级循环过程的必要条件是功能完善的资本市场的存在或以国家和城市为基础的建筑环境、科技研发工程与劳动力再生产工程的存在。这也就意味着，资本积累的具体过程离不开国家与城市这样的历史地理学意义上的现实载体。

> 我曾专门长篇论述，纵观资本主义历史，城市化是吸收过剩资本和劳动力的主要方式。我始终认为，由于建筑环境的漫长周期、周转时间和投资生命周期，城市化对吸收过度资本积累有着特殊的作用。城市化还具有空间制造和空间垄断等空间特殊性来成为积累过程中不可分割的组成部分，而不仅仅是改变商品的空间流动来推动积累，而且也是创造这些流动所发生的具体空间和

---

① [美] 大卫·哈维：《世界的逻辑：如何让我们生活的世界更理性、更可控》，周大昕译，北京：中信出版社，2017年，第69页。
② [美] 大卫·哈维：《世界的逻辑：如何让我们生活的世界更理性、更可控》，周大昕译，北京：中信出版社，2017年，第70页。

场所来推动积累。①

正是在这一意义上，哈维认为所有的资本主义城市化进程的研究都是对资本积累过程或资本运行机制的研究。也正是基于此，哈维进一步分析了资本积累过程中所存在的不平衡发展、资本的空间迁移、固定资本等问题。

另一方面，通过对资本积累过程的研究，哈维进一步丰富了自身的城市化进程理论。在他看来，这种以资本积累视角解释城市化的理论行为，"使得资本主义积累地理学的分析落到了城镇层面的具体问题"②。这些具体问题主要表现为资本再生产中建筑环境的长期固定资本投资、新自由主义与新帝国主义理论及其所体现的金融化、城市管理主义向城市企业主义转变过程中所体现出来的弹性积累的主导性、虚拟资本与信贷体系、城市规划与城市历史、住房与房地产问题、地租问题、资本流动与人口流动、社会关系生产以及各种功能性空间等。

第二，哈维以争夺城市权利与城市空间为切入点重构了马克思资本批判理论中的阶级斗争理论。在他看来，"积累就是资产阶级实现再生产和剥削劳动的方式，因此资本积累不能和阶级斗争分开"③。这是他以资本积累和阶级斗争两条主线研究资本城市化进程的直接原因。然而，资本的城市化进程或不平衡时空发展的全球化过程已经成为资本主义社会的重要发展态势，在这种情况下，我们面对过度积累等危机时，应该如何看待阶级斗争？

总体而言，哈维在提倡阶级斗争或乌托邦诉求时，总是以寻求具体的革命爆破点为理论旨归。这促使他进一步提出本地化与全球化、

---

① ［美］大卫·哈维：《世界的逻辑：如何让我们生活的世界更理性、更可控》，周大昕译，北京：中信出版社，2017 年，第 342 页。
② ［美］大卫·哈维：《世界的逻辑：如何让我们生活的世界更理性、更可控》，周大昕译，北京：中信出版社，2017 年，第 76 页。
③ ［美］大卫·哈维：《世界的逻辑：如何让我们生活的世界更理性、更可控》，周大昕译，北京：中信出版社，2017 年，第 63—64 页。

社会正义与差异地理学等理论。基于此,哈维将阶级斗争置于具体或特殊的"场所"之中。而城市就是他所选取的重要的政治斗争场所。实际上,城市一直是马克思资本批判理论的场所或现实载体。而哈维再次提出城市斗争的切入点有所不同。

一方面,面对部分西方学者质疑城市是否依然能够成为斗争主体并放弃阶级斗争的行为,哈维给出了合理的回应。虽然城市化进程造成的社区交错与空间交互使得全体城市劳动者难以团结在某个统一的政治项目周围,但这并不意味着城市已经失去斗争主体的地位。换言之,哈维认为问题的关键应该是通过组建新的联盟来重构和革新阶级政治。因为"从实际角度看,只要能找到新的阶级基础,即便是考利工厂彻底关闭,牛津郡的阶级政治依然可以存续"①。也就是说,在哈维看来,与马克思的时代不同,工厂中的无产阶级斗争应该转变为城市中边缘化群体或贫困阶层的政治斗争(值得注意的是,这是以哈维对当代资本积累模式的判断——已经从以工业资本或产业资本为主导转向以金融资本为主导的模式——为理论前提的。)。这种对新阶级基础以及具体革命爆破点的寻求,亦是哈维面对"主体不革命"倾向所建构的努力之一。基于此,哈维提出了对"可能的城市世界"与"希望的空间"的期待。

另一方面,以城市化进程关切阶级斗争的模式,主要以主张城市权利的形式体现出来。在哈维看来,

> 主张城市权利即是一种对城市化过程拥有某种控制权的诉求,对建设城市和改造城市方式具有某种控制权的诉求,而实现这种对城市的控制权需要采用一种根本的和激进的方式。②

---

① [美] 大卫·哈维:《世界的逻辑:如何让我们生活的世界更理性、更可控》,周大昕译,北京:中信出版社,2017年,第284页。
② [美] 戴维·哈维:《叛逆的城市:从城市权利到城市革命》,叶齐茂、倪晓晖译,北京:商务印书馆,2014年,第5页。

因为资产阶级有能力支配城市发展并通过城市进程进一步维持资本积累的前提在于他们拥有对城市的控制权。这种凌驾于国家机器与整体国民之上的集体性控制权正是政治、社会和阶级斗争的主战场。因此，哈维认为我们应该"把城市权利作为阶级基础上的政治需求"①，并鼓励城市生产者重新夺回集体创造的城市权利。也正是在这一意义上，哈维提出我们也需要从考察城市发展的角度挖掘城市解放和反资本主义的可能性。换言之，"城市生活的变革以及对城市化生产过程中剥削关系的消灭或许是走向反对资本主义转型的唯一道路。这就是左翼应该在未来政治战略中添加的内容"②。

综上所述，哈维以城市空间的资本批判理论重构了马克思的《资本论》。在这一过程中，资本积累与阶级斗争是哈维以城市化进程重构《资本论》的直接路径。

对哈维以城市视角重构《资本论》的反思

大卫·哈维以城市视角重构《资本论》的理论行为，是其以地理维度填充历史唯物主义的具体理论表现。也就是说，城市是哈维所选取的空间视角上的现实切入点。因此，这就在一定程度上完成了哈维对其历史地理唯物主义的具体理论的建构，以突出城市视角的方式让看似隐含于马克思资本批判理论中的城市载体以显性的形式呈现在我们眼前。

一方面，让《资本论》中的城市这一隐性前提，浓墨重彩地成为当代资本批判理论的直接理论对象。这进一步激活了《资本论》的当代意义，即在城市化进程迅速推进的当下，将城市作为直接的研究对

---

① [美] 戴维·哈维：《叛逆的城市：从城市权利到城市革命》，叶齐茂、倪晓晖译，北京：商务印书馆，2014 年，第 138 页。
② [美] 大卫·哈维：《世界的逻辑：如何让我们生活的世界更理性、更可控》，周大昕译，北京：中信出版社，2017 年，第 366 页。

象与理论视角，能更好地从经验具体层面研究经验世界并理解当代资本主义社会的诸多新现象与新变化。另一方面，这种直接研究城市本身的资本批判理论，是 20 世纪以来所形成的空间转向以及日常生活批判转向的现实表现。换言之，从宏大理论叙事转向微观层面的研究方法，以及哈维基于自身地理学知识背景所形成的关注微观具体的研究倾向，都促使他选择城市这一微观或具体层面的研究视角来重构《资本论》。因此，此种对《资本论》的重构，确实迎合了当代资本批判的理论转向，并促进了对经验世界的社会学批判。那么，这种以城市视角重构《资本论》的行为，又在何种程度上遮蔽了《资本论》？

　　这主要体现在两个方面。第一，将《资本论》的基本原则判定为时间优先性的叙事原则，并据此提出要丰富或拓展空间维度的理论内涵。第二，在对现象界或经验具体世界的重视中，出现了以现象涵盖本质的理论行为。换言之，哈维出现了将现象界的具体原因指认为根本原因或本体论层面原因的理论倾向。实际上，这些缺陷并不是哈维独有的理论特色。从某种意义上来说，这是 20 世纪以来西方哲学界的城市学派的共有理论特征。因此，对于哈维以城市视角重构《资本论》的理论行为的反思，亦可以拓展到对"都市马克思主义"的反思领域。总体而言，"都市马克思主义"这一术语所囊括的内容较为丰富，它包括以列斐伏尔、卡斯特（早期）、哈维、尼尔·史密斯、多琳·马西等为代表的一大批致力于推动都市革命的哲学家、社会学家、地理学家的研究特色。①

　　在胡大平教授看来，提出"都市马克思主义"这一术语的意义并不仅仅在于思想史概括的需要。换言之，他认为都市马克思主义所共有的理论内容与特色可以成为促进我们思考的新方向。即在城市已经

---

① 参见胡大平《地方性空间生产知识——都市马克思主义的理论形态》，《理论视野》2017 年第 2 期。

成为人类生存的主要聚落形态的当下，我们应该立足于城市这一理论视角，以马克思主义的基本立场与方法来推进"环境改造"事业的发展。因此，以哈维等人为代表的都市马克思主义在西方的既有表现，具有某种程度的理论借鉴作用。但与此同时，都市马克思主义旨在从本体论或大观念走向具体的知识，这促使以西方资本主义社会为原型的既有经验在很大程度上又具有自身的局限性。这亦是我们可以从中国化都市马克思主义的视角反思哈维以城市视角重构《资本论》的理论行为的直接原因。

总体而言，胡大平教授与刘怀玉教授基于中国城镇特点，提出了具有中国特色的都市马克思主义。这是对以哈维等人为代表的都市马克思主义的部分继承与发展，更是以马克思的城市问题为核心推进《资本论》发展的重要表现，在一定程度上推进了"都市马克思主义"这一研究动向。从这一意义上来看，具有中国特色的都市马克思主义的出现，是对以哈维等人为代表的都市马克思主义的缺陷的弥补，亦是在理论与实践上对哈维以城市视角重构《资本论》的直接回应。

具体而言，具有中国特色的都市马克思主义以马克思主义研究的视角，直面与反思由现代性文明带来的诸多问题，是旨在尝试以围绕"城市—空间—地方"所创造的新文明替代现代性文明的一次新创造。一方面，它在近几年的兴起主要归功于马克思主义学术界对后现代状况以及中国现实问题的关注。重新思考理论的边界与行动的尺度、积极总结历史经验并寻求实践领域与路径，是这一理论动向得以产生的直接动因。另一方面，在面对由现代性文明所带来的一系列问题和危机时，具有中国特色的都市马克思主义是旨在强调以中国新型城市化实践替代传统城市化的新文明创造。而在这一新创造的兴起阶段，对其理论内容与特征的揭示极其重要。纵观国内马克思主义学术界，胡大平教授、刘怀玉教授等人在诸多文章中集中阐释了都市马克思主义的来龙去脉，这为我们更好地理解"何为都市马克思主义""都市马思主义的中国化"等命题提供了充足的理论材料。基于此，我们初步厘清了具有中国特色的都市马克思主义的几个特征。也正是在这些理论特征中，中国化的都市马克思主义弥补了以哈维等人为代表的都市马克思主义所具有的致命缺陷。

第一，以时间与空间双重维度为理论前提。面对哈维等诸多学者以空间维度直接遮蔽时间维度或者马克思主义理论缺失空间维度的论断，胡大平教授指出，时间与空间是任何时代人类生存所不可缺少的双重维度，因此不能顾此失彼。基于此种理论定位，具有中国特色的都市马克思主义旨在以时间与空间双重维度为理解现实问题的理论前提。在一定意义上，这与大卫·哈维所提倡的历史地理唯物主义具有异曲同工之妙，但又在具体方法上与哈维存在细微的差异。这具体表现在这一理论动向旨在以历史唯物主义的方法论为切入点，通过对城市问题之社会历史进程的研究来"捕获"城市问题的要害。换言之，它不是用地理维度补充马克思的历史唯物主义或者突出在历史唯物主义中被弱化的地理维度，而是认为马克思在研究城市问题时，已经是在时间与空间双重维度上思考问题了。

第二，直接源于马克思对城市问题的关注与阐释。也就是说，具有中国特色的都市马克思主义，并不是仅从西方马克思主义思潮中异军突起的、与空间和城市问题研究直接相关的理论中直接嫁接过来的新理论，而是从马克思本人的城市问题意识中成长起来的。因此，从马克思的城市问题到具有中国特色的都市马克思主义，既是基于历史唯物主义的资本主义社会——城市化社会——的前提的当然发展，又是立足于"具体问题具体分析"的方法论要义并从中国化城镇建设的具体现实出发的应有之义。也正是基于此，具有中国特色的都市马克思主义结合当代社会的新变化，将马克思的城市问题进行了与时俱进的丰富与拓展，这主要体现在都市马克思主义理论者运用历史唯物主义对与"城市—空间—地方"直接相关的具体现象进行剖析上。只有基于此种理论拓展，都市马克思主义才能探索与现代性文明不同的新文明，为人类的生存与体验树立进步的方向。因为具体问题具体分析的研究方法并未遮蔽本体论层面的根本原因，所以这种研究方法避免了哈维在研究过程中出现的以现象涵盖本质的问题。

第三，理解都市马克思主义的前提是将城市（都市）作为马克思主义的一个新型研究视角而非研究对象。虽然都市马克思主义直接源于马克思的城市问题，但这并不意味着都市马克思主义的理论目标仅仅是研究城市问题。实际上，都市马克思主义是将城市作为思考与发展马克思主义的一个主体。① 换言之，城市是研究与发展马克思主义的一个新的理论视角或问题域。因此，中国化的都市马克思主义亦并不仅仅是对马克思的城市问题研究的继承与发展，而是对马克思的城市问题意识的继承与发展；即以城市为研究视角，思考与反思现代化文明中所出现的以"都市"为中轴的诸多问题。可见，从这一点来看，中国化的都市马克思主义与哈维以城市视角重构《资本论》具有异曲同工之处。但必须注意，哈维既将城市视角作为研究当代资本批判的切入点，又直接将城市本身作为当代资本批判的直接研究对象。

第四，"地方性空间生产知识乃是都市马克思主义的理论目标与表现形态"②。都市马克思主义并非本体论层面的宏大理论叙事，它旨在呼吁具体的社会实践。而为了开展从这一思想引申而来的社会实践，我们必须将空间视角转换为地方视角，即将地方性空间生产知识定义为都市马克思主义的理论目标与表现形态。"因此，这项任务包含着在新的全球语境中，对像中国这样的地方的再理解，这种理解乃是创造

---

① 参见刘怀玉《城市马克思主义的问题域、空间话语与中国实践》，《理论视野》2017 年第 2 期。
② 胡大平：《地方性空间生产知识——都市马克思主义的理论形态》，《理论视野》2017 年第 2 期，第 12 页。

的前提，亦构成哲学本身的义务。"①

值得注意的是，"空间生产"与"地方"是关乎"人类具体生存与体验"这一问题的两种不同的表达方式。因此，与空间生产相关的诸多元理论或者哲学本体论层面的知识，均可以在一定程度上为地方性空间生产提供理论尺度。譬如，列斐伏尔与哈维在空间生产方面的理论贡献可以部分地"为我所用"。但与此同时，地方性的空间生产要求中层或微观的理论知识与具体的社会实践，这在一定程度上促使具有中国特色的都市马克思主义要面对中国的当代现实——尤其是城镇化发展的现实状况，并以此推进都市马克思主义在研究中国化都市问题与环境改造方面的力度。

综上所述，一方面，具有中国特色的都市马克思主义，既沿袭了西方都市马克思主义的问题域、研究传统或研究方法等，又以马克思的城市问题意识弥补了马克思主义中以城市为研究视角的空白。值得注意的是，此种"弥补空白"的做法并不意味着马克思缺失对于城市问题的研究；相反，它恰恰是对马克思城市问题意识的"蒸馏"与拓展。

另一方面，具有中国特色的都市马克思主义，认为时间与空间是不可缺少的双重维度，因此它并非片面地突出空间视角。基于此，具有中国特色的都市马克思主义，在一定程度上弥补了都市马克思主义在西方经验中所出现的片面突出空间维度的缺陷。而哈维作为西方都市马克思主义的代表人物，也存在类似的缺陷。因此，它也在一定程度上反驳了哈维认为马克思忽视城市视角的片面性观点——指认《资本论》是仅侧重于时间优先性的理论叙事。与此同时，中国化的都市马克思主义对于具体问题具体分析的研究方法的提炼，避免了哈维在论述问题时出现的以具体现象涵盖本体论层面的深层原因的问题。

---

① 胡大平：《哲学与"空间转向"——通往地方生产的知识》，《哲学研究》2018年第10期，第32页。

第三章

资本—空间理性批判

但是，我们在这里并不是要研究殖民地的状况。我们感兴趣的只是旧大陆的政治经济学在新大陆发现并大声宣布的秘密：资本主义的生产方式和积累方式，从而资本主义的私有制，是以那种以自己的劳动为基础的私有制的消灭为前提的，也就是说，是以劳动者的被剥夺为前提的。

——《马克思恩格斯全集》第 44 卷

它们还形成于主要隐藏于物的交换与物的运动之背后的人与人之间关系的时空母体中。可变资本循环过程的显著不稳定性，配上那些由生产、交换和消费不同环节建立的世界的不同窗口，使劳动身体在很大程度上处于不受个体控制的一系列力量的支配下。正是在这个意义上，劳动身体必须被视为历史地和地理地获得的资本循环过程的一种内部关系。

——大卫·哈维：《希望的空间》

城市化进程在全球大范围推进很容易让人迷惑，从而忽视很关键的一点，那就是这场全球性运动从本质上来说，和欧斯曼在巴黎第二帝国时期推行的主张别无二致。和以前的城市化进程一样，这股新的城市化浪潮同样也依赖于金融创新，因为只有这样才能筹集到维持这一进程所需要的贷款。

——罗曼·罗斯多尔斯基：《马克思〈资本论〉的形成》

众所周知，在大卫·哈维的理论视域中，资本批判与空间理性批判是为一体两面。实际上，突出空间维度的问题域，既是哈维在直面马克思历史唯物主义时另行添加的浓墨重彩的一笔——值得注意的是，哈维对空间维度的强调并不意味着历史唯物主义自身缺失空间维度；同时，哈维突出空间维度的理论行为也并不意味着他就此完全忽视了时间维度——又是他在研究资本批判理论时所着重选取的理论着力点。换言之，虽然空间理性批判是哈维在建构其历史地理唯物主义时着重强调的理论视域，但是空间理性批判依然是以资本积累为理论内核的。正如哈维所言，自列斐伏尔提出"资本主义通过'空间的生产'得以优先存活"的著名论断之后，列宁和卢森堡等人又以不同的论证形式（主要以帝国主义的形式）将空间生产再次视为资本积累得以持续的重要载体。[①] 然而，一方面，列斐伏尔未能具体地阐释"空间生产如何维持资本主义"这一命题；另一方面，列宁与卢森堡等人试图通过帝国主义来解释这一命题的论证行为也最终受限于自身的局限性，而未能给出完整的回答。

基于此，哈维试图以"时空"方法进一步回应"空间生产如何维持资本积累"的问题，并尝试重新诠释资本积累过程中出现的诸多问题。而哈维提出历史地理唯物主义理论的初衷是凸显为历史唯物主义所忽视或弱化的空间维度，他在以时空维度诠释资本积累时，主要以空间视角向我们展现资本积累与总循环的全过程。因此我们在阐释哈维的时空方法时亦主要以空间为切入点。正是在这一意义上，哈维以空间维度诠释资本积累的批判理论可以被称之为"资本—空间理性批判"。总体而言，哈维以空间维度为理论抓手对资本积累的始末进行了

---

① 参见［美］戴维·哈维《新帝国主义》，付克新译，北京：中国人民大学出版社，2019 年，第 52 页；《资本的城市化：资本主义城市化的历史与理论研究》，董慧译，苏州：苏州大学出版社，2017 年，第 224 页；《世界的逻辑：如何让我们生活的世界更理性、更可控》，周大昕译，北京：中信出版社，2017 年，第 295 页。实际上，哈维在多个文本中均提到这一判断。

全方位的理论把控。

一、资本—空间理性的出场：缓解危机并维持资本积累的持续性

资本—空间理性的出场，既是哈维引入自身地理学背景知识并对马克思资本批判理论进行重构的必然表现，又是他承继 20 世纪"空间生产"与资本向外扩张理论的直接结果。而明确这一理论视角在哈维资本批判理论视域中得以出场的具体原因、出场的具体形式或核心内容以及出场后对其资本批判理论的具体作用，是厘清资本—空间理性之逻辑脉络的重要步骤。因此，我们有必要以这些问题为理论中轴，尝试初步地诠释出哈维如何从空间维度建构资本积累与资本批判理论。

资本束缚与资本积累新范式：空间理性的出场

在哈维看来，随着资本积累多重危机的频发，原有的资本积累模式已经逐渐不适应且不能维持资本总循环的连续性。换言之，在资本主义社会之表象层面存在的过度积累与大范围的价值贬值已经逐步成为阻碍资本继续发展的界限。面对这一情况，资本主义世界的诸多新变化也随之出现。而随着资本积累新范式的不断革新，原有的资本批判理论已经逐渐不能直接体现对现实世界的解释力。基于此，众多理论家对资本积累的新范式进行了自我诠释与革新。总体而言，哈维认为列斐伏尔提出的"空间的生产"开启了西方学界对这种新型资本积累范式的解释。列宁、希法亭和卢森堡等人虽然与列斐伏尔在具体理论阐释方面存在不同的论证形式，但又因帝国主义理论形成了异曲同工的效果。一言以蔽之，在哈维看来，20 世纪 70 年代以后形成了以空间理性阐释资本积累新范式的潮流。与此同时，空间扩张与资本向外扩展也成为资本积累在这一时

间段最主要的积累范式。基于此，哈维不甘示弱，以直面前沿现实问题的理论态度，进一步丰富了空间理性在资本积累层面的解释力。

那么，哈维又以何种形式对此进行回应呢？一方面，资本过度积累与价值贬值是资本主义不断发生危机的直接原因。这意味着资本在其发展过程中已经遭遇了自身的诸多界限。正如哈维在《资本的限度》中所论述的，资本在其积累过程中已面临"三块危机"[①]：第一块危机理论指涉利润率下降规律；第二块危机理论指涉与货币以及金融相关的危机理论并聚焦于时间维度与资本流通；第三块危机理论指涉资本主义空间经济中的危机——帝国主义的辩证法，它聚焦于空间视角与不平衡地理发展理论。而第三块危机理论正是哈维以空间理性直接回应资本束缚或资本积累危机理论的表现之一。从这一意义上来看，"资本积累向来就是一个深刻的地理事件"[②]。基于此，哈维初步提出了资本积累以及积累危机与空间理性之间的具体关系。这为丰富哈维自身的资本批判理论提供了新颖的视角，而这一视角的提出又在情理之中。换言之，哈维的地理学背景知识促使他在关注资本批判时顺其自然地引入地理学维度的思考。

另一方面，哈维以空间—时间理性作为立足点，提出了资本的三级循环理论。[③] 这是哈维在价值生产与价值实现框架中研究资本流通的直接结果。诚如前文所述，资本的三级循环指涉资本在"直接的生产和消费领域所构成的第一级循环""固定资本和消费基金构成的第二级循环"与"社会性支出、科研技术所构成的第三级循环"中间不断流

[①] 参见［英］大卫·哈维《资本的限度》，张寅译，北京：中信出版社，2017年，第6—13章。

[②] ［美］大卫·哈维：《希望的空间》，胡大平译，南京：南京大学出版社，2006年，第23页。

[③] 参见［美］大卫·哈维《新帝国主义》，付克新译，北京：中国人民大学出版社，2019年，第63—66页；《世界的逻辑：如何让我们生活的世界更理性、更可控》，周大昕译，北京：中信出版社，2017年，第65—75页。

动或循环的整体资本循环框架。可见，资本的三级循环是以哈维早期于《资本的限度》中提出的资本三大积累模型为理论基础的。

然而，资本的三级循环中亦存在着内部矛盾与危机。在哈维看来，资本主义内在矛盾主要表现为两种形式：第一种是资产阶级内部的矛盾，即个体资本家与整体资本家阶级之间的矛盾；第二种是劳资对立的矛盾，即资本家阶级与劳动者阶级之间的矛盾。这些矛盾最初导致资本在第一循环中形成过度积累，而为了缓解过度积累造成的危机，过剩资本可以进一步进入第二循环与第三循环。基于此，形成于前一级循环中的过度积累可以因为次级循环对于过剩资本的吸纳而暂时得以缓解。但是，此种缓解也仅止步于"暂时"。换言之，"过度积累只不过是转变成了第二循环和第三循环的过度投资倾向"①。这种倾向最终可能导致资本在第二循环与第三循环中亦出现危机。因此，由于资本主义积累过程中固有内在矛盾的存在，资本的三级循环尽管暂时缓冲了危机发生的时间与空间，但并不能彻底化解危机本身。由此可见，资本的三级循环既表明了资本在其总循环框架中的危机必然性，又是资本缓解危机可以借以切入的落脚点。正是在这一意义上，哈维以时空方法表述了资本积累的总循环过程，又进一步以时空修复弥补了资本主义危机理论。

综上所述，正是这些矛盾与危机促使哈维以空间理性对资本积累以及资本主义危机进行思考。在哈维的视域之中，当代资本主义社会的资本积累已经以资本三级循环的形式取代了资本主义生产过程领域的资本积累模式。那么，此种新型的资本积累范式何以彰显了空间理性呢？一方面，资本的三级循环以过剩资本从初级循环向第二级、第三级循环不断流动的形式维持自身积累的连续性。此种在虚拟结构中流动的资本积

---

① [美] 大卫·哈维，《世界的逻辑：如何让我们生活的世界更理性、更可控》，周大昕译，北京：中信出版社，2017年，第74页。

累模式在表象世界或经验世界中则直接表现为过剩资本对于第二级循环与第三级循环的投资。譬如，资本在第二级、第三级循环中对于固定资本、科技的投资。此种资本寻求新投资的方式在资本结构图景中表现为资本在空间维度上的流动。在某种程度上，这是哈维以空间理性对资本积累模式进行思考的结果。另一方面，资本的三级循环以及资本在各级循环中的投资又直接表现为资本向外扩张。这与列斐伏尔、列宁与卢森堡等人殊途同归。譬如，资本因为不愿意放弃资产阶级内部利益而不断向外扩张或转移危机，将过剩资本与闲置劳动力转移到他处或在他处复制资本主义生产方式与社会关系是资本向外扩张的直接方式。

纵观 20 世纪的资本主义世界史，全球化（世界市场）、帝国主义、城市化进程与国际政局革新等当代资本主义新变化不断席卷而来。这既是资本主义特定时期资本积累新模式的现实表现，又是西方学界大部分资本主义理论家据此革新资本批判理论的现实参照系。总体而言，资本不断向外扩张以缓解危机并维持资本积累连续性，构成了这一阶段的历史主旋律。而此种以空间理性补充时间维度的理论做法，正是对这一时期资本不断向外扩张边界的总体概括，又进一步促使诸多学者以各种不同的具体理论来充盈空间理性的出场。

而在胡大平教授看来，西方左派因"三次迷茫"① 而出现的理论转向，正是哈维以辩证法与元理论重建空间元理论的理论背景。也正是在这一意义上，这"三次迷茫"又可以被视作充盈空间理性的历史轨迹之一。第一次"迷茫"见于苏共二十大之后因斯大林问题公开化而造成的左派内部的分裂。在这一语境中，列维-斯特劳斯以结构视角批判萨特的历史视角并开启了以共时性取代历时性的理论潮流，而福柯则直接提出"空间纪元"的到来，空间问题开始浮出水面。第二次

---

① 参见胡大平《哈维的空间概念与历史地理唯物主义》，《社会科学辑刊》2017 年第 6 期，第 81 页。

"迷茫"来源于 1968 年"五月风暴"学生运动代表的文化革命的失败，其后诸多左派学者改变了自身的理论叙事。一言以蔽之，抛弃宏大叙事与元叙事并开始崇尚后现代的本体论重建占据了西方左派的理论阵地，这意味着明确拒斥以历史决定论或历史法则为代表的时间优先性叙事成为主导思维逻辑。此种拒斥时间优先性的理论逻辑成为后来空间理论的核心资源之一。第三次"迷茫"则产生于冷战结束、全球化成为时代标签的背景之下，西方左派对于普遍主义的怀疑促使自身丧失了理论前提。在这一语境中，哈维以社会空间元理论重建本体论的诉求恰当地迎合了历史需求。

综上，哈维以空间理性解读资本积累范式的元理论构形，也正是将空间转向作为理论依据、结合西方左派的当代困境以及资本主义新变化而提出的。

既然空间理性亦不可避免地出现在哈维的资本批判理论视域之中，那么哈维为此又建构了哪些具体的理论细节呢？对这一问题的回答，将有助于我们进一步理解哈维的资本—空间理性批判的基础性理论。

空间理性以何种形式出场？

诚如前文所述，哈维主要从资本积累新范式以及资本主义危机的视角引入了空间理性批判。此种以缓解危机为目的的空间理性批判之建构，实质上与列斐伏尔、曼纽尔·卡斯特等城市学派以空间生产和资本的城市化来诠释资本积累新范式的举措一脉相承。也就是说，凸显空间理性既是资本积累呈现出新型具体特征的理论表现，又是诸多学者为维持资本积累连续性而提出的具体方法。既然哈维与诸多西方学者均将突出空间理性或空间维度作为诠释缓解资本主义危机之社会表象的理论旨归，那么哈维与他人具体的不同之处主要体现在哪里呢？

众所周知，哈维以空间维度补入历史唯物主义的直接结果是形成了独具特色的历史地理唯物主义。在这一意义上，资本积累亦是一个深刻的地理事件。而在这一补入空间维度的过程中，哈维形成了社会空间元理论。总的来说，"他基于马克思主义实践观点和辩证法思想提出并不断完善的关系性空间、空间的社会性和空间概念的多维性等思想"①，构成了哈维资本—空间理性批判的元理论基础。而这一元理论在面对具体的经验世界之时又被转译为诸多具体的中层理论。

第一，在哈维看来，空间—时间修复是资本在面对资本积累过程中出现的一系列问题时的解决方法。换言之，这是哈维以时空方法来理解资本积累新范式以及资本主义危机理论的方法论依据。这也是哈维在提出历史地理唯物主义时以时间与空间双重维度来重构马克思历史唯物主义的直接表现。在哈维看来，马克思资本批判理论需要被重建，而这一重建应该将《资本论》第二卷与第三卷作为理解当代资本主义社会新现象的着力点。也就是说，哈维在《资本论》第二卷与第三卷，尤其是第二卷的基础上，以资本的流通过程与总循环为理论对象，将空间理性与资本积累的地理学维度引入问题的核心。

此种对空间理性或地理学维度的重视，实际上来源于哈维对于马克思《资本论》及其资本批判理论的判断。换言之，这是哈维对于马克思将资本主义看作一个封闭系统的质疑与思考。在他看来，虽然马克思一度关注了对外贸易、世界市场和危机的问题（譬如马克思在《资本论》第一卷最后一章讨论了"现代殖民理论"），但是这种关注并未进入深层次的理论领域。与马克思不同，哈维则据此集中突显出对外贸易、世界市场和危机等与空间理性或地理学维度直接相关的理论。这也是他更为重视《资本论》第二卷与第三卷并将资本的流通过程与总循环作为理论对象的原因之一。在哈维看来，马克思在论述资本的流通过程时，着重强调以"时间消灭空间"。

---

① 胡大平：《哈维的空间概念与历史地理唯物主义》，《社会科学辑刊》2017 年第 6 期，第 79 页。

因此，在资本主义社会中，空间的意义以及创造人类事物新的空间结构的推动力，只有与这种时间需求联系起来的时候才能被理解。"时间消灭空间"这一概念并不意味着空间维度变得无关紧要。而是它提出这样一个问题，即空间如何以及怎样能够被利用、组织、创造并被支配，来适应资本流通更为严格的时间要求。①

基于此，哈维进一步从资本流通与总循环的过程，尤其是从缓解资本积累过程中出现的中断与危机现象出发，引入了空间—时间修复（时空修复）理论。这既是哈维承继马克思零星散布在《资本论》中的关于对外贸易和现代殖民等理论的直接结果，又是哈维在批判马克思忽视对外贸易与地理维度的过程中，以其地理学背景知识、资本积累新变化以及西方马克思主义的空间转向为理论中轴而丰富的理论。

具体而言，一方面，哈维认为空间—时间修复的理论前提是将资本主义视作一个开放的系统。而开放系统对于资本边界没有特定的限制，这就意味着资本可以在空间—时间维度上进行延展。资本积累的本质既促使它积极拓宽世界市场并以对外贸易的形式获利，又主动减少周转时间并摧毁空间障碍。从这一意义上看，空间生产既是资本积累的主要形式又是资本克服空间障碍的途径。

另一方面，在哈维看来，资本主义的内在矛盾可以暂时以空间—时间修复的形式转移出去。在这一意义上，"殖民主义和帝国主义被视为是解决资本主义内在矛盾的、必要的外部解决方案"②。而殖民主义和帝国主义等资本向外扩张之路径的实质，是将资本主义生产方式与社会关系在非资本主义社会进行复制或以非资本主义社会供养资本主

① ［英］大卫·哈维：《资本的城市化：资本主义城市化的历史与理论研究》，董慧译，苏州：苏州大学出版社，2017年，第35页。
② ［英］大卫·哈维：《资本的城市化：资本主义城市化的历史与理论研究》，董慧译，苏州：苏州大学出版社，2017年，第50页。

义社会。资本于新地区持续创造生产力的行为暂时缓解了资本在前一个地区所面临的过度积累与价值贬值等资本主义危机。实际上，危机缓解的程度是与此种在他处创造生产力的能力直接相关的。换言之，"危机缓解的程度取决于非资本主义社会的本质，及其以吸收过剩资本的方式融入资本主义制度的能力或意愿"①。正是在这一意义上，空间—时间修复理论可以被认为是在面对资本主义过度积累危机的情况下，以资本不断向外扩张的形式，寻求从空间与时间维度暂时缓解资本主义危机的理论。它又主要以资本的城市化进程、资本的三级循环、不平衡地理发展、新帝国主义、金融资本与新自由主义等诸多理论形式得以展开。一言以蔽之，哈维认为"空间—时间修复是一种隐喻，指的是通过延迟时间和地理扩张来化解资本主义危机的一种特定方案"②。

　　然而，与此同时哈维也看到了空间—时间修复理论的局限性。在他看来，此种将资本主义内在矛盾通过空间修复进行解决的模式，实质上只是将矛盾转移到更广阔的领域。资本和劳动力的过度积累确实可以通过地域性扩张而得到吸收，但这必须在新的地理环境与空间中进行资本主义生产方式与社会关系的再生产。这也就意味着，虽然资本主义的内在矛盾在空间维度上被加以修复，但它最终仍然不能避免发生危机的诸种情形。"资本主义越是为其内在矛盾拼命地寻求空间修复，通过空间生产来克服空间的张力就越紧张。"③ 这是哈维在吸纳马克思资本批判理论的基础上形成的判断。基于此，哈维将理论的重点从空间修复能否彻底解决资本主义危机转移到空间修复如何在一定程度上缓解资本主义危机。

---

① ［英］大卫·哈维：《资本的城市化：资本主义城市化的历史与理论研究》，董慧译，苏州：苏州大学出版社，2017年，第53页。
② ［美］戴维·哈维：《新帝国主义》，付克新译，北京：中国人民大学出版社，2019年，第67页。
③ ［英］大卫·哈维：《资本的城市化：资本主义城市化的历史与理论研究》，董慧译，苏州：苏州大学出版社，2017年，第59页。

第二，在哈维看来，不平衡地理发展既是当代资本主义社会资本积累的新形式——"资本主义也'在资本本身的性质上遇到了限制'，而这迫使它生产出了地理差异的新形式"①，又是资本积累新范式的必然结果。

> 真正说来，这种连贯性是从资本积累的时间限制向空间限制的转变中产生的……既然需要用时间来克服空间，剩余价值就同样必须在一定的地理范围内被生产出来并得到实现。只要坚持这个观点，资本主义之下不平均的地理发展所需的基础立刻就变得更加清晰可见了。②

可见，在一定意义上，不平衡地理发展是空间—时间修复的具体表现。因此，不平衡地理发展理论亦是空间理性得以突显的重要理论表现之一。诚如前文所述，空间修复的必要条件之一是诉诸资本主义社会关系在非资本主义社会的再生产。而由于不同地理环境与空间对于资本主义的接受度、施行力度或自然条件等存在差异，各地之间形成了不同程度的生产力水平。譬如，发达地区向次发达地区或不发达地区进行资本输入与输出的比重亦存在差异性。资本化程度的不同在地理环境上形成了不平衡地理发展的现象。与此同时，不平衡地理发展也是资本得以实现空间修复的现实前提。因为只有如此，资本才能够在不同区域间通过资本迁移抵达利润率更高的场所。"长期来看，资本家无法抵抗一种诱惑：参与区域之间的贸易，从不平等的交换中撬出利润，并把剩余资本放到利润率最高的无论什么地方。"③ 一言以蔽之，资本的逐利性促使它在不同的地理环境与区域间不断迁移，并将维持资本积累的连续性作为主要目标。

---

① [英] 大卫·哈维：《资本的限度》，张寅译，北京：中信出版社，2017 年，第 636 页。
② [英] 大卫·哈维：《资本的限度》，张寅译，北京：中信出版社，2017 年，第 637 页。
③ [英] 大卫·哈维：《资本的限度》，张寅译，北京：中信出版社，2017 年，第 638 页。

第三，在哈维看来，金融与信贷体系、固定资本与消费基金等成为时空修复的润滑机制。资本在不同区域间进行迁移并寻求空间修复的行为，直接涉及资本在三级循环中的流动以及资本在空间—时间维度上的迁移。那么，这种资本循环的现实框架如何得到维持？

总体而言，在哈维看来，金融与信贷体系、固定资本与消费基金等是空间—时间修复得以实现的现实机制。因为资本在其积累与总循环的过程中，总是不断地以货币与物的形式在日常生活中表现出来。也就是说，为了维持资本的流动，必须使其他形式的资本能够得以存在并再次进入资本积累的循环图式。

一方面，在哈维看来，资本在现实经济生活中主要以货币资本的形式参与生产、交换、分配与消费等过程。而随着虚拟货币的出现以及货币金属基础的逐步消失，现实的经济过程或资本积累过程出于对资本流通与总循环的需要，在生息资本的基础上进一步催生了金融与信贷体系的繁荣。与此同时，科技的发展，尤其是机器、基础设施等的发展，造成前期资本投入不断加大，给资本家以及资本再生产过程增加了难度。换言之，这些为固定资本概念所涵盖的因素给资本积累造成了诸多界限。譬如，哈维指认空间维度上的固定资本给资本流动带来了空间上的障碍。金融与信贷体系则可以对此起到缓冲或加速的积极作用——"若要理解资本流通在整个地球表面上的迅速扩散，关键就在于信用货币的机动性和消除空间壁垒的倾向"①。另一方面，固定资本在造成资本流动之空间障碍的同时，也以另一种方式成为资本积累的空间修复的重要方式。譬如，为了避免出现过度积累与价值丧失的情况，资本家阶级或资本主义社会增加了基础设施、大型市政设施或其他固定资本的投入。这就在一定程度上缓解了资本的过度积累，并暂时地避免了价值的丧失。

---

① [英] 大卫·哈维：《资本的限度》，张寅译，北京：中信出版社，2017年，第639页。

第四，哈维以空间理性诠释资本积累新范式在具体的经验世界之表象层面的直接表现，以资本的世界市场、新帝国主义与资本的城市化进程三大场域为问题核心。既从全球、国家与城市这三种现实的资本积累载体来进一步理解资本积累在空间理性层面的具体表现，又以三种不同视角来理解同一个概念的不同理论表述——资本在空间维度上的扩张与积累。当然，这三大理论场域虽然以资本积累的地理学范式重构了资本批判理论，但是它们依然是将时间维度作为重要参照系的。换言之，空间—时间理性是历史地理唯物主义的内在要素——值得注意的是，此处将时间与空间作为可以割裂的因素并以系统性、结构性的理念将其联合起来的方式存在明显的实证经验主义特色。这是哈维在多处文本中用"历史地理""空间—时间"等词汇来阐释问题的初衷。譬如，他曾指出："对于过度积累的难题来说，空间—时间修复的险恶和破坏性的一面在资本主义的历史地理学中扮演着关键性的角色，正像它的创造性一面在构建一个新环境来容纳资本和政治权力的无限积累中所发挥的作用一样。"① 总体而言，哈维围绕空间理性，以这三种不同的理论视角为分析现实经验世界的直接工具，又形成了一系列与此相关的微观理论。

空间理性在整体资本批判理论框架中的地位及其意义

在哈维以资本批判理论视域回应当代资本主义社会新变化的语境中，空间理性反而可以被看作一个特殊的理论视角。正是基于这一思路，我们可以探讨空间理性在整体资本批判理论框架中的地位及其意义。

实际上，哈维将空间理性与政治经济学批判或资本批判理论进行

---

① ［美］戴维·哈维：《新帝国主义》，付克新译，北京：中国人民大学出版社，2019 年，第85 页。

勾连的举措经历了一段思想史的历程。众所周知，哈维在 1969 年出版的《地理学中的解释》中，是以地理学实证化浪潮重要旗手的面貌出现的。然而，到了 1973 年出版《社会正义与城市》时，哈维又掉转枪头，成为反实证化运动的马克思主义城市社会学的代表。此种断裂式理论转换源自他对政治经济学批判理论或资本批判理论的重视。换言之，哈维将马克思资本批判理论引入地理学，又从地理学维度或以空间理性重构其资本批判理论，逐步形成具有个人特色的资本批判理论与社会空间元理论，这是他形成此种断裂式理论转换的根本原因。当然，这种理论倾向在《社会正义与城市》中只是以蜻蜓点水般的笔触稍微带过，哈维集中性的改变主要体现在 1982 年的《资本的限度》一书中。也正是在这一文本中，他创造性地将空间维度直接引入了资本积累与资本主义危机理论中。

自此以后，哈维积极地重构马克思的资本批判理论。在这一过程中，他以空间理性为着力点，不断地完善并丰富自身的资本批判理论。一方面，他在元理论层面上，以空间理性和空间维度不断充盈马克思的历史唯物主义，形成了历史地理唯物主义和社会空间元理论。值得注意的是，哈维对于理论术语的使用并不严格，我们经常能看到他用多样性的词汇来表述同一含义。这虽然给读者带来了学术严谨上的两难，但是也给读者提供了更大的发挥空间。总的来说，哈维在元理论层次上以绝对空间、相对空间与关系性空间的三元空间辩证法对马克思的资本批判理论进行了元理论重构。正是在三元空间辩证法的基础上，哈维又进一步将其与资本主义社会关系进行联结并形成了与空间理性直接相关的理论构形。胡大平教授曾对此进行过非常准确的概括：

> 资本主义的空间构型（Spatial Configuration）是通过资本积累、劳资之间的阶级斗争以及两者之间的关系来生产的，体现在生产、交换、分配、消费的每一个过程中。这一生产过程包含着

不可克服的内在矛盾，并决定着资本的界限。①

另一方面，哈维在直面当代资本主义社会新变化以及西方左派困境的前提下，形成了一系列以解决现实前沿问题为理论旨归的中层理论与方法论基础。这主要体现在空间—时间修复理论、不平衡地理发展理论、资本的城市化理论、新自由主义与新帝国主义等方面。基于这些具体的理论，哈维逐步完成了他一直标榜的对经验具体世界的重视，完成了从"抽象"真正地上升到"具体"层面的理论任务。因为"马克思一直没有完成这一宏大的工程。实际上，他只是用某种系统的方法或在某些细节上选择了这些主题中的一部分进行了研究。而且在这些主题中的很多部分，像信用体系和金融、殖民活动、国家、国际关系、世界市场和危机等问题，对于我们理解资本主义都是至关重要的"②。

这也就是说，对于实践立场的坚持，促使哈维一直以当代资本主义新变化以及西方左派的困境作为其诸多理论的落脚点。寻求改变经验世界的路径并为西方左派之阶级斗争提供理论借鉴，尤其是寻求政治革命之具体爆破点的理论诉求，促使哈维以空间理性重构马克思的资本批判理论并希冀抵达"希望的空间"。实际上，无产阶级革命的式微既是当代资本主义社会新变化之结果，又是当代资本主义社会新变化之表现之一；而西方左派之困境则是对这一现象的直接体现。因此，哈维试图以空间理性重构资本批判理论并以寻求具体革命爆破点为理论诉求的举动，对于冲破西方左派之困境具有一定的理论革新意义。

可见，无论是在元理论层次还是在中层理论、现实革命诉求等层次上，空间理性均占据了重要的理论地位。这是哈维对自列斐伏尔之

---

① 胡大平：《哈维的空间概念与历史地理唯物主义》，《社会科学辑刊》2017 年第 6 期，第 80 页。
② ［美］大卫·哈维：《跟大卫·哈维读〈资本论〉》（第一卷），刘英译，上海：上海译文出版社，2013 年，第 11 页。

后的城市空间学派核心思想的继承，也是对马克思资本批判理论的重点改造。虽然空间理性在哈维的元理论、中层理论与现实革命诉求等多维理论层次上具有不同的理论表现，但我们仍可以初步概括出几点具有共通性的理论意义。

第一，空间理性是哈维对马克思历史唯物主义进行改造的核心元素。因为在哈维看来，"马克思资本积累理论中的地理纬度长期以来都被忽略了……他曾计划专门撰写关于国家、世界市场以及危机形成的著述，只可惜这些计划都未能实现"[1]。可见，在他看来，马克思的历史唯物主义虽然在多处谈论到对外贸易、资本向外扩张等与地理学维度或空间理性直接相关的内容，但是马克思并未将空间理性作为与时间维度同等重要的理论视角。换言之，哈维认为时间优先性是马克思资本批判理论的隐性逻辑。这也就是说，其历史地理唯物主义的精髓主要体现在历史维度与空间理性的双重逻辑。基于此种理论判断，哈维将空间理性引入标题并以历史地理唯物主义的形式突显出空间理性的重要地位。因此，空间理性在元理论改造上具有直接的方法论意义。也正是在这一意义上，哈维着重以空间视角重构马克思的资本批判理论。对历史唯物主义之空间维度的补充，既迎合了西方理论界的空间转向，又进一步为空间转向提供了理论印证。

第二，空间理性是哈维完成从抽象上升到具体的理论任务的武器。总体而言，哈维在以认识论与辩证法视角诠释元理论时，均是以实践立场为落脚点的。这也就是说，注重从元理论落实到现实实践，是哈维资本批判理论的重要理论特征。实际上，这是哈维一直标榜要完成的从抽象上升到具体的理论任务。在他看来，马克思因为过早地去世，而未能彻底地完成从抽象上升到具体的任务。因此，完成从元理论到

---

[1] ［美］大卫·哈维：《世界的逻辑：如何让我们生活的世界更理性、更可控》，周大昕译，北京：中信出版社，2017年，第37页。

现实实践的过渡，尤其是对经验具体世界的诠释，成为哈维资本批判理论的核心理论任务。而空间理性则是哈维从元理论过渡到经验具体世界最重要的工具。众所周知，哈维在以空间理性对马克思资本批判理论进行了初步的社会空间元理论改造之后，以资本积累与阶级斗争两条线索为中轴，集中研究了资本在空间维度或地理学维度上的布展，并构建了一系列的中层理论。这主要表现为资本的城市化进程、新帝国主义与世界市场等领域。正是在这一意义上，资本的空间构型不仅是元理论层次的迸发，更以对前沿现实问题的分析以及辩证的乌托邦诉求为终极目标。基于此，在哈维的资本批判理论视域中，空间理性完成了为辩证法或元理论与经验具体之间搭建具体桥梁的使命。

　　第三，哈维对空间理性的重视建立在将资本主义社会视为开放系统的基础上。譬如他曾指出："对于任何权力的资本主义逻辑而言，其普遍的推动力不在于阻止某些区域发展资本主义，而在于保持这些区域的长期开放。"① 总的来说，一方面，哈维指认马克思资本批判理论的现实基础是封闭式系统或以诸多假设条件为理论前提。基于此，他指出辩证法是有具体条件的。因此，在面对经验具体世界时，哈维倾向于将这些具体条件或变量作为理论对象，并提出要以开放式系统诠释资本主义社会的日常生活与资本积累模式。也正是在此基础上，哈维以开放性、多样性等后现代的理论视角诠释当代资本主义社会的新变化。另一方面，通过对开放系统与资本边界的探讨，哈维在理解资本主义内在矛盾时，出现了多元矛盾论的倾向。换言之，虽然哈维在主体逻辑上依然承认资本主义内在矛盾对于资本积累与资本主义危机的决定性作用，但是他又以重构马克思资本批判理论面貌的方式将资本主义的 17 个矛盾引入其理论框架（集中体现在《资本社会的 17 个

---

① ［美］戴维·哈维：《新帝国主义》，付克新译，北京：中国人民大学出版社，2019 年，第 82 页。

矛盾》这一文本中)。从这一意义上来看,哈维对于内在辩证法与外在辩证法之双重性的重视——"接下来,我打算对这种'内部—外部'的辩证法进行认真的讨论"① ——既体现了他对于马克思内在矛盾论的另类解读,又体现出他对于资本理性在地理学维度之扩展的重视。可见,空间理性亦是哈维研究资本积累新范式、资本主义内在矛盾与危机的理论参照系。换言之,空间理性或地理学维度的理论视角,是哈维提出开放系统与多元矛盾论的直接因素。

第四,哈维对《资本论》之"六册计划"的丰富与创见,主要以空间理性的形式表现出来。罗曼·罗斯多尔斯基在《马克思〈资本论〉的形成》中曾直接重现了马克思写作《资本论》过程中文本纲要的变化历程。总的来说,马克思一开始的写作计划是"六册计划",即资本、土地所有制、雇佣劳动、国家、对外贸易、世界市场和危机。② 而《资本论》实际的成型则经过了多次的原计划重置,并以马克思写作生涯的结束而告终。通过对《资本论》三卷本、《剩余价值学说史》以及《资本论》手稿等成型文本的研究可知,马克思对于国家、对外贸易、世界市场和危机的理论描述最终以弱化的形式零星散布其中。一方面,这是马克思自身理论建构出现变化的结果;另一方面,这也与资本主义发展的阶段性以及马克思的溘然长逝直接相关。因此,在诸多《资本论》研究者心中,马克思未能完善地呈现出国家、对外贸易与世界市场和危机的理论部分是一件憾事。

而在哈维的视域中,这种遗憾又直接地被表述为马克思未能完成从抽象上升到具体的理论任务。对当代资本主义社会以及西方左派现状等经验具体世界之诠释的理论诉求,促使哈维开始重新构建资本批判理论。

---

① [美] 戴维·哈维:《新帝国主义》,付克新译,北京:中国人民大学出版社,2019年,第83页。
② 参见 [德] 罗曼·罗斯多尔斯基《马克思〈资本论〉的形成》,魏埙、张彤玉、沈玉玲等译,济南:山东人民出版社,1992年,第12—28页。

具体而言，他的理论构建将"六册计划"中的国家、对外贸易、世界市场和危机等部分作为同等重要的因素。"简而言之，空间和地理应视为资本主义矛盾运行中的基础因素和'积极要素'。用更加正统的马克思主义术语来表达，空间的生产也是生产力。"[1] 也正是在这一意义上，哈维部分地补足了马克思主义研究者们在国家、对外贸易、世界市场和危机等层面的理论空缺。那么，哈维何以补足了这些理论部分？众所周知，他以地理学维度或空间理性诠释了这三个部分。因此，在哈维的理论视域中，空间理性对于"六册计划"的完善起到了重要的理论作用。

综上所述，空间理性是哈维直面当代资本主义新变化并重构马克思资本批判理论的一把利器，它以标尺式的作用成为哈维测量经验具体世界的重要维度。基于此，空间理性成为哈维资本批判理论框架中的重要理论视角与理论武器，具有重要的理论意义。

二、当代资本运行机制在空间理性上的地理学表现

从日常生活或经验具体世界的层面来看，哈维以空间理性对资本积累新范式的诠释，在地理学上可以表现为世界市场、新帝国主义和城市化进程三个方面。基于此，哈维详细地阐释了与三方面直接相关的具体理论。

资本主义世界市场的发展：从原始积累到剥夺式积累

哈维在对马克思历史唯物主义进行改造的过程中，以突出空间理

---

[1] [美] 大卫·哈维：《世界的逻辑：如何让我们生活的世界更理性、更可控》，周大昕译，北京：中信出版社，2017 年，第 38 页。

性为中介，尝试建构涵盖时间与空间双重维度的历史地理唯物主义。在这一过程中，哈维将马克思的资本批判理论作为参照对象，在世界市场与对外贸易的基础上，突出了二者对于缓解资本主义危机的重要作用。换言之，哈维部分地否定了马克思对于世界市场与对外贸易的判断。在马克思的视域之中，虽然世界市场与对外贸易对于资本向外扩张或资本主义至关重要，但是这种重要性最终依然被资本主义内在矛盾所取代。而哈维的不同则在于，一方面，他承认资本主义内在矛盾对于资本主义危机和资本积累连续性的决定性作用；另一方面，他又不满足于马克思对于世界市场与对外贸易的忽视。也正是在这一意义上，哈维着重强调了世界市场与对外贸易对于资本向外扩张和维持资本积累持续性的重要性。问题的关键从资本主义内在矛盾的决定性逐步转变成世界市场与对外贸易之于资本积累连续性的重要性。

而世界市场与对外贸易之所以能够起到比以往更为重要的作用，原因在于资本主义应该在开放系统而非封闭系统中进行讨论。在哈维看来，正是因为马克思将资本主义视为封闭式系统，所以他将影响资本主义的外部环境或因素作为前提条件进行了假定。这种假定促使马克思顺利地将问题域限制在世界市场与对外贸易等诸多外部条件难以影响的封闭系统之中，而这直接导致马克思没有过多地关注世界市场、对外贸易以及外部环境。

> 马克思在关于资本主义积累的动力学和危机形成的分析中，经常明确地将对外贸易和地理维度排除在外。然而，有很多迹象表明他对此心存不焉……马克思曾一度期待对于世界市场和危机做单独的研究，但是在实际过程中他并没有过多关注这个问题。[1]

在他看来，这也是马克思为何曾在多处文本中期待单独研究世界

---

[1] [英] 大卫·哈维：《资本的城市化：资本主义城市化的历史与理论研究》，董慧译，苏州：苏州大学出版社，2017年，第49页。

市场和对外贸易但都未能实际开展的原因。但这个问题的重要性依然促使马克思不自觉地在《资本论》第一卷最后一章以"现代殖民理论"为题讨论了对外殖民与世界贸易的问题。哈维相信，这一章的出现反映出马克思期望解决而未能解决的问题，即内在辩证法是否需要超越自身的界限并向外寻求解决方案。易言之，哈维与马克思不同，他据此提升了资本遭遇自身内在界限并通过不断向外扩张以缓解资本主义危机的理论地位。在这一定位的基础上，哈维重点分析了现代殖民与原始积累理论。他继而以此为基础，创造性地提出了剥夺式积累。

　　实际上，马克思在《资本论》第一卷中是紧接着"所谓原始积累"一章论述现代殖民理论的。与古典政治经济学将资本主义私有制视为天然合理的先天条件不同，马克思尝试打破此种田园诗式的预先假设："事实上，原始积累的方法决不是田园诗式的东西。"① 在他看来，"资本来到世间，从头到脚，每个毛孔都滴着血和肮脏的东西"②。换言之，资本主义在其史前阶段所存在的原始积累是以暴力式掠夺为根本特征的，它以逼迫大部分劳动者放弃自身劳动条件所有权的形式促成了生产者和生产资料的分离，而资本关系以这二者的分离为前提。因此，原始积累的过程就是创造资本关系的过程。然而，这一过程在西欧国家已经基本完成。这一历史事实给予了古典政治经济学家们固守"资本主义私有制天然合理"的借口。为了揭露原始积累之暴力式剥夺的本质，马克思以殖民地所呈现的资本主义制度与非资本主义制度的强烈对比为依据，证实了有宗主国作为后盾的资本家暴力清除非资本主义生产方式（以自身劳动为基础的生产方式和占有方式）的历史事实。总体而言，马克思将原始积累作为创造资本关系的方法，并因此将其限定在资本主义社会的史前阶段。

---

① 《马克思恩格斯全集》中文第 2 版第 44 卷，北京：人民出版社，2001 年，第 821 页。
② 《马克思恩格斯全集》中文第 2 版第 44 卷，北京：人民出版社，2001 年，第 871 页。

大卫·哈维则在肯定原始积累意义的基础上，不满足于马克思的时空限定。"这些设定的缺点在于，它们把建立在掠夺、欺骗和暴力基础之上的积累归结为'原始阶段'，而这个阶段已经被认为与当前不再相关，或者就像卢森堡所说的那样，被认为是某种'外在于'资本主义的封闭系统。"① 实际上，在哈维看来，这种原始积累之暴力剥夺的性质，依然存在于资本主义社会，并且于当前的资本主义阶段呈现出愈演愈烈的态势。换言之，哈维认为原始积累依然存在于资本积累与总循环的持续性过程之中。基于此种持续性的特征，他又认为以"原始的"积累来定位这一"过程中的行为"不够恰当——"既然把一种进行中的过程视为'原始的'或'最初的'看起来有些奇怪，我会在下文中用'剥夺性积累'这个概念来代替它们"。② 正是在这一意义上，哈维以"剥夺式积累"的概念重新诠释了资本积累过程中暴力剥夺的持续性行为。

那么，哈维的剥夺式积累到底是何种意义上的资本积累呢？他以剥夺式积累取代原始积累的理论行为，又在何种程度上重构了马克思的原始积累理论？换言之，哈维所理解的剥夺式积累与马克思的原始积累概念是否存在实质性的差异？

为了回答这些问题，我们首先需要厘清哈维剥夺式积累的实质性内涵。众所周知，卢森堡曾明确提出了资本积累的双重特征：一方面，资本积累来源于资本主义生产过程中资本家对雇佣工人之剩余价值的剥削；另一方面，资本积累依靠国际上资本主义对非资本主义的殖民与掠夺。可见，是否具有生产性是这两种资本积累的实质性差异。换言之，资本积累又可以被划分为生产性积累与非生产性积累。以此为

---

① ［美］戴维·哈维：《新帝国主义》，付克新译，北京：中国人民大学出版社，2019 年，第 85 页。
② ［美］戴维·哈维：《新帝国主义》，付克新译，北京：中国人民大学出版社，2019 年，第 85 页。

前提，哈维提出了剥夺式积累属于非生产性积累并在当代资本主义社会占据主导地位的判断。值得注意的是，哈维在"剥夺"一词的运用上也并不严格。在《资本社会的 17 个矛盾》中，哈维将资本对于雇佣工人的剥削这种生产性积累也定位为基于剥夺的资本积累机制——"基于剥夺（dispossession）的经济运作，是资本的核心根基。在社会劳动生产时直接剥夺它产生的价值，不过是各种剥夺方式的一种（虽然很重要）；这些剥夺行为支持私人（法律意义上的人，也就是包括公司）占有大部分公共财富，累积起大量私人财产。"[①]。属于非生产性积累的剥夺式积累作为缓解资本积累危机的外部条件，从最初显见的暴力剥夺性逐渐发展为以金融资本和信贷体系等隐性剥夺为核心特征的当代新形式。这也就是说，当代资本主义社会的剥夺式积累具有两方面的显著特征：以金融化和私有化为核心的隐性模式和以国家和政治权力为后盾的显性模式。从这一意义上来说，剥夺式积累亦正是理解新自由主义与新帝国主义的核心中轴。

可见，哈维的剥夺式积累并不是马克思意义上的原始积累。它们唯一的共同特征只在于暴力剥夺性与非生产性。马克思的原始积累旨在阐释创造资本关系的历史过程，即重点强调生产资料与生产者分离的过程——"因此，所谓原始积累只不过是生产者和生产资料分离的历史过程。这个过程所以表现为'原始的'，因为它形成资本及与之相适应的生产方式的前史。"[②] 而哈维剥夺式积累的出现则主要来源于"内部—外部"辩证法的博弈。首先，哈维对于资本主义需要"外在于自身"的某物以实现积累的判断直接来源于卢森堡的界定。基于此，他以解决过度积累难题为目标，详细地探讨了"内部—外部"的辩证

---

① ［美］大卫·哈维：《资本社会的 17 个矛盾》，许瑞宋译，北京：中信出版社，2016 年，第 51 页。

② 《马克思恩格斯全集》中文第 2 版第 44 卷，北京：人民出版社，2001 年，第 822 页。

法。① 在他看来,"内部—外部"的辩证法在解决资本过度积累的过程中直接表现为扩大再生产和通常伴随着暴力的剥夺过程之间的有机关系。这也就是说,剥夺式积累是为了缓解扩大再生产过程中所遭遇的过度积累难题而被提出的——值得注意的是,哈维混淆了扩大再生产与资本主义生产过程中资本家对雇佣工人的剥削。② 而且,在哈维自身的理论视域中,扩大再生产时而指涉资本主义生产过程中资本家对雇佣工人的剥削,时而又指涉资本流通与交换理论领域中的资本积累(详述内容可参见本书第一章第三节第二部分)。这也就意味着,剥夺式积累是资本向外寻求解决方案的直接结果。这与马克思在"现代殖民理论"一章中以非资本主义社会何以转化为资本主义社会为例,揭示资本关系之创立过程的暴力剥夺性的理论目的存在根本性的差异。其次,在哈维看来,依然在"过程中进行"的原始积累——剥夺式积累——已经以非生产性积累的方式占据了当代资本主义社会的主导地位。这既意味着哈维对生产性积累之于当代资本主义社会的主导作用的否定,又意味着他对原始积累概念的彻底重构。总的来说,哈维以隐性的金融化手段以及显性的暴力手段为理论基石,彻底重构了马克思的原始积累理论。也正是在这一意义上,哈维指认原始积累——他改名为剥夺式积累——依然存在于资本主义社会,并在当前阶段以金融资本和新帝国主义的形式愈演愈烈。

综上所述,哈维根据自己对当代资本主义社会资本积累范式的定位——以非生产性劳动为主导的资本积累范式,将非生产性的资本积累界定为剥夺式积累。此种从原始积累到剥夺式积累的转变,不仅是

---

① 参见〔美〕戴维·哈维:《新帝国主义》,付克新译,北京:中国人民大学出版社,2019年,第81—83页。

② 对于哈维"扩大再生产"概念的定位,付清松教授在其《资本再生产批判视阈的反向延展——大卫·哈维的剥夺性积累理论探赜》一文中亦给出了同样的判断。参见付清松《资本再生产批判视阈的反向延展——大卫·哈维的剥夺性积累理论探赜》,《马克思主义与现实》2016年第1期,第135页。

对马克思原始积累之时空限定的质疑，更是对当代资本主义社会资本积累范式的再定义。而此种重构则直接来源于哈维以空间理性缓解资本主义危机的初衷。换言之，他对于"内在辩证法是否需要超越自身界限并向外寻求解决方案"的回答是肯定的。这种向外寻求解决方案的理念既是当时西方学界以卢森堡等人为代表的主流思潮，又是资本主义世界市场不断发展的结果。一言以蔽之，资本主义世界市场的不平衡发展，既明确彰显了马克思在"现代殖民理论"一章所阐明的理论——原始积累在非资本主义社会的呈现，又给予了哈维从空间理性视角分析当代资本主义积累之剥夺性的空间。从这一意义上来看，剥夺式积累又直接来源于哈维以空间理性重构资本积累的努力。

新帝国主义：领土逻辑与资本逻辑的辩证法

诚如前文所述，哈维认为资本主义已经遭遇了自身的内部界限并需要寻求外部扩张以缓解过度积累的危机。而帝国主义或国家则正是资本向外扩张的主要工具。在哈维看来，"帝国主义和殖民主义在资本主义的总体稳定中发挥的作用——地理扩张和领土统治——在马克思主义理论中并没有得到解决"[1]。即马克思在其资本批判理论中未能系统地诠释这方面的理论。基于此，哈维提出了关于帝国主义理论的历史地理学。在这一历史地理学的构建过程中，权力的双重逻辑——领土逻辑与资本逻辑发挥着重要的作用。实际上，有关帝国主义的著述往往假定权力的双重逻辑之间存在一致性——"国家和帝国的战略引导着政治经济过程，国家和帝国常常遵从资本主义动机而运转"[2]，但是实践过程却又呈现出另一番景象。基于这一事实，哈维以双重逻辑的辩证法进行了回应。

---

① [英] 大卫·哈维：《资本的限度》，张寅译，北京：中信出版社，2017年，第635页。
② [美] 戴维·哈维：《新帝国主义》，付克新译，北京：中国人民大学出版社，2019年，第18—19页。

在哈维看来，权力的领土逻辑与权力的资本逻辑之间的辩证关系主要表现在以下几个方面。第一，"权力的领土逻辑倾向于固定在空间中"①，它直接体现了资本主义拓宽自身界限并在历史—地理上不断向外扩张的逻辑。因此，权力的领土逻辑所需要的物质性基础与资本积累或资本逻辑直接相关。第二，权力的资本逻辑是政治霸权或领土逻辑得以实现的物质性基础，它直接体现了资本主义追求无休止资本积累的逻辑。因此，其自身追求资本积累无限性的特征，又迫使权力的领土逻辑以更多的超经济暴力维持资本的运行机制。从这一意义上看，权力的双重逻辑相辅相成，共同营造出了帝国主义与新帝国主义的政治霸权模式。第三，"在任何特定的历史—地理阶段，两种逻辑中的某一种会起主导作用"②。易言之，哈维认为，权力的双重逻辑在帝国政治与国家博弈中均发挥作用，关键的问题则在于二者在具体境况中居于不同的地位，"何者居于主导地位"往往与帝国主义政治的特定情形直接相关。但是，"在社会和政治变迁时，并不总是容易确定这两种逻辑的相对重要性"③。基于此，哈维致力于分析帝国主义的不同阶段并尝试廓清权力的领土逻辑与权力的资本逻辑之间的辩证关系。

实际上，哈维认为，与权力的领土逻辑之物质性基础有关的资本主义逻辑，在不同的历史—地理阶段具有不同的特征。"比如试着回想一下，从19世纪末期以来，美国霸权的物质基础就一直在变化。"④ 此种物质基础的变化直接催生出帝国主义的不同阶段。从19世纪末期至今的历史—地理阶段来看，帝国主义主要呈现出三个重要阶段，且以美国

---

① [美] 戴维·哈维：《新帝国主义》，付克新译，北京：中国人民大学出版社，2019年，第20页。
② [美] 戴维·哈维：《新帝国主义》，付克新译，北京：中国人民大学出版社，2019年，第20页。
③ [美] 戴维·哈维：《新帝国主义》，付克新译，北京：中国人民大学出版社，2019年，第19页。
④ [美] 戴维·哈维：《新帝国主义》，付克新译，北京：中国人民大学出版社，2019年，第25页。

霸权的兴起作为核心。第一个阶段始于 1870 年终于 1945 年，主要以资产阶级帝国主义的兴起作为特征。这是资产阶级取得政治统治的第一个阶段。在这一阶段，资产阶级的固有力量愈加难以放弃自身的阶级利益。这迫使资产阶级在内部消化过度积累和资本剩余的能力减弱。基于此，欧洲的资本开始转向外部并以 1870 年前后的投机性投资和贸易的形式席卷整个世界。可见，这一阶段的物质基础出现了从欧洲内部转移到外部的趋势。这种资本主义逻辑促成了在国内激发民族主义并于国外制造暴力冲突、以民族国家为基础的竞争性帝国主义的形成。第二个阶段主要是二战后的美国霸权时期，始于 1945 年终于 1970 年。在这一阶段，以民族国家为基础的帝国体系已不再适应资本积累的快速发展。换言之，以欧洲为中心的帝国主义逐步让位于以美国为核心的开放式国际秩序。布雷顿森林体系、世界银行以及国际货币基金组织等一系列机构成为此种资本运行机制的具体工具。第三个阶段则为始于 1970 年的新自由主义霸权阶段。在这一阶段，货币的金属基础开始瓦解。随之出现的虚拟资本与虚拟货币日益增加了金融系统与国际信贷体系的必要性。换言之，以金融化为核心的新自由主义所彰显的资本主义逻辑，催生了以金融领域或金融资本来维持霸权的新型帝国主义。

可见，在哈维看来，在帝国主义的不同阶段，权力的领土逻辑与资本逻辑以互相影响、缺一不可的模式充斥着资本积累的总过程——"然而同样不可否认的是，这两种逻辑有时会以复杂而矛盾的方式交织在一起"[1]。而权力双重逻辑之间的辩证法关系亦隐含了一些基本问题。第一，由于资本积累本身具有追求无限性的本质特征；因此，以其为物质性基础的权力的领土逻辑，应该如何应对资本积累无限性所带来的无休止的开放性空间诉求？换言之，全球体系中的霸权或国家联合

---

[1] [美] 戴维·哈维：《新帝国主义》，付克新译，北京：中国人民大学出版社，2019 年，第 18 页。

体属性的政治霸权——以领土逻辑定义的政治霸权，应该如何应对资本积累的无限性？第二，为了维持此种领土逻辑所裹挟的政治霸权——某个国家或国家联合体属性的政治霸权，权力的资本逻辑应该如何运作？第三，在哈维看来，在新帝国主义所处的当代资本主义社会中，资本主义生产过程中的资本积累已经不能再继续维持资本积累的连续性。换言之，以金融资本为核心的非生产性积累已经成为当代资本主义社会资本积累的主导机制。正是在这一意义上，当代资本主义社会形成了以金融资本为核心的霸权机制。

实际上，在哈维看来，前两个问题所隐含的实质性问题是资本主义社会所固有的"内在矛盾"（哈维意义上的内在矛盾）的问题。在他看来，对于这两个问题的回答可以参考汉娜·阿伦特的回应。正如阿伦特所言，资本积累的无限性需要无限政治权力的保驾护航——"资产的无限积累必须以资本的无限积累为基础……资本的无限积累过程需要'无限权力'的政治结构，后者能通过持续增长的权力保护不断增加的财富"[1]。这就意味着，权力的领土逻辑是以无休止地扩张自身霸权与空间的形式应对资本积累之无限性的。如果此种政治权力积累的形式未能完成，那么资本积累之无限性亦会陷入混乱。而为了维持此种领土逻辑所裹挟的霸权或帝国主义特质，权力的资本逻辑又反过来以过度延伸与过度积累的方式支撑这一霸权。"但是，正如保罗·肯尼迪在《大国的兴衰》中所警告的那样，这个过程有一种时刻存在的危险，即过度延伸和过度伸展一次又一次地证明了霸权国家和帝国存在着阿喀琉斯之踵（罗马、威尼斯、荷兰、英国）。"[2] 由此可知，权力的双重逻辑势必会遭遇其自身存在的"阿喀琉斯之踵"。基于此种认知

---

[1] ［美］戴维·哈维：《新帝国主义》，付克新译，北京：中国人民大学出版社，2019年，第20—21页。

[2] ［美］戴维·哈维：《新帝国主义》，付克新译，北京：中国人民大学出版社，2019年，第21页。

前提，哈维在进一步分析经验具体世界之诸多现实的帝国主义事例的基础上，通过对资本主义社会过度积累危机与美国霸权之形成史的梳理，逐渐形成了以金融资本为核心的新帝国主义理论。那么，这种以金融资本为核心的霸权究竟是何种新帝国主义？

总体而言，哈维在分析"扩大再生产"（在此处，哈维意指资本主义生产过程中剩余价值的生产，并非确切含义上的扩大再生产概念）与剥夺式积累的过程中，逐步确认了当代资本主义社会之剥夺式积累的本质。一方面，剥夺式积累指涉非生产性积累。这种非生产性积累在维持原始积累之暴力剥夺性的基础上，以私有化、金融化或新自由主义计划的形式，逐步偏离了既有纯粹政治暴力性的轨道。换言之，剥夺式积累正在以金融资本等形式从外在于资本主义社会之资本积累的形式（譬如，马克思认为原始积累是资本主义社会的前史）内化进资本主义社会的资本积累与总循环过程之中。譬如，哈维曾指出：

> 但是相对于扩大再生产而言，剥夺性积累是如何、何时以及为何会从幕后状态转变成为积累的主导形式呢……在这里，剥夺性积累可以被解释为在国家权力的强力支持下，为了成功突破进入资本主义发展方式的必要代价。①

更有甚者，哈维认为以金融资本为核心的当代剥夺式积累的形式，已经逐步取代了工业社会时期的资本主义生产过程之中的直接生产。也就是说，金融资本成为当代资本积累的主导形式。"正如列宁、希法庭和卢森堡在 20 世纪之初所评论的那样，信贷体系和金融资本已经变成了掠夺、诈骗和盗窃的重要手段……所有这些都是当代资本主义的核心特征……通过剥夺来实现积累的全新机制业已形成。"② 另一方面，

---

① [美] 戴维·哈维：《新帝国主义》，付克新译，北京：中国人民大学出版社，2019 年，第 90 页。

② [美] 戴维·哈维：《新帝国主义》，付克新译，北京：中国人民大学出版社，2019 年，第 86—87 页。

这种以金融资本为核心的剥夺式积累，塑造了与帝国主义时期完全不同的新帝国主义。在哈维看来，新帝国主义之所以区分于以往的帝国主义，关键在于剥夺式积累从幕后走向台前并成为当代资本积累的主导方式。换言之，哈维认为以剥夺式积累为主导形式的当代资本主义社会已经是以超经济暴力取代生产逻辑的时代。实际上，超经济暴力是从资本主义生产逻辑中发展而来的，但最终控制了资本主义的生产逻辑。从这一意义上来看，以剥夺式积累为主导形式的当代资本社会，已经是新帝国主义实践的核心。

值得一提的是，自哈维 2003 年发表《新帝国主义》一书之后，诸多西方学者对其新帝国主义理论进行了热烈的讨论与评介。这些评介被集中收录于 2006 年《历史唯物主义》（*History Materialism*）的第十四卷。他们围绕帝国主义与新帝国主义展开了一系列的讨论。其中具有代表性的人物当属艾伦·伍德。她于《权力逻辑：与大卫·哈维的对话》（"Logics of Power：A Conversation with David Harvey"）一文中就新帝国主义的相关问题与哈维进行了直接的对话。实际上，此次对话的中心思想与她本人在《资本的帝国》中所表达的如出一辙。一方面，她关于新旧帝国主义的区分与哈维存在根本性的差异。易言之，艾伦·伍德认为新帝国主义是资本主义经济逻辑或资本逻辑的完全胜利。在她看来，以往的帝国主义之所以寻求超经济暴力支持，原因在于资本主义生产方式的全球化程度不足——换言之，资本逻辑的薄弱促使他们寻求政治霸权的扶植，而新帝国主义则新在资本主义经济逻辑的胜利。① 另一方面，她关于资本主义经济与政治权力之间的关系的判断在某些方面与哈维直接相反。哈维主张不断扩张的资本积累必须伴随着不断扩张的基于领土的政治权力和需求，且这就是资本帝国主义的逻辑。艾伦·伍德则认为资本帝国主义的特殊性在于资本在不扩

---

① See E. Wood, *The Empire of Capital*, London：Verso, 2003, pp. 117、127.

张自身领土政治权力的情况下强行施加霸权的独特能力。

综上所述，哈维以国家和新帝国主义的理论视角阐释了空间理性之于资本总循环过程的某种现实映射。一方面，资本积累之无限性需要权力的领土逻辑或政治权力的无限延伸与空间扩张。而政治权力的无限积累在地理维度上主要表现为在空间范围上的霸权与新帝国主义。这种新帝国主义又主要以某个国家、国家联合体或国际秩序体系为现实载体。因此，新帝国主义所涵盖的权力之双重逻辑在空间理性上的表现正是哈维以国家这一视角拓展空间理性之内涵的表现。另一方面，在哈维看来，以幕后走向台前的剥夺式积累为主导形式的新帝国主义，已经成为以非生产性积累和金融资本为轴心的霸权范式。

资本的城市化进程：资本积累与阶级斗争的博弈

对资本的城市化进程的研究，是大卫·哈维以空间理性重构资本批判理论过程中最为重视的理论部分，也是他从历史地理维度研究资本积累总循环过程中浓墨重彩的理论部分。一方面，哈维自身的地理学背景以及西方城市学派的影响促使他在研究当代资本主义社会过程中较为关注城市理论。另一方面，在他看来，城市是资本主义社会所独有的历史地理现象；换言之，城市是资本主义社会所塑造的历史地理现象。从这一意义上来说，城市是资本主义社会最直接的现实载体与具体运行区域。这也是哈维在其几十年的资本批判理论建构中重点关注城市问题的直接原因。因此，哈维认为对城市的研究具有内在的必要性。基于这些理论前提，哈维以资本积累与阶级斗争的双重线索为理论中轴，展开了对资本城市化进程的一系列研究。总体而言，什么是城市化、为何引进城市化进程、资本如何城市化以及城市化所产生的后果等问题是哈维城市理论的核心组成部分。与此同时，在他看来，研究资本如何城市化以及城市化所产生的后果，是我们面对资本的城市化进程应该着重关注的理论对象——"现在我要问的是，资本是如何变得城市化的以及这样一种城市化的结果是什么?"① 因此,下文将围绕这些问题逐一展开。

第一,哈维从空间理性的视角出发,丰富了"城市化"的具体内涵。在他看来,"城市化应被视为基于空间的社会进程,即各类有着不同目标和动机的主体,通过由互为依存的空间实践组成的特殊排列配置进行交互的过程"②。可见,城市化进程是各种社会关系在空间中进行交互的社会进程。因此,它应该在"过程性"中加以理解。这也就意味着城市化不能被理解为一个特定的目标或单一的物体。也正是基于此,哈维认为,"这个过程一定没有固定的空间边界,尽管它通常在一个特定的空间中被体现出来"③。与此同时,在哈维看来,这种社会进程并不能就此被理解为政治经济发展的主动层面,因为城市依然只是客观的存在。这也就是说,虽然资本的城市化进程是以动态性进程的模式不断以各个具体城市为载体而不断向外延伸与扩张,但是这种延伸与扩张是以资产阶级各阶层或资本主义社会各种不同主体的推动为历史前提的。那么,哈维认为这种不断被各种不同主体所推动的资本城市化进程,又具有哪些特征呢?

首先,在资本主义条件下,哈维认为以资本的城市化进程为载体的空间实践具有特定的阶级内容。因此,"在资本主义条件下,处于支配地位的还是与资本循环相关的广义阶级实践、劳动力和阶级关系的再生产以及资本家控制劳动力的需要等问题"④。其次,在哈维看来,资本的城市化进程经历了从管理主义向企业主义的城市治理转型。这

---

① [英] 大卫·哈维:《资本的城市化:资本主义城市化的历史与理论研究》,董慧译,苏州:苏州大学出版社,2017年,第183页。
② [美] 大卫·哈维:《世界的逻辑:如何让我们生活的世界更理性、更可控》,周大昕译,北京:中信出版社,2017年,第162页。
③ [英] 大卫·哈维:《资本的城市化:资本主义城市化的历史与理论研究》,董慧译,苏州:苏州大学出版社,2017年,第125页。
④ [美] 大卫·哈维:《世界的逻辑:如何让我们生活的世界更理性、更可控》,周大昕译,北京:中信出版社,2017年,第162页。

种转型与资本主义社会的资本积累模式的转型——"从福特模式—凯恩斯主义的资本积累方式转变到更加灵活的资本积累方式"① ——直接相关。换言之，这种转型是资本积累模式转型在经验具体世界的历史地理学表现形式。可见，资本的城市化进程离不开资本积累的逻辑线索。因此，资本城市化的转型亦是当代资本主义社会中研究资本的总循环过程与城市理论所不可忽视的重要理论特征。最后，哈维认为资本的城市化进程以城市向乡村蔓延为地理特征。一方面，资本的城市化进程以在乡村区域不断复制城市式资本主义生产方式为理论特征，包括社会关系演变、空间关系变迁、技术革新、文化与价值观更迭、消费习惯与生活方式变化等内容。另一方面，资本的城市化进程，亦意味着地理活动的猛烈变迁与不平衡地理发展的出现。在这一过程之中，城市中各阶层之间、城市与乡村之间的贫富分化日益严峻。这种不平衡发展的历史地理情况，直接导致了城市权利的争夺与城乡之间的对抗。

第二，哈维认为资本的城市化进程是资本主义社会以空间—时间修复方法向外转移危机并缓解过度积累的重要途径。"我始终认为，由于建筑环境的漫长周期、周转时间和投资生命周期，城市化对吸收过度资本积累有着特殊的作用。城市化还具有空间制造和空间垄断等空间特殊性来成为积累过程中不可分割的组成部分，而不仅仅是改变商品的空间流动来推动积累，而且也是创造这些流动所发生的具体空间和场所来推动积累。"② 实际上，以空间—时间修复方法回应资本主义危机或过度积累问题，一直是哈维以空间理性建构其资本批判理论的核心工具。而这一方法在地理学上的表现之一就是资本的城市化进程。

---

① [美] 大卫·哈维:《世界的逻辑：如何让我们生活的世界更理性、更可控》，周大昕译，北京：中信出版社，2017 年，第 161 页。

② [美] 大卫·哈维:《世界的逻辑：如何让我们生活的世界更理性、更可控》，周大昕译，北京：中信出版社，2017 年，第 342 页。

总体而言，资本主义社会的本性在于无止境地追求剩余价值的生产，这因此造成了生产过剩与资本的过度积累。为了缓解由过度积累所带来的闲置资本与闲置劳动力的贬值，资本主义社会引入了以外部因素缓解内部矛盾的解决办法。这种办法在哈维的视域中被转译为空间—时间修复方法；而空间—时间修复方法落实到具体的经验世界，又部分地表现为资本的城市化进程。资本的城市化进程既是资本主义社会不断发展的产物或历史地理学表现形式，又是资本主义社会用以缓解过度积累危机的方式之一。换言之，"城市化是为了缓解过剩资本和过剩劳动力的方式之一"①。因此，资本主义社会之所以引进资本的城市化进程，目的在于以地理扩张和空间重组的方式吸收剩余资本与剩余劳动力并进一步通过重组继续发挥闲置资本与闲置劳动力的效用。

从这一意义上来看，哈维认为资本的城市化进程在资本积累与总循环过程中处于缓解过度积累危机的地位。而这种社会地位又被哈维进一步提升。"但通常情况是，城市化的研究往往疏离于社会变革和经济发展，仿佛城市化本身就是更为重大或基础性的社会变革的附属品或副产品。"② 实际上，资本的城市化进程本身已经以缓解资本积累危机与承载资本积累模式转型等重要的方式直接成为社会变革的重要内容。因此，这种独特的历史地理学方式不仅仅是资本主义社会的产物，更以某种特殊的方式限制着资本主义社会的未来发展路径。然而，持有"反城市视角"之偏见的宏观经济和宏观社会研究往往仅将城市化的研究视为重大社会变革的附属品或副产品。因此，在哈维看来，"但宏观经济和宏观社会研究中这种'反城市视角'的偏见不得不引起重视。正是出于这样的原因，现在似乎有必要去仔细分析城市进程的作

---

① [美] 大卫·哈维：《资本之谜：人人需要知道的资本主义真相》，陈静译，北京：电子工业出版社，2011 年，第 168 页。
② [美] 大卫·哈维：《世界的逻辑：如何让我们生活的世界更理性、更可控》，周大昕译，北京：中信出版社，2017 年，第 158 页。

用，分析其对近来人类活动地理分布的猛烈变迁以及地理发展不平衡中政治经济动态的影响"①。一言以蔽之，资本城市化进程本身的作用以及诸多宏观经济与社会研究者们对城市化进程的忽视，是哈维认为我们有必要深入研究资本城市化——资本主义产生的独特历史地理方式——的直接动因。

第三，"资本如何城市化"的问题一直是哈维重点关注的理论部分，主要体现在以下几个方面。一是哈维认为资本的城市化进程是一种独特的历史地理方式。这就意味着资本的城市化主要以基于空间之社会进程的"空间生产"的方式呈现出来。易言之，资本在空间重组或空间—时间修复方法成为资本城市化的方法论基础。基于此，城市郊区化、城市全球化的趋势在历史地理空间上此起彼伏。也正是在这一意义上，资本的城市化进程形成了以房地产这一彰显空间理性的形式为中心的城市建设。值得注意的是，这也直接造成了资本城市化进程中的不平衡地理发展的特色。二是哈维认为，资本的城市化进程在吸收过剩资本与过剩劳动力时，往往以"创造性毁灭"的形式重复地宣扬城市重建。这种"创造性毁灭"的方式在资本主义过度积累危机严峻时愈加明显。在他看来，这种城市化建设的模式本身就是一把双刃剑。三是资本在其城市化进程中出现了从管理主义向企业主义的转型：

> 简单来说，20世纪60年代城市治理的主要思想是"管理"，但到了七八十年代，越来越多的城市开始注重自发性和"类企业"的行为。尤其是在近些年，发达资本主义世界似乎正在达成这样的共识，那些以企业经营立场去规划经济发展的城市会收到良好

---

① [美] 大卫·哈维：《世界的逻辑：如何让我们生活的世界更理性、更可控》，周大昕译，北京：中信出版社，2017年，第158页。

的回报。①

这不仅体现出资本主义社会从现代性转向后现代性的浪潮，也体现出资本积累模式的转型。在哈维的视域中，这种向弹性积累转型的城市治理模型，正是当下资本城市化进程的主要方式之一。而在此种资本积累模式的基础上，金融化与虚拟资本成为城市化进程背后"看不见的手"。因此，以金融资本与信贷体系为基础的当下资本积累运行机制——非生产性积累或剥夺式积累为主导的弹性积累——成为资本城市化的主要经济工具。当然，以此为基础的城市化进程中，房地产的问题亦随着金融资本与信贷体系的变动而发生变动。譬如，2008年发生的经济危机则主要是以房地产领域次贷体系的崩溃为导火索的。

第四，在哈维看来，资本的城市化进程带来了双重后果。一方面，城市化以吸收过剩资本与过剩劳动力的形式部分地缓解了资本过度积累与生产过剩的危机。它以空间—时间修复的方式直接体现出资本积累模式的转型——从相对刻板的本地化福特制模式到地理上更加开放也更加基于市场的弹性积累的转变。这种从管理主义转型到企业主义的城市化进程，既是资本积累模式转型的历史地理学表现，又是进一步促进这种社会变革的重要因素。

另一方面，资本的城市化进程带来了诸多消极的影响——"这一城市化过程，既在一定程度上缓解了过剩资本和过剩劳动力，也在一定程度上形成大大小小的问题"②。首先，资本的城市化通过"创造性毁灭"重复宣扬城市重建。而这种反复重建城市的过程，是对贫困人口、处于社会底层或被剥夺了政治权利的阶级的反复剥夺。其次，城市企业主义的兴起实际上扩大了贫富分化和收入差距。"由于资本流动

---

① [美] 大卫·哈维：《世界的逻辑：如何让我们生活的世界更理性、更可控》，周大昕译，北京：中信出版社，2017年，第159页。

② [美] 大卫·哈维：《资本之谜：人人需要知道的资本主义真相》，陈静译，北京：电子工业出版社，2011年，第168页。

会变得更加剧烈而不是舒缓，因此各地都会争相提高对资本的补贴，因而对本地贫苦人群的帮扶就会减少，由此导致了真实收入社会分配的贫富两极化。"① 换言之，在地理上更为灵活的城市化进程进一步促进了资本的不平衡发展。这种不平衡不仅造成了城市中各阶级的分化，还造成了各城市间竞争的加剧与城乡差距的扩大。最后，当代城市社会形成了以房地产和金融资本为中心的城市化进程。而房地产危机正是资本主义危机的城市根源。因此，以房地产危机为核心的城市危机进一步造成城市社会的混乱与资本积累的再次受阻。

以上一系列消极影响直接带来了阶级斗争与城市权利的争夺。这既是资本城市化所带来的后果，也是哈维认为可以作为政治斗争切入点的领域。哈维认为，通过对当代资本主义社会城市特征的分析，我们可以看到城市社会的压力点、薄弱环节以及临时解决方案。而这些薄弱环节正是阶级斗争可以进入的地带。因为"城市政治是一个个体能够容易理解而且个体可以立即参与其中的行动领域"②。这也就意味着，资本主义所创造的作为自身永续发展之先决条件的空间组织——城市，亦是阶级斗争产生于其中的关键地理条件。因此，对资本的城市化进程的研究，亦正是哈维以地理视角关切马克思的阶级斗争理论的独特体现。

综上所述，哈维以资本积累与阶级斗争的双重线索诠释了资本的城市化进程。

---

① [美] 大卫·哈维：《世界的逻辑：如何让我们生活的世界更理性、更可控》，周大昕译，北京：中信出版社，2017 年，第 175 页。
② [英] 大卫·哈维：《资本的城市化：资本主义城市化的历史与理论研究》，董慧译，苏州：苏州大学出版社，2017 年，第 161 页。

第四章

资本经济理性的最新发展及其批判

新自由主义不均衡的地理发展，以及它时常在不同的国家和社会形态之间呈现有偏向的不平衡运用，都证明新自由主义解决方案的尝试性特征，并证明各种政治力量、历史传统和现有制度安排都以复杂的方式表明新自由主义化的过程如何以及为何会真的发生。

——大卫·哈维：《新自由主义简史》

在生息资本上，资本关系取得了它的最表面和最富有拜物教性质的形式。

——《马克思恩格斯全集》第 46 卷

罗伯特·欧文可说是洞烛先机：如果让市场经济按着它自己的法则去发展，必然会产生全面而持久的罪恶。

——卡尔·波兰尼：《巨变：当代政治与经济的起源》

纵观当代资本主义社会的新面貌，金融资本与房地产问题显得格外突出。这是资本理性在当下资本主义社会的特有表现形式。那么，金融资本与房地产"何以成为"且"如何成为"资本理性的最新发展？这种最新发展的实质又是什么？

一、金融资本：新自由主义为何强调金融化？

二战以后，资本主义诸多国家普遍实施凯恩斯主义或政府干预政策以应对因战争而出现的经济衰退。然而，这一政策在 20 世纪六七十年代已逐渐不适应资本主义社会的发展现状，带来了诸多问题——譬如经济大萧条和资本积累危机。为此，资本主义诸多国家设想并实施了诸多救治方案。然而，随着众多救治方案的失败，新自由主义似乎成为救治资本主义的唯一良方。因此，从 20 世纪 70 年代开始，全球主要的资本主义国家均面临着新自由主义转向的问题。而在哈维的视域之中，"新自由主义化就是将一切都金融化"①。那么，新自由主义为何强调金融化？换言之，信贷体系与金融资本主义等问题因何可以成为新自由主义的核心问题。围绕这一命题，我们必须思考三个更为细节性的问题：第一，何为新自由主义与金融资本主义？第二，新自由主义强调金融化的原因是什么？第三，新自由主义时期的金融化是否是对资本主义社会之传统生产方式的取代？即金融资本与剩余价值生产或资本积累之间究竟具有何种内在联系？

新自由主义的核心是金融化

新自由主义与金融资本是大卫·哈维理解当下资本主义社会新变

---

① [美] 大卫·哈维：《新自由主义简史》，王钦译，上海：上海译文出版社，2016 年，第 34 页。

化的一项"利器",也是他在解读马克思的资本批判理论时所侧重的理论部分。换言之,这是他从宏大叙事走向现象层面的具体表现,即是他对"从抽象'到'具体"之"经验具体"层面进行研究的理论成果。因此,廓清新自由主义与金融资本的内涵及其之间的关系,是进一步理解哈维的资本批判理论的重要一步,亦是进一步理解当下资本主义社会新现象的关键步骤。

首先,根据大卫·哈维的理解,新自由主义化可以被"解释为一项乌托邦计划——旨在实现国际资本主义重组的理论规划,或将其解释为一项政治计划——旨在重建资本积累的条件并恢复经济精英的权力"[1]。总体而言,这一计划是一项化解资本主义社会于 20 世纪 70 年代形成的各种经济危机与潜在危机的救治方案。"它标榜私有制,反对公有制;主张自由化,反对政府干预,提倡自由市场和自由贸易;制定严苛的政策以重塑或巩固资本所有者阶层的权力。"[2]

而从以上定义可知,哈维认为新自由主义具有以下几个特征:

第一,哈维认为,新自由主义的理论旨归在于救治资本主义或解决资本主义社会在 20 世纪 70 年代的资本积累过程之中所遭遇的一系列经济危机。因此,新自由主义将会诉诸一系列经济政策以促进私有制并维持市场自由与自由贸易。在这一过程中,诉诸金融化或金融化工具是其解决资本积累过程之中诸多问题的主要手段——"简言之,新自由主义化就是将一切都金融化"[3]。基于此,哈维提出当下的资本主义社会已经从以工业资本或产业资本为主导的时代转向了以金融资

---

[1] [美] 大卫·哈维:《新自由主义简史》,王钦译,上海:上海译文出版社,2016 年,第 20 页。

[2] [美] 大卫·哈维:《资本之谜:人人需要知道的资本主义真相》,陈静译,北京:电子工业出版社,2011 年,第 9 页。

[3] [美] 大卫·哈维:《新自由主义简史》,王钦译,上海:上海译文出版社,2016 年,第 34 页。

本为主导的时代——"无疑存在着一股从生产过程转向金融领域的势
头"①。换言之，与马克思所处的资本主义时代相比，哈维认为资本积
累的方式已经发生了显著的变化，即形成了以金融资本为核心的资本
积累方式。譬如，新自由主义导致了资本主义企业的所有权与管理权
的融合，而金融化或金融资本在这一过程中厥功至伟。实际上，在执
行新自由主义计划之前，资本主义市场上存在着大范围的资本所有权
与管理权分离的情况。马克思曾针对资本所有权与管理权的情况，在
《资本论》第三卷中进行过集中论述。② 总体而言，在马克思看来，对
联合的社会劳动进行指挥和监督的劳动亦属于生产性劳动，监督工资
便是这一部分劳动的报酬。因此，在实际的资本主义生产过程之中，
不仅存在资本家既是监督者又是财产所有者的情况，而且存在资本家
将监督工作或管理权交给专业的执行经理人使得自身只拥有财产所有
权的情况。新自由主义则通过股份制与股票市值的形式使得执行经理
人与财产所有人这两种经济角色再次进行了融合。

　　第二，在哈维看来，新自由主义旨在促进资本的总循环。换言之，
它是资本在 20 世纪 70 年代以后的主要积累方式。通过这一经济思潮
的影响，资本在其循环过程之中逐步集中到少数人或少数资本家手中。
由此，私有制或私有财产与国家财富或社会资本之间的关系产生了巨
大的波动与变化。在哈维看来，"到 1960 年末，镶嵌型自由主义在国
际和国内经济领域都面临垮台。资本积累的严重危机的信号随处可见，
各地的失业和通胀现象此起彼伏，宣告一次波及全球、几乎持续了整
个 1970 年代的'滞胀'即将到来"③。这意味着凯恩斯主义的政策不再

---

① [美] 大卫·哈维：《新自由主义简史》，王钦译，上海：上海译文出版社，2016 年，第
34 页。
② 参见《马克思恩格斯全集》中文第 2 版第 46 卷，北京：人民出版社，2003 年，第 495—
499 页。
③ [美] 大卫·哈维：《新自由主义简史》，王钦译，上海：上海译文出版社，2016 年，第
12 页。

奏效。而为了缓解由镶嵌型自由主义带来的资本积累与总循环过程中断的危机情况，新自由主义计划被提上日程。这一计划通过金融资本与信贷体系等措施，重建资本积累的条件并恢复精英的权力。可见，正是在这一意义上，新自由主义成为旨在促进资本总循环的计划。

第三，哈维认为新自由主义带来了阶级力量的重建。由凯恩斯主义导致的国家干预资本主义或镶嵌型自由主义带来了诸多束缚，而"新自由主义计划则要使资本从这些约束中'脱嵌'出来"[1]。此种试图从国家干预或监管之中脱嵌出来的经济计划，带来了社会各阶级（或阶层）之间力量的重组。值得注意的是，在哈维的视域中，这种阶级力量重组的着力点在于上层阶级力量之间的换位，即资产阶级内部各种力量对资本主义社会领导权的争夺。随着新自由主义而形成的核心阶级力量则是金融资本家阶级。

其次，既然新自由主义的核心是金融化，那么我们有必要对金融化的核心概念——金融资本——进行初步的解读，以期更好地理解金融化过程之中的诸多问题。总体而言，在哈维看来，金融资本是一种以信用体系为中心的特定的资本流通过程。而由于这一概念自身的复杂性，我们可以从以下几个角度对其进行具体的诠释。

第一，哈维在直接继承马克思思想的基础上，指认货币资本是金融资本的基础，且"金融体系与它的货币基础之间无可避免的矛盾可以直接追溯到货币的双重职能，即价值尺度与流通手段"[2]。从资本主义社会的发展历史来看，金融资本与信用制度的前身是生息资本与高利贷资本。而这两种资本形式的基础均是将货币资本作为一种商品。换言之，只有当货币资本在执行货币职能的同时，又以商品的形式存在于资本流通过程时，生息资本（高利贷资本是一种特殊的生息资本）

---

[1] ［美］大卫·哈维：《新自由主义简史》，王钦译，上海：上海译文出版社，2016年，第11页。

[2] ［英］大卫·哈维：《资本的限度》，张寅译，北京：中信出版社，2017年，第459页。

才能以获得利息的资本形式存在。而金融资本又是生息资本在资本主义社会中以信用体系为中介发展出来的新事物。因此，金融资本的物质基础亦是货币资本。

第二，在哈维看来，金融资本与生息资本之间既存在相似性又具有差异性。一方面，生息资本是金融资本的前身。从这一意义上来看，生息资本与金融资本之间存在相似性，即二者均是通过借贷资本获得利息。这也就是说，二者均通过对资本的纯粹的财产所有权的占有取得利息或货币量的增加。这种所有权的获得或"这种权利是以拥有作为商品的货币的所有权为基础，而货币的使用价值就是可以用来赚更多的钱"①。另一方面，生息资本存在的历史较为悠久，它甚至存在于前资本主义制度的社会中。而金融资本是在资本主义社会的发展过程中对生息资本的普遍化、复杂化与制度化的诠释，以完善的信用制度与国家权力等为保障。因此，从这一意义上来说，以信用体系为中介的金融资本是生息资本在特定阶段的资本流通方式。

第三，哈维认为金融资本是货币资本家与产业资本家之间权力角逐的具体表现。"利息率是由这两类资本家阶级之间的竞争所决定的。于是，从历史角度——如果不是理论角度的话——来看，货币资本家和产业资本家之间的权力关系就被放到了中心位置。"② 在哈维的视域中，货币资本家与产业资本家之间的"力量平衡从未达到一种稳定状态"③，尤其是金融资本占据主导地位之后，货币资本家与产业资本家之间的关系发生了根本性的变化，即货币资本家从依附于产业资本家的状态转变为占据霸权地位的状态。而在马克思的视域中，生息资本

---

① ［美］大卫·哈维：《马克思与〈资本论〉》，周大昕译，北京：中信出版社，2018 年，第 62 页。

② ［美］大卫·哈维：《跟大卫·哈维读〈资本论〉》（第二卷），谢富胜、李连波等校译，上海：上海译文出版社，2016 年，第 179 页。

③ ［美］大卫·哈维：《跟大卫·哈维读〈资本论〉》（第二卷），谢富胜、李连波等校译，上海：上海译文出版社，2016 年，第 179 页。

的特质——通过财产所有权的形式取得利息——依附于资本主义的生产过程或产业资本家。虽然哈维在对马克思有关生息资本与信用制度的文本进行解读的过程中，认同并强调了生息资本对于剩余价值的生产过程的依附性——"即生息资本的流通必须服务于并且服从于剩余价值的生产"①，但是他明确地将这一界定限制在马克思所处的时代。因为在哈维看来，生息资本与金融资本的立足点在于对剩余价值的分配。而在当代资本主义社会中，闲置资本与闲置生产力日益积聚，由此带来的生产过剩与价值丧失的情况日益严重并逐步处于主导性地位。因此，对哈维而言，剩余价值的实现比剩余价值的生产问题更加重要。基于此，这一与分配或价值实现直接相关的金融机制，顺理成章地成为减轻价值丧失与缓解生产过剩的重要手段。也正是基于此，哈维指认到，与金融资本直接相关的货币资本家已经取代了产业资本家的霸权地位——"与产业资本占主导地位的时期（比如马克思所生活的时代）相比，金融资本有迥然不同的运动规律……霸权的转换肯定已经发生了"②。

第四，在哈维看来，金融资本与信用制度是一种剥夺式积累。"总之，信用制度成为原始积累的当代形式的主要工具，我将这种原始积累的当代形式称作'掠夺式积累'。今天的金融贵族的财富有多少是通过金融体系的阴谋剥夺他人的财富（包括其他资本家）积累的呢？"③对于哈维而言，在实施新自由主义计划的资本主义阶段，金融资本主义已经成为资本积累在当代的主要模式。而这一以信用体系为中心的资本积累模式，成为原始积累的当代形式的主要工具。换言之，哈维

---

① ［美］大卫·哈维：《跟大卫·哈维读〈资本论〉》（第二卷），谢富胜、李连波等校译，上海：上海译文出版社，2016年，第180页。
② ［美］大卫·哈维：《跟大卫·哈维读〈资本论〉》（第二卷），谢富胜、李连波等校译，上海：上海译文出版社，2016年，第179页。
③ ［美］大卫·哈维：《跟大卫·哈维读〈资本论〉》（第二卷），谢富胜、李连波等校译，上海：上海译文出版社，2016年，第245页。

认为金融资本与信用制度是原始积累的当代形式，这种通过金融体系剥夺他人财富的资本积累被他称之为"剥夺式积累"或"掠夺式积累"。实际上，这是哈维同意以金融资本为核心的资本积累活动不是生产性劳动的具体理论表现。具体而言，指认金融资本不是生产性劳动的观点起源于亚当·斯密。而马克思虽然没有明确地指认金融资本或生息资本是否是生产性劳动，但是他以认可生息资本依附于资本主义生产过程的形式间接地回应了这一问题。总体而言，金融贵族或金融资本家是通过对货币资本财产所有权的占有以赚取利息或货币量的增加。也就是说，金融资本与信用制度使得人们取得了对他人社会劳动的支配权。从这一意义上来看，金融资本与信用制度是原始积累的一种当代"变异"形式，这在某种程度上回到了蒲鲁东的"所有权就是盗窃"的理论水平。

第五，哈维认为金融资本促进了"阶级的共有资本"的形成。金融资本具有加速资本流通并形成资本集中的作用。这一作用促使资本在金融体系的支持下日益集中为阶级的共有资本。随着新自由主义计划对金融化的强调，资本成为阶级的共有资本的倾向愈加明显。基于此，哈维指出："如果生息资本的流通执行'阶级共有资本'的职能，那么我们怎么有可能把它从资本运动一般规律的特定情形中排除出来？"[1] 因此，鉴于生息资本与金融资本执行着阶级共有资本的职能，我们不能将其排除出去。

综上所述，金融资本的概念错综复杂。但总体而言，哈维在两层含义上对金融资本概念进行了诠释。"第一种是关于生息资本的流通过程的概念；第二种是关于资产阶级内部一个制度化的权力集团的概念。"[2] 而第二种金融资本概念造成的一系列波动与不稳定应该在第一

① [美]大卫·哈维：《跟大卫·哈维读〈资本论〉》(第二卷)，谢富胜、李连波等校译，上海：上海译文出版社，2016年，第178—179页。
② [英]大卫·哈维：《资本的限度》，张寅译，北京：中信出版社，2017年，第490页。

种金融资本的概念视域中加以理解。因此，从这一意义上来看，两种金融资本概念是一回事。实际上，第二种资本概念早已存在于希法亭与列宁的著作之中。

新自由主义强调金融化的原因

哈维指出："近来生息资本已成为推动资本自我积累的强大动力。"[①] 这种以金融资本为主导的资本积累模式的形成，在很大程度上与新自由主义思潮息息相关。那么，新自由主义究竟因何强调金融化？或者新自由主义为何强调信贷体系与金融资本？

首先，从资本的总循环的角度来看，新自由主义试图通过强调金融化以促进资本的积累与资本的总循环。在哈维的视域中，这是新自由主义实施金融化的主要原因。"总之，信用是使资本积累避开所有限制的主要手段，因为信用货币可以无限制地创造出来。"[②] 从 20 世纪 70 年代开始，资本主义社会面对之前累积的诸种经济危机和价值丧失的情况，开始寻求新自由主义计划以救治资本主义。而这一计划的核心手段是使得一切都金融化。随着资本向外扩张与全球化进程加快，资本在其积累与总循环过程之中，逐渐遭遇诸多界限。为了突破这些资本的界限并维持资本运行机制的正常运转，新自由主义通过实施金融资本主义以维持资本的积累与资本的总循环。因此，金融化在解决当代资本主义社会诸多危机方面所具有的各种特质与优势是新自由主义强调金融化的直接动因。

第一，哈维认为金融资本可以拓展货币资本之物质基础的界限。资本能否畅通流动直接影响着资本的积累与资本的总循环是否顺畅，

[①] [美] 大卫·哈维：《马克思与〈资本论〉》，周大昕译，北京：中信出版社，2018 年，第 90 页。

[②] [美] 大卫·哈维：《跟大卫·哈维读〈资本论〉》（第二卷），谢富胜、李连波等校译，上海：上海译文出版社，2016 年，第 246 页。

而金融化可以确保资本循环的连续性。在哈维看来,"在资本主义生产方式下,货币和信用的特征是确保作为价值运动的资本循环的连续性。反过来,确保连续性的必要性则将货币、信用和价值统一到具体的历史进程中"①。具体而言,为了确保资本总循环的连续性,货币资本被纳入具体的历史进程之中。然而,由于货币资本之物质基础的物理界限,单独由货币资本所建构的资本循环会再次遭遇其自身的界限。换言之,从现象层面来看,在资本的总循环过程中存在货币量不足的现实问题。由于竞争与供求关系的影响,货币资本的需求量日益无法满足资本的流通与循环。因此,突破货币资本之物质基础的物理界限成为迫切需要解决的问题,而金融资本与信用制度弥补了这一缺陷——尤其是虚拟资本与信用货币的出现,在很大程度上取代了现实的货币资本的作用。一言以蔽之,与货币和信用直接相关的金融资本可以拓展货币资本之物质基础的物理界限。换言之,信用制度与金融资本的出现,暂时缓解了资本在流通过程之中所遭遇到的"现实货币"不足的问题。

第二,哈维认为,固定资本的循环与流通提高了对金融体系与信用制度的需求。"简单来说,随着资本价值链和劳动分工变得越来越复杂,资本家需要越来越多地依靠庞大的固定资本(对基础设施和城市建设的资本要求更不用说了),所以对成熟的信用和金融体系的需求也会不断增长。"② 随着科技变革、劳动分工与建成环境的发展,固定资本的投入比重(资本有机构成)在资本主义的生产过程以及资本的总循环中已经从经济学维度或数量维度上占据了愈加重要的地位。

一方面,哈维认为这直接导致了一般利润率的下降。为了促进

---

① [美] 大卫·哈维:《马克思与〈资本论〉》,周大昕译,北京:中信出版社,2018 年,第81 页。
② [美] 大卫·哈维:《马克思与〈资本论〉》,周大昕译,北京:中信出版社,2018 年,第58 页。

"僵死"或贬值的资本重新恢复活力并参与资本循环,资本家所依赖的庞大的固定资本需要"灵活化"。另一方面,在哈维看来,固定资本投入所需要的货币资本量过于庞大,诸多资本家因此会遭遇到初次投入与更新时的资金困难。"资本家每年必须节省(囤积)足够的钱来购买替代品"①。这也就是说,价值的实现与价值的生产均会因为固定资本而遭遇其自身的界限。因此,过于依赖固定资本的资本家对信用与金融体系的需求也随之不断增长。从这一角度来看,金融化是促进灵活积累或弹性积累的重要手段之一。基于此,"僵死和贬值的资本重新恢复活力并参与了循环"②。

第三,从资本的空间与时间的角度来看,哈维认为金融化是促进时空压缩的重要手段。"用《政治经济学批判大纲》的话来说,信用制度是促使资本'以时间消灭空间'的主要手段。"③ 准确地说,资本的周转时间与周转速度一直是马克思资本批判理论的重要领域。在面对这一问题域时,哈维结合自身的地理学背景知识,通过对马克思《资本论》第二卷与第三卷的解读,着力强调了时空压缩的重要性。譬如,哈维指出:

> 这里,我们发现了个别资本家下述行为的一个额外动机:进一步用时间消灭空间;在商业策略中积极追求时空压缩。因为一旦成功缩短了劳动时间和(或)流通时间(例如,通过寻找让自己的商品更快推向市场的方式),他的预付资本就能获得较高的利润率(即便所用资本的利润不变),只要新的生产和流通策略的相

---

① [美] 大卫·哈维:《马克思与〈资本论〉》,周大昕译,北京:中信出版社,2018 年,第 58 页。

② [美] 大卫·哈维:《马克思与〈资本论〉》,周大昕译,北京:中信出版社,2018 年,第 58 页。

③ [美] 大卫·哈维:《马克思与〈资本论〉》,周大昕译,北京:中信出版社,2018 年,第 267 页。

关成本不会抵消掉他们更高的利润率。①

而金融化因其自身的特质又成为时空压缩的重要手段。总体而言，在哈维看来，每当资本主义社会发生严峻的经济危机时，资产阶级会选择两种理论路向去解决经济危机。一是向资本的内部寻求危机的解决路径；二是通过资本的向外扩张去转移危机或突破自身界限以寻找资本的新生长点。新自由主义时期强调的市场自由与自由贸易促进了世界贸易与全球化的进程，这实际上是一种资本向外扩张的现实路径。在这一过程中，资本的周转问题凸显出来，时空压缩是哈维针对这一问题提出来的诠释概念。因此，正是时空压缩的必要性促进了"有利于加快资本循环与维持循环连续性"的金融化的过程。

其次，从价值生产与价值实现的角度来看，哈维认为金融资本与信贷体系既能促进剩余价值的生产，又能促进剩余价值的实现。一方面，在哈维的视域中，当代资本主义社会存在大量的闲置资本与闲置劳动力，而生产过剩又直接导致资本主义生产过程中的利润率极低。因此，当前区域——出现生产过剩情况的区域——的资本主义生产过程已经没有足够的吸引力以引入这些闲置资本与闲置劳动力。而为了提高利润率，这些闲置资本与闲置劳动力必须找到新的落脚点。基于此，能够促进资本循环并拓宽世界市场的信贷体系与金融体系成为必要性的工具。这直接提高了剩余价值生产的效率。"从这一立场来看，信用制度大大促进了价值和剩余价值的生产。"②

另一方面，在哈维看来，由于生产过剩情况的加剧，价值丧失的情况日益严峻。因此，相对于剩余价值的生产而言，价值的实现成为新自由主义阶段的又一主要问题。而价值实现会直接牵涉有效需求与

---

① ［美］大卫·哈维：《跟大卫·哈维读〈资本论〉》（第二卷），谢富胜、李连波等校译，上海：上海译文出版社，2016年，第308页。

② ［美］大卫·哈维：《跟大卫·哈维读〈资本论〉》（第二卷），谢富胜、李连波等校译，上海：上海译文出版社，2016年，第246页。

不平衡发展的问题。因此，为了促进价值的实现，新自由主义有必要通过金融体系促进资本的重组与价值的再分配。"总之，信用是使资本积累避开所有限制的主要手段，因为信用货币可以无限制地创造出来。"①

　　总体而言，通过对马克思《资本论》的解读与重构，哈维在结合当代资本主义社会新现象的基础上指出，资本自身所具有的不断自我增殖的内在本性促使货币资本以复合增长的形式达到一个无限扩展的境地。然而，由于"现实货币"自身在其数量维度上的有限性，货币因其自身数量不足而与追求货币资本自我增殖的无限性之间形成了内在矛盾。这一内在矛盾在现象层面的具体表现就是资本在其总循环过程中所遭遇的货币资本量不足的情况。而金融资本与信用货币的出现，解决了现实的资本流通过程中存在的这一问题。在哈维看来，一方面，金融资本与信用货币减少了简单商品流通过程中商品交换时所需的"现实货币"中介的次数与数量。这在一定程度上拓宽了货币的支付功能，亦加速了资本的总循环过程。另一方面，金融资本与信用货币的出现，促使货币资本在执行产业资本功能时，减少了对现实货币资本积累的需求，这在一定程度上加速了资本主义生产过程的发生以及固定资本的循环。一言以蔽之，金融资本与信贷体系的出现与发展，是维持资本积累与资本总循环连续性的必然要求。

　　然而，以上原因不足以完整地解释新自由主义为何强调金融化。笔者以为，强调金融化亦是为了掩饰资产阶级对于贫困者的剥削实质。实际上，哈维曾在《新自由主义简史》一书中明确指认到，新自由主义是资产阶级、经济精英或"有钱人"的自由，其实质是对贫困者的剥削。

_____

① ［美］大卫·哈维：《跟大卫·哈维读〈资本论〉》（第二卷），谢富胜、李连波等校译，上海：上海译文出版社，2016年，第246页。

依靠在媒体和政治过程中的非常影响，这一阶级（以默多克和福克斯新闻网为首）利用刺激和强力劝服我们相信，新自由主义的自由制度使我们过得比以前更好。对那些舒服地住在世外桃源（gilded ghetto）里的精英来说，这个世界好像确实更好了。波兰尼或许会说，新自由主义把权利和自由带给了那些"收入、闲暇和安全都高枕无忧"的人，而把微薄的收入留给我们其他人。那么，"我们其他人"如何就如此轻易地默许了这一事态呢？①

从这一意义上来看，新自由主义是一种资产阶级的意识形态。

一方面，新自由主义重新促进了执行经理人与财产所有权的融合。在资本主义社会的历史上，对于联合的社会劳动的监督和指挥工作与纯粹的财产所有权产生了实质性的分离。"资本主义生产本身已经使那种完全同资本所有权分离的指挥劳动比比皆是。因此，这种指挥劳动就无须资本家亲自进行了。"② 这就将因生产性劳动——对于联合的社会劳动的监督与指挥工作——而获得的监督工资与因为纯粹的财产所有权而获得的利润彻底区分开来。在马克思看来，诸多资产阶级理论家之所以混淆这两种报酬，原因在于他们试图从监督工资的角度诠释资本家阶级获取超额利润的合理性。"企业主收入和监督工资或管理工资的混淆，最初是由利润超过利息的余额所采取的同利息相对立的形式造成的。由于一种辩护的意图，即不把利润解释为剩余价值即无酬劳动，而把它解释为资本家自己劳动所取得的工资，这种混淆就进一步发展了。"③ 然而，经验生活中的复杂现象使得二者经常因为难以区分而产生异化与颠倒。譬如，新自由主义通过金融体系或股息等经济工具再次将二者混合。这一情况因为雇佣工人亦可以直接持股而变得

①［美］大卫·哈维：《新自由主义简史》，王钦译，上海：上海译文出版社，2016年，第40页。
②《马克思恩格斯全集》中文第2版第46卷，北京：人民出版社，2003年，第434页。
③《马克思恩格斯全集》中文第2版第46卷，北京：人民出版社，2003年，第437页。

更加复杂化。执行经理人或雇佣工人因为获得股息而使其自身的生产性劳动与非生产性劳动产生了混淆。从这一意义上说，金融体系使得"掩盖剥削性"的情况再一次升级或复杂化。

另一方面，银行或金融机构通过国家—金融体制促成了资本的集中，这种集中的资本在形式上具有社会资本的形式。基于此，私有制与社会资本之间形成了可以过渡的灰色地带。这就掩盖了私人财产所有制以及资本对工人的剥削。虽然在马克思看来，这种社会资本可以作为过渡到社会主义社会的潜在中介——"这是资本主义生产方式在资本主义生产方式本身范围内的扬弃，因而是一个自行扬弃的矛盾，这个矛盾明显地表现为通向一种新的生产方式的单纯过渡点"[1]；但是，新自由主义也借此反过来以社会资本的形式掩盖了私有制或少数人利益集中地的真实镜像。从这一意义上看，我们可以暂时同意哈维的观点，即金融资本是新自由主义在当代实施"剥夺式积累"的重要工具。因此，只有基于此，新自由主义阶段才能弱化阶级斗争以大力发展资本主义并促成资本主义世界市场的形成。

金融资本是否是对劳动价值论的背离？

从当前马克思主义哲学界的核心争论内容来看，当代诸多西方学者对劳动价值论持有否定态度。这一态度在遭遇金融资本时产生了极大的连锁反应。换言之，金融资本与信贷体系的发展，使得资本主义生产过程与剩余价值的生产在资本积累过程中的主导性地位遭到质疑。从哈维的视角来看，金融资本属于非生产性劳动，而且"金融资本自1980年左右起就不可避免地日益占据了主导地位"[2]。然而，无论是斯密和李嘉图的劳动价值论，还是马克思的劳动价值论，其理论基础均

---

[1] 《马克思恩格斯全集》中文第2版第46卷，北京：人民出版社，2003年，第497页。
[2] [美] 大卫·哈维：《跟大卫·哈维读〈资本论〉》（第二卷），谢富胜、李连波等校译，上海：上海译文出版社，2016年，第179页。

是生产性劳动。那么，哈维指认属于非生产性劳动的金融资本在当代资本积累过程中居于主导地位的理论意图究竟为何？哈维是否认为当代资本主义社会的资本积累已经不再以资本主义生产过程为主，或者金融资本是否是对马克思意义上的劳动价值理论的背离？为了回答这一命题，我们必须面对以下三个难点：第一，哈维究竟在何种意义上指认"金融资本占据主导地位"？第二，金融资本占据主导地位意味着金融与生产的倒置，即哈维认为事实已经从金融依附于生产转变为生产为金融所主导，那么真实情况究竟如何？第三，马克思意义上的劳动价值论是否已经过时？

首先，在哈维看来，从 20 世纪 70 年代开始，新自由主义计划成为资产阶级救治资本主义的唯一路径。而与此路径直接相关的核心措施当属金融化与金融资本。基于新自由主义将一切金融化的举动，金融资本主义逐步占据了主导性地位。与马克思所处的时代不同，剩余价值的生产或产业资本已经让位于货币资本与金融资本，处于从属性地位。

实际上，马克思主要是以生息资本与信贷资本的概念体系来阐释金融资本这一问题域的。因此，他也是通过对生息资本与货币资本概念的解读，得出了剩余价值只来源于资本主义生产过程的理论定位。"说什么在资本主义生产方式的基础上，资本不作为生产资本执行职能，即不创造剩余价值（利息不过是其中的一部分），也会提供利息；说什么没有资本主义生产，资本主义生产方式也会照样进行下去，那就更荒唐了。"[1] 基于此，生息资本能获取利息的真正原因就被定位为对源于资本主义生产过程的剩余价值的"分有"。此种"分有"或价值转移是以利润或利息的形式与具体的资本主义社会中的信用体系或生息资本进行"勾连"。亦正是基于对生息资本的此种理论定位，马克思

---

[1]《马克思恩格斯全集》中文第 2 版第 46 卷，北京：人民出版社，2003 年，第 424 页。

认为生息资本依附于产业资本与资本主义生产过程。

而哈维基于他自身的实证经验主义的解读范式，从当下的资本主义社会之主导性表象的层面出发，对马克思关于生息资本（货币资本）与产业资本之间关系的定位进行了质疑。

> 他考察货币经营资本历史时要阐明的一般主题是，高利贷和利息必须被归顺并服从于一般的资本主义生产方式以及特殊的产业资本循环的要求。然而这些段落意味着资本主义信用制度完全不受控制，以致它现在反而以有害的、扭曲的方式威胁到资本和剩余价值生产的世界。它以掠夺式积累而不是在生产领域剥削劳动力为中心。①

也就是说，在他看来，生息资本依附于产业资本的理论定位适用于马克思的时代。因为在马克思所处的那个时代，剩余价值的生产是资本积累的主导形式，所以与剩余价值生产直接相关的产业资本和资本主义生产过程在当时具有主导性地位。但随着时代的发展，资本积累的主要模型已经发生了变化，即当代资本积累模型已经不以《资本论》第一卷所阐释的第一种资本积累模型为主要形式了。换言之，由于生产过剩以及价值丧失的情况在当代资本主义社会日益严重，剩余价值的实现与分配问题已经逐步取代了剩余价值生产的地位。基于此，哈维指认生息资本的发展形式——金融资本在当代已经不再依附于产业资本。"生息资本能够也确实走了不会被剩余价值生产直接限制的道路。"②

也正是在这一意义上，他明确指出金融资本在当代资本积累过程中占据了主导性地位：

---

① [美] 大卫·哈维：《跟大卫·哈维读〈资本论〉》（第二卷），谢富胜、李连波等校译，上海：上海译文出版社，2016年，第245页。
② [美] 大卫·哈维：《跟大卫·哈维读〈资本论〉》（第二卷），谢富胜、李连波等校译，上海：上海译文出版社，2016年，第240页。

相对于产业资本，金融资本自 1980 年左右起就不可避免地日益占据了主导地位，并且这一事实催生了一种不同的资本主义——金融资本。与产业资本占主导地位的时期（比如马克思所生活的时代）相比，金融资本有迥然不同的运动规律。[①]

进一步地说，哈维认为在当代资本主义社会，生产已经退居幕后并已经依附于金融。从这一角度来说，金融与生产之间的权力关系已经发生了倒置——"但是，马克思的分析中同样存在令人不安的现象——金融和生产之间的权力关系可能反过来"[②]。

总体而言，一方面，哈维认为，在当代资本主义社会中，金融资本处于维持与促进资本积累的主导性地位，即金融资本是通过信贷体系与信用货币等金融操作维持资本积累与资本总循环并获取利息或利润的新型资本运行机制。从这一意义上来看，虽然金融资本已经与其最初形态——生息资本与高利贷资本——形成了巨大的差异，但是其基础仍然是货币资本。值得注意的是，虽然哈维曾多次强调货币体系的贵金属基础早已解体，但这并不影响货币仍然可以作为流通手段、支付手段并在一定程度上具有"作为资本的货币"之作用。这也就是说，"金融资本的基础是货币资本"是从货币以及货币资本职能的角度来诠释的，因此货币贵金属基础的解体并不影响其作为货币资本发挥作用的职能。既然金融资本的基础是货币资本，那么，金融资本在资本积累过程中取代产业资本或资本主义生产之主导性地位的表象，就可以从货币资本与产业资本的视角加以理解。

另一方面，在他看来，金融资本（因为生息资本是金融资本的前身，所以哈维经常在不加区分的情况下用生息资本概念代替金融资本）

---

① ［美］大卫·哈维：《跟大卫·哈维读〈资本论〉》（第二卷），谢富胜、李连波等校译，上海：上海译文出版社，2016 年，第 179 页。

② ［美］大卫·哈维：《跟大卫·哈维读〈资本论〉》（第二卷），谢富胜、李连波等校译，上海：上海译文出版社，2016 年，第 185 页。

属于非生产性劳动。因此它与租金一样，不直接创造价值，而只是协调剩余价值的生产——"生息资本的流通不会直接生产价值，却有助于协调剩余价值的生产（其中当然充满了各种矛盾）"①。也正是在这一意义上，哈维指认金融资本是剥夺式积累——"总之，信用制度成为原始积累的当代形式的主要工具，我将这种原始积累的当代形式称作'掠夺式积累'。今天的金融贵族的财富有多少是通过金融体系的阴谋剥夺他人的财富（包括其他资本家）积累的呢?"② 因此，金融资本仅是维持与促进资本积累与资本总循环的主要手段而非直接引发价值增殖（不是价值增值或货币量的积累）的路径。

其次，哈维关于金融资本或生息资本依附于生产转变为生产依附于金融的理论定位，在某种意义上暴露了哈维自身的逻辑漏洞。换言之，金融资本依附于产业资本与金融资本占据主导不再依附于产业资本的不同理论定位，是两个不同的逻辑思维进程。因为在马克思的视域之中，产业资本是资本积累主导形式的原因在于只有产业资本才能促进价值增殖。而在哈维的视域中，金融资本占据主导地位的原因则在于金融资本成为维持与促进资本积累与资本总循环的主要手段。前者注重资本积累过程中的"价值增殖"，而后者则倚重于资本积累的连续性。一方面，从这一意义上来看，后者对于资本积累的定义流于形式，即哈维所谓的资本积累仅是"价值增值"或货币量的增加。易言之，哈维所理解的资本概念与马克思的资本概念存在极大差异，在一定意义上，我们甚至可以将哈维的资本积累与财富积累或货币量的堆积画等号。另一方面，这也反映出哈维对剩余价值的实现与分配的倚重要远远超过剩余价值的生产。正是基于此，哈维将剩余价值的实现与分配定义为资本积累过程中占据主导性地位的部分。这一情况在表

① [英]大卫·哈维：《资本的限度》，张寅译，北京：中信出版社，2017年，第513页。
② [美]大卫·哈维：《跟大卫·哈维读〈资本论〉》(第二卷)，谢富胜、李连波等校译，上海：上海译文出版社，2016年，第245页。

象领域的表现形式则为金融资本主导性地位的确立。也正是基于此，哈维指认到："重组导致债务积累和生息资本流通急剧加速，生息资本成为无限资本积累的主要动力。"①

由此可知，针对哈维所指认的金融资本在资本积累过程中占据主导地位的理论，我们应该从金融资本是推动资本积累与资本总循环的主要动力的视角来给予理解。这也就意味着，哈维所指认的金融与生产之权力关系的倒置也只能从"推动力"的视角给予理解。然而，既然哈维所指认的金融资本占据主导地位的内在含义仅仅是资本积累推动力的问题，那么从资本积累（即马克思意义上的资本积累，不是财富的累积或货币量的增加）的实质性内涵来看，哈维所谓的产业资本依附于金融资本的理论定位就不成立。因为在马克思的视域中，生息资本依附于产业资本的原因在于生息资本所获得的利息来源于资本主义生产过程中的价值增殖。而哈维所谓的产业资本依附于金融资本的理论定位，则不能从这一视角进行理解。他在论述相关论题时，直接指认马克思这一理论已经过时，并由此将金融与生产的关系进行颠倒的行为，恰恰反映出他不能理解马克思所谓的"生息资本依附于产业资本"的真正要义。也正是从这一意义上来看，哈维对金融资本的理解仅停留于数量维度与现象界层面。

最后，金融资本在资本积累过程中占据主导地位的理论定位，在西方学界引起了极大的连锁反应，表现之一就是对劳动价值论的怀疑。那么，金融资本主义的垄断性地位，是否真的预示着劳动价值论的过时？

实际上，劳动价值理论经历过一次思想史的转变。总体而言，这一理论存在三次决定性的转型，三次转型的关键人物是亚当·斯密、

---

① ［美］大卫·哈维：《马克思与〈资本论〉》，周大昕译，北京：中信出版社，2018年，第287页。

李嘉图与马克思。对于斯密而言，劳动价值论主要体现在两个方面：一是劳动创造价值（或财富），二是等量劳动创造等量价值（或财富）。基于此，斯密提出商品价值取决于劳动时间的理论。然而，由于斯密从商品交换关系的层面来理解劳动价值论，因此他顺理成章地指出商品内部所包含的价值量（或劳动量）又等于这一商品在市场上所能购买到的活劳动量。正是在此处，斯密进入了两难境地：一方面，商品价值由劳动时间决定；另一方面，商品价值又由该商品所能购买到的活劳动所决定。这两重标准在遭遇劳资交换关系以及租金、利息等超额利润时产生了"不对等"。也就是说，资本所购买的活劳动创造了超过活劳动自身所包含的商品价值（实际上是交换价值）。斯密最终由此得出了劳动价值论在遭遇这些特殊问题时暂时失效的结论。究其原因，问题在于斯密理解不了等量劳动创造出不等量价值的问题。准确地说，执着于等量劳动创造等量价值以及一般商品交换关系的斯密，无法进入资本主义的生产过程以及劳动能力的使用价值层面。

相比于斯密，李嘉图则较为果断，他始终贯彻商品价值取决于劳动时间这一标准，因此将问题从一般商品交换关系转移到资本主义劳动生产率的提高上。然而，由于他与斯密一样，仅从交换价值或者数量维度来理解劳动价值论，因此他们均不能解释剩余价值与超额利润的产生。

这一问题在马克思那里得到了进一步的解决。与古典政治经济学家不同，马克思识别出资本主义生产方式的不合理性，即他并不同意资本主义生产方式天然合理这一前提。基于此，他从资本主义生产方式本身出发，从资本主义生产过程的视角，识别出劳动能力以及劳动力商品的使用问题。换言之，正是资本主义生产过程中劳动力商品的使用本身。马克思解决了古典政治经济学家一直所不能解决的问题：等量劳动换取等量价值与劳动力商品产生剩余价值之间的矛盾。① 也就是说，将劳资交换仅仅看作交换过程，是一个伪命题。这个过程实际上是资本主义生产过程。马克思正是通过对这两个过程的分解解决了这一矛盾。也正是在这一基础上，马克思将劳动价值论与剩余价值理论在逻辑层面上贯通起来。

但是，从当前国内外学术界对于劳动价值论的争论来看，诸多学者认为劳动价值论已经过时。而伴随金融资本这一剥夺式积累的出现，主张非生产性劳动也能创造价值或剩余价值的声音使得这一问题更加复杂化。一方面，无论是由超额利润转化而来的地租，还是从利润中分有的利息的形式，都不能直接从等量劳动获取等量价值的标准进行理解。另一方面，被马克思定位的非生产性劳动"似乎"亦能创造剩余价值。基于此，劳动价值论遭受了严重的质疑。实际上，通过上文对马克思意义上的劳动价值论的理解，等量劳动与不等量价值的问题已经得到了解决。而金融资本所带来的问题，亦可以从生息资本的角度加以理解。

对马克思而言，从"表面"上看，生息资本凭借其纯粹产权参与剩余价值的分配并独立于资本主义的生产过程。易言之，通过对未来劳动收益债权的获得，生息资本以一种借贷资本的形式参与了剩余价值的分配。而哈维亦明确指认了生息资本或金融资本凭借其纯粹产权参与了剩余价值的分配。从这一意义上来看，哈维维护了马克思诠释生息资本的原意。但是，问题是否仅止步于此？

准确地说，马克思之所以提出金融资本依附于产业资本，是因为他认为生息资本的利息应该被置于资本总过程之中加以理解。然而，生息资本对于资本运动之中介过程的简化，使得生息资本之利息的产生形成了一种独立于资本主义生产过程的错觉。"在这个形式上，利润

---

① 参见唐正东《马克思劳动价值论的双重维度及其哲学意义》，《山东社会科学》2017 年第 5 期，第 9—10 页。

的源泉再也看不出来了，资本主义生产过程的结果也离开过程本身而取得了独立的存在。"① 也正是"在生息资本的形式上，资本拜物教的观念完成了"②。虽然哈维看到了马克思在分析生息资本时所提及的拜物教问题，也看到了马克思所分析的资本主义生产过程之于利息的重要性，并接受了金融资本参与剩余价值分配的理论。但是，一方面，他认为金融资本不一定直接进入生产过程，也可能进入消费等领域；另一方面，他又釜底抽薪，认为金融资本从依附于产业资本到转变为占据主导地位。虽然哈维没有直接否认产业资本对于价值生产的作用，但是他又从剩余价值的实现与分配已经取代价值生产的视角，将金融资本与生息资本的利息来源进行了隐藏。也就是说，在马克思看来，金融资本（生息资本）的利息来自资本主义生产过程；而在哈维的视域中，金融资本的利息来源于对未来劳动产权的拥有与对未来劳动的预期，即剩余价值的实现。"生息资本参与剩余价值的分配不是凭借其对生产的贡献，而是纯粹的产权。"③ 这实际上回到了马克思在《资本论》第三卷中对于误解生息资本与货币资本的一些庸俗经济学家的批判水平。也正是在这一意义上，哈维指出："因此，一些不是价值来源的东西，可以是剩余价值的来源。这个命题似乎可以延伸到流通领域内的活动。尽管价值不是在这个领域中产生，但是剩余价值可以在其中实现。"④

可见，哈维对于马克思剩余价值与价值概念的理解存在问题。基于此种解读，哈维认为价值来自生产过程，而剩余价值在流通过程或金融体系中可以得到实现。一方面，我们不能确定这是否是马克思所

① 《马克思恩格斯全集》中文第 2 版第 46 卷，北京：人民出版社，2003 年，第 442 页。
② 《马克思恩格斯全集》中文第 2 版第 46 卷，北京：人民出版社，2003 年，第 449 页。
③ [美] 大卫·哈维：《马克思与〈资本论〉》，周大昕译，北京：中信出版社，2018 年，第 62 页。
④ [美] 大卫·哈维：《跟大卫·哈维读〈资本论〉》（第二卷），谢富胜、李连波等校译，上海：上海译文出版社，2016 年，第 100 页。

说的剩余价值转化为利润的过程。另一方面，如果这就是剩余价值转化为利润的过程，那么是否意味着，金融资本所主导的资本积累仅仅是利润层面的资本积累？若果真如此，这实际上亦仅是财富、货币量或交换价值层面上的积累，而不是资本的积累。因此，以"并不生产价值与剩余价值的、属于非生产性劳动的金融资本"作为获取利润之主要手段的行为，并不是对于劳动价值论的证伪，而恰恰是对于劳动创造财富的证伪。或者说，这是对于古典政治经济学家们以交换价值与数量维度理解的劳动价值论的证伪，而不是对于马克思意义上的劳动价值论的证伪。此外，金融资本成为获取利润的主要手段，是从表象层面理解的。因为利润是剩余价值在具体世界中的表象形式，而剩余价值依然产生于资本主义生产过程。因此，从这一意义上来看，金融资本并非马克思意义上的资本积累的主要手段。

综上所述，金融资本通过对资本的硬化与颠倒，从表象上抹杀了资本产生自我增殖的真正原因并切断了与资本的现实增殖过程的一切联系。基于此，哈维认为利润主要来源于作为非生产性劳动的金融资本，而产业资本已经过时。而哈维对于剩余价值可以来源于流通过程的理论定位，说明他对剩余价值的理解是从交换价值的角度进行的。这在一定程度上将马克思的劳动价值论与剩余价值论拖曳到交换价值的层面。换言之，哈维是从财富的视角而非价值的视角来看待资本积累问题的。因此，金融资本不是对马克思意义上的劳动价值论的背离，而恰恰是对古典政治经济学意义上的劳动价值论以及劳动创造财富的否定。

二、土地逻辑与房地产问题

土地问题与地租理论是古典政治经济学家以及马克思等人一直关注的话题。随着房地产领域在当下资本主义社会的全面发展，尤其是

2008 年由次贷危机（或次级房贷危机）所引发的金融危机的全面爆发，土地逻辑与房地产问题再次成为诸多学者的研究对象。具有地理学背景知识的大卫·哈维亦精准地将视线投放在这一领域。总体而言，土地逻辑与房地产问题究竟以何种方式影响资本运行机制，是哈维集中关注的理论命题。回答好这一问题，既有利于丰富哈维的资本批判理论的内容，又有利于观照资本主义社会的现实表象。而围绕这一命题，我们必须厘清三个问题。第一，地租理论是古已有之的理论，因此这一理论的思想发展史以及它在当代社会的最新发展，将直接影响我们对地租问题的理解。而识别出地租问题在当代的最新发展，将会为研究当代资本主义社会的土地逻辑与房地产问题奠定理论背景。因此，我们有必要厘清哈维对这一理论的诠释与改造。第二，鉴于哈维对地租理论的最新发展，我们发现金融资本在土地领域不断渗透，并已经具有主导性的地位。那么，金融资本究竟如何影响土地逻辑？第三，立足于金融资本与土地逻辑之上的房地产问题，成为影响资本运行机制的现象界因素。然而，这一领域是否仅仅以金融资本与土地逻辑为主导？实际上，在哈维看来，房地产问题已经不能仅仅用纯粹的土地逻辑进行思考。因此，厘清房地产领域的运行机制，成为哈维重点关注的又一问题。

地租问题的当代发展

哈维关于地租理论的见解，主要以马克思与李嘉图的地租理论为知识背景。准确地说，哈维将马克思对李嘉图地租理论的评价以及马克思本人由此确立的地租理论作为他分析地租问题的直接文本依据。总体而言，在哈维看来，马克思将租金问题视为纯粹的分配关系而非生产关系并因此将其置于次要的理论地位。换言之，租金背后的生产关系而非租金本身所涉及的分配关系是决定租金诸问题的关键因素。就此而言，哈维指出分配关系亦"可以在资本主义生产方式当中担任战略性的协调角色"①。在这一意义上，租金与生息资本一样，均可以发挥战略性的协调职能。基于此，哈维与马克思不同，他将土地市场的各种影响因素——投机、竞争、区位等变量——视为决定性（或主导性）的理论内容。在此基础上，哈维重点强调了以下几个问题。

第一，哈维结合自身的地理学背景知识，从空间使用价值的视角来看待空间、地点与区位等空间组织以及土地租金等问题。在他看来，租金为空间组织等提供了基础——"我们将在后面证明，空间组织和资本主义的发展可以受到多种形式的社会控制，而为它们提供基础的正是租金。"② 在哈维看来，空间组织能够获得租金正是因为其使用价值。"马克思并没有系统地探讨空间的使用价值，但有诸多相关的谈论散落在他的全部著作中。"③ 针对这一命题，哈维以使用价值、交换价值与价值的三维空间范式进行了缝合——"它们的解决方案近在咫尺，只要我们可以回到使用价值、交换价值与价值的基本概念。"④ 易言之，哈维以绝对空间、相对空间与关系性空间（关联性空间）的模式丰富了使用价值的空间属性以及使用价值的空间属性在社会方面的含义。在此基础上，哈维将空间问题与资本积累进行了嫁接。譬如，"我们目前需要知道的不外是特定地块的区位优势可以由人的能动性来改变。这意味着资本本身的行为（特别是通过对运输和交通的投资）可以创造空间关系。由此，使用价值的空间属性就可以回到分析的领域中了"⑤。换言之，资本可以创造空间关系或改变土地区位优势。可见，哈维以资本的空间与时间的理论范式缝合了空间组织的问题。基于此，以租金诠释空间组织的理论范式在更广泛的意义上被资本的时间与空

---

① [英] 大卫·哈维：《资本的限度》，张寅译，北京：中信出版社，2017年，第513页。
② [英] 大卫·哈维：《资本的限度》，张寅译，北京：中信出版社，2017年，第521—522页。
③ [英] 大卫·哈维：《资本的限度》，张寅译，北京：中信出版社，2017年，第522页。
④ [英] 大卫·哈维：《资本的限度》，张寅译，北京：中信出版社，2017年，第521页。
⑤ [英] 大卫·哈维：《资本的限度》，张寅译，北京：中信出版社，2017年，第526页。

间的理论范式所取代。值得注意的是，哈维进行此种理论改造的前提是认为传统的政治经济学均是通过租金来处理空间组织诸问题的。"按照传统，政治经济学（不论派别）是通过租金这个理论概念来处理空间组织的问题的。"①

第二，哈维指出马克思在分析李嘉图的地租理论时，以肥力和区位两大影响因素证明了李嘉图的总体假定——农业中的回报逐步递减——不成立。然而，马克思在阐释自身的地租理论时，又将区位因素排除出去。更有甚者，马克思亦排除了投机、土地不同用途之间的竞争等影响因素。换言之，在哈维看来，马克思仅关注于肥力，忽视了各种外在因素。那么，以肥力不等与肥力相等作为区分前提的两种级差地租，又以何种方式进入哈维的理论视野？总体而言，在哈维看来，马克思在分析级差地租理论时，在级差地租的第一种形式上基本延续了李嘉图的观点，而在级差地租的第二种形式上做出了原创性的贡献。

具体来说，哈维指出，如果土地所有权占有的是级差地租的第一种形式，那么它"就会在市场价值的决定过程面前采取中立的立场，因而就资本积累的滞后或其他任何社会弊病而言，它都可以免受一切责备"②。也就是说，在这种情况下，资本积累遭遇诸多界限不能归咎于土地所有权或土地所有制。然而，当问题转向级差地租的第二种形式时，土地所有者的中立地位也随之发生了改变。级差地租的第二种形式立足于同等肥力的土地上，它由资本对土地的不同投资程度决定。由于"肥力最终是社会的产物"③，即土地肥力因为投资改良会发生变化；因此，以"肥力相等"为前提的级差地租的第二种形式直接转化成了以不同肥力程度为前提的第一种形式。在这一过程中，级差地租

① ［英］大卫·哈维：《资本的限度》，张寅译，北京：中信出版社，2017年，第521页。
② ［英］大卫·哈维：《资本的限度》，张寅译，北京：中信出版社，2017年，第546页。
③ ［英］大卫·哈维：《资本的限度》，张寅译，北京：中信出版社，2017年，第548页。

的两种形式之间既成为互为界限的关系，又因此变得不可分离。换言之，由肥力不同带来的级差地租与由资本投资带来的级差地租之间的界限变得模糊了。基于此，对租金进行占有所需的真正基础隐而不见。那么，在超额利润转化为地租的过程中，土地所有者能否赢得时间并将超额利润固定在地租上的干预行为，也会因为对租金进行占有之真正基础的模糊性而取得合法地位。由此，土地所有者的中立地位因为土壤改良或资本投资而发生了动摇："所有权可以对市场价格、资本积累、生产的分散程度等方面造成积极的、消极的或中立的影响。"[1] 值得注意的是，此种多样性的影响作用主要体现在两种级差地租的相互作用之中。而对于垄断租金与绝对租金而言，土地所有权给予"资本在土地上的恰当配置"所带来的影响基本上是完全消极的。因此，土地所有制或土地所有权之于资本积累的关系从"中立"转变成"干预"。

　　第三，哈维研究地租问题的理论旨归在于他试图梳理出资本在何种逻辑的引导下被引入农业。当然，这一问题域的提出是以一些独特的条件——"这些条件依附于作为生产资料的土地和土地私有制现象"[2]——为理论前提的。换言之，他试图在资本主义的框架内廓清资本主动经过土地本身进行流动并实现剩余价值的方式。准确地说，一方面，经过土地本身的资本流动在一定程度上取决于资本积累的程度以及资本在农业上的积聚情况。另一方面，这种资本的流动对于信用体系的存在以及信用在资本市场上处于主导地位的总体情况亦高度敏感。这也就是说，土地领域的资本流动亦受到资本积累诸多界限的影响。譬如，地主在很大程度上也可能是金融家。诚如前文所述，土地所有制在资本主义形式之下已经不能再保持纯粹的中立地位，即它已经以一种被资本主义生产方式所左右的逻辑或方式影响了资本在土地

① [英] 大卫·哈维：《资本的限度》，张寅译，北京：中信出版社，2017年，第551页。
② [英] 大卫·哈维：《资本的限度》，张寅译，北京：中信出版社，2017年，第547页。

上的循环与积累过程。值得注意的是，土地所有权和对租金的占有对于资本循环与积累具有互相矛盾的作用。一方面，由土地所有权而产生的对租金的占有，妨碍了资本家在资本积累过程中对剩余价值或利润的积聚。另一方面，对于租金的占有，在一定程度上阻止了"资本沿着原本不生产剩余价值的渠道（尽管并非不生产利润）来流动"①，这继而推动了资本在土地上的恰当配置。从这一意义上来看，"这意味着对租金的占有和土地私有制的存在是资本主义的延续所需的社会必要条件"②。

第四，在哈维看来，对于土地所有制的维护乃至强化具有了使一切形式的私有财产合法化的意识形态职能。对于资本主义生产方式而言，私有财产的存在或劳动者与生产资料的分离是确保其正常运行的前提条件之一。而土地所有制作为私有制的具体表现之一，确保了劳动与土地之间的分离。因此，对于土地所有制成为资本主义得以延续的社会必要条件的判断，促使土地所有制的合法性得到了确证。这又反过来推进了私有财产的合法化。实际上，哈维对这一问题的回应，是在直接继承马克思思想的基础上形成的。

第五，对于哈维而言，租金在剩余价值的分配中究竟占据何种地位，主要取决于阶级斗争或各个阶级的相对权力。从这一视角来看，分配关系实际上是阶级斗争或派系斗争的产物。在他看来，对于土地上生产出来的剩余价值而言，马克思的地租理论仅关注了地主与资本家之间的分配，然而问题远不止于此。实际上，这种分配涉及更多的派系或相关阶级。

假如只从地主与资本家之间的相对权力来看，对于地主而言，最大化地索取租金从表面上看是最为有利的，但这会减少资本在土地上

---

① [英] 大卫·哈维：《资本的限度》，张寅译，北京：中信出版社，2017年，第551页。
② [英] 大卫·哈维：《资本的限度》，张寅译，北京：中信出版社，2017年，第552页。

的流动；而这又与地主的强烈诉求相悖，因为资本在土地上的流动又会促进剩余价值的生产。准确地说，地主对于土地的诉求仅仅在于占有租金，而土地对于资本家而言仅是剩余价值的一种生产资料，因此资本家对于土地的诉求仅仅是预付资本中的租金与生产出来的剩余价值。正是土地之于地主与资本家在使用价值上的差别，"让一片'妥协的地带'得以存在于它们之间"①。"在某些情况下，地主有强烈的动力保持被动，并将土地所有权在资本的流动面前设下的障碍降到最低。"②由此可知，地主与资本家在参与土地上的剩余价值分配时，存在很多可以妥协的地带。而正是在这一地带，产生了更为复杂的情况。一方面，超额利润转化为地租是避免资本积累之诸多弊端的必要条件之一。因此，为了促进资本的积累与循环，地主亦可以是资本家，反之亦然。另一方面，固定资本与信用体系在土地领域的应用，使得地主与资本家之间的关系以一种复杂化的形式向多元性关系发展。譬如，地主可以是货币资本所有者或金融家，资本家又可以仅仅是管理者或劳动者。而随着地主身份的不断变化，土地利益集团最终失去了自身的独立作用并转化为资本本身的一个派系。

可见，仅以地主与资本家之间的关系来处理产生于土地上的剩余价值分配，并不能彻底解决租金问题。而且更为重要的是，哈维认为这些复杂情况并不能为马克思所定位的"例外和巧合"之类的词语所遮蔽。换言之，这些复杂情况反而是哈维着重关注的问题。

第六，在金融体系已经获得资本积累之主导性地位的前提下，哈维认为土地所有制应该在土地被当作纯粹的金融资产的前提下进行理解。换言之，哈维认为土地是虚拟资本的一种形式，而租金则是此种虚拟资本的利息。也就是说，"生息资本在土地的所有权证书中的流通

---

① ［英］大卫·哈维：《资本的限度》，张寅译，北京：中信出版社，2017年，第559页。
② ［英］大卫·哈维：《资本的限度》，张寅译，北京：中信出版社，2017年，第559页。

与一般的虚拟资本的流通起到了类似的作用"①。实际上，哈维认识到土地利益集团未必愿意以纯粹的金融资产与货币资本的形式来定位土地和租金。但他又明确地指出："货币的社会权力最终注定要支配土地的社会权力。"② 也正是在这一意义上，哈维指出租金在总剩余价值中的份额在越来越大的程度上被内化到生息资本与虚拟资本流通的逻辑中。因此，土地市场的独特性对于资本积累与流通至关重要，而"马克思并没有对土地市场展开任何详细的分析"③。基于此，哈维研究了土地何以具有价格的问题。在他看来，利率与对未来租金收益的预期是调节土地及其附属物之价格的基本力量。可见，供需、竞争与投机等因素又再次被引入论述框架。

综上所述，哈维在论述地租理论时，试图将这些被马克思作为偶然性因素或外部因素的部分以一种占据主导的地位的姿态再次引入地租理论。基于此种理论定位，哈维得出了如下结论："不仅对租金的占有具有社会必要性，而且土地所有者肯定必须在追求租金的提升时起到主动的作用。这种行为并没有任何前后矛盾，条件当然是土地仅仅被当作一种金融资产，一种向所有投资者开放的虚拟资本的形式。"④

可见，哈维在论述地租理论时，并不满足于马克思仅从肥力或内在因素讨论问题的视角。在他的视域之中，区位、投机、供需、竞争与信用体系等外部影响因素反而起到了主导性的作用。一方面，这反映出哈维集中关注经验的具体世界的理论诉求，呈现在表象世界的纷繁复杂的影响因素是其理论视域的直接研究对象。这是英美实证分析范式在处理地租理论时分析各种影响因素或变量的典型范例。另一方面，哈维亦不满足于马克思将这些复杂因素以一种次要的或"颠倒"

① ［英］大卫·哈维：《资本的限度》，张寅译，北京：中信出版社，2017 年，第 571 页。
② ［英］大卫·哈维：《资本的限度》，张寅译，北京：中信出版社，2017 年，第 563 页。
③ ［英］大卫·哈维：《资本的限度》，张寅译，北京：中信出版社，2017 年，第 564 页。
④ ［英］大卫·哈维：《资本的限度》，张寅译，北京：中信出版社，2017 年，第 567 页。

的形式进行处理的理论逻辑。基于此，他试图证明这些影响因素反而成为当代资本主义社会中资本积累与总循环的主导性因素。

金融资本在土地领域的渗透

在哈维看来，由于商品交换或货币关系的普遍化以及信用体系的成长，土地越来越被人们当作一种金融资产。也正是在金融资产的意义上，土地所有制实现了其真正的资本主义形式。也就是说，"当土地的交易被还原为生息资本流通的一个特别分支之后，土地所有制就达到了真正的资本主义形式"①。那么，哈维究竟为何下此结论？金融资本又以何种方式影响土地逻辑？这种因金融资本的介入而发生改变的土地逻辑又怎样影响了资本的积累与总循环？

首先，哈维之所以认为土地越来越被视为一种纯粹的金融资产，原因主要有两点：一是租金与利息具有共通性；二是金融资本催生了土地逻辑的变化。

就第一点而言，哈维认为利息与租金均来源于对纯粹产权的占有。一方面，生息资本之所以能够参与剩余价值的分配不是因为它对生产的贡献，而是因为它的纯粹产权。这种权利以拥有作为商品的货币的所有权为基础。另一方面，当土地可以作为商品进行自由贸易——出售、抵押或者租借——时，地主所获得的任何租金实际上均是土地所代表的虚拟资本带来的利息。也就是说，地主对土地所有权的占有是其获得土地这一虚拟资本形式衍生的利息的产权基础。"简言之，土地的所有权证书成了虚拟资本的一种形式。"② 在这种情况下，地主对于租金的获得与生息资本家对于利息的赚取类似，即均以对未来收益的债权或未来劳动的债权为前提。"土地的价格必须通过对未来租金的占

---

① ［英］大卫·哈维：《资本的限度》，张寅译，北京：中信出版社，2017年，第536页。
② ［英］大卫·哈维：《资本的限度》，张寅译，北京：中信出版社，2017年，第564页。

有来实现，而这种租金又立足于未来的劳动。"①

　　而第二点原因的核心在于土地逻辑的变化。哈维认为，在资本主义形式的基础上，土地成为固定资本的一种特有形式。随着信用体系与金融资本的迅速发展，固定资本在资本总循环中的流动性日益以一种虚拟资本与利率、利息的形式出现。因此，金融资本的发展既缓解了固定资本在资本积累与总循环中的阻碍情况，又使得固定资本日益以一种虚拟资本的形式参与资本的总循环。而土地作为固定资本的一种特有形式，尤其是在建成环境的意义上，也因此日益以一种虚拟资本或金融资产的形式参与资本的总循环。"但是归根到底，很可能正是因为需要在土地上使生产力革命化，需要将土地开放出来，让资本可以自由流动，所以土地所有制才被迫还原成了对纯粹金融资产的持有。"② 也正是在这一意义上，哈维指认土地交易只有在被还原成生息资本或金融资本的一个特别分支之后，才真正实现了土地所有制的资本主义形式。

　　其次，哈维认为，金融资本对土地逻辑的渗透，是以土地成为一种纯粹的金融资产为表现形式的。那么，金融资本对土地逻辑的干预，究竟是以何种方式为干预路径？换言之，金融资本在何种程度上改变了土地逻辑的传统形式？

　　实际上，在哈维看来，金融资本对土地逻辑的干预，是以当代资本积累为理论前提的。总体而言，资本在其积累与总循环的过程中，遭遇了一系列的现实障碍。资本为了缓解自身因这些障碍而产生的危机情况，采取了不断向外扩展界限的形式以维持资本的持续积累。而资本在向外扩张、发展世界市场并逐步走向全球化的过程中，最先面临的就是土地与空间的问题。在哈维看来，资本主义生产方式在"他

---

① ［英］大卫·哈维：《资本的限度》，张寅译，北京：中信出版社，2017年，第571页。
② ［英］大卫·哈维：《资本的限度》，张寅译，北京：中信出版社，2017年，第537页。

处"进行复制的过程，是资本进行扩张与维持自身积累的主要方式之一。这既需要对土地的占有与控制，又需要土地或固定资本能够更为顺利地流通而不成为资本进一步扩张的阻碍。从这一意义上来看，"剩余资本越多（包括短期的、由过度积累造成的剩余资本和长期的剩余资本），土地就越有可能被吸收到资本流通的一般框架当中"①。也正是在这一过程中，资本的全球化与城市化等现象接踵而至。而这些情况，既是资本逻辑在土地领域的最新发展，又体现了土地逻辑在当代资本主义社会的新发展。当然，这种情况在以前的资本主义社会中也存在，而关键的不同在于，金融资本的介入使得这种土地逻辑在广度与深度上得到了迅猛发展。由于金融资本的介入，城镇化进度或资本的城市化进程均得到了前所未有的推进。

基于此种理论前提，哈维指出，金融资本通过信用体系与虚拟资本的形式，将原本固定在地理位置中的土地以一种流动性的姿态变成资本积累与总循环过程中的交易对象。这种以对未来租金的预期为价值的商品——"土地是一种虚拟资本形式，其价值源于对未来租金的预期"②，得以成为世界市场与自由贸易市场中的关键性商品。基于此，对与土地直接相关的建成环境的生产亦成为资本流通过程中的重要部分。换言之，空间、地理与环境本身成为资本积累或资本运行机制中的重要部分。这实际上就是列斐伏尔话语体系中的"空间的生产"。也就是说，金融资本促进了土地在资本积累过程中的自由交易，并使其成为资本积累中的一个新领域。与此同时，哈维进一步指出，因此还催生了土地在当代资本主义社会的诸多新形式：第一，土地交易市场在当代资本主义社会日益发达，土地拍卖、抵押、售卖或出租等形式层出不穷。第二，以土地交易为前提的房地产市场的繁荣。这一繁荣

---

① ［英］大卫·哈维：《资本的限度》，张寅译，北京：中信出版社，2017年，第537页。
② ［美］大卫·哈维：《世界的逻辑：如何让我们生活的世界更理性、更可控》，周大昕译，北京：中信出版社，2017年，第330页。

在 20 世纪 80 年代实施新自由主义与金融化政策后，达到了癫狂的状态。① 第三，金融对土地市场与房地产市场的介入，催生了次级抵押贷款市场的形成。第四，金融体系促进了过剩资本在土地领域的流动，这促进了大量的基础设施建设的形成与城市化发展进度的加快。总而言之，诸如此类的以土地为基础的领域，均因为金融资本的介入而金融化或发生了本质性的改变。

最后，这种因金融资本而发生变化的土地逻辑，又对资本运行机制或资本积累产生了诸多影响。

第一，诚如前文所述，哈维认为这种土地逻辑在一定程度上推进了资本积累与总循环的进程，因此对资本积累与总循环产生了积极的影响作用。第二，在哈维看来，金融资本以土地为媒介，推进了资本的城市化进程与资本的不平衡地理发展。为了实现资本利润的最大化，资本不断地择取利润最大化的土地或区域进行资本运作。"资本家为了实现土地收益最大化，过去几年中迫使低收入人群搬离了曼哈顿和伦敦市中心，这对阶级分化和弱势群体造成了灾难性的后果。"② 可见，一方面，这是促进资本积累的一个具体表现；另一方面，与城市化进程和不平衡地理发展伴随而来的，是对贫困人口的边缘化与"掠夺"。这也是哈维提出金融资本属于剥夺式积累的内涵之一。也正是基于此，阶级分化日益严峻，寻求乌托邦并争夺城市权的诉求日益增长。第三，哈维认为这种土地逻辑促进了资本的全球化进程与世界市场的发展。在这一过程中，资本逻辑与领土逻辑的问题也凸显出来。第四，在哈维看来，金融资本对土地市场与房地产市场的介入，既促进了房地产的繁荣，又导致了资本家对土地、房地产价值以及租金的过度投机。

---

① 参见 [美] 大卫·哈维《世界的逻辑：如何让我们生活的世界更理性、更可控》，周大昕译，北京：中信出版社，2017 年，第 331 页。
② [美] 大卫·哈维：《世界的逻辑：如何让我们生活的世界更理性、更可控》，周大昕译，北京：中信出版社，2017 年，第 330 页。

为理解上述现象，我们或许需要剖析马克思对所谓"虚拟资本"的描述及其与土地和房地产市场的关系……难道不是对土地、房地产价值以及租金的过度投机导致了这场危机吗？①

在这一意义上，土地与房产成为可以产生收入的资产。因此，金融资本既是促进资本循环过程中的价值生产、价值实现与价值分配的利器，又是所有投机与非理性冲动的助推器。

综上所述，经过金融资本中介的土地逻辑，既促进了资本积累与总循环的进程，缓解了资本主义的诸多危机，维持了资本积累的持续性，又给资本积累与总循环的运行机制带来了一些新的矛盾与危机。

房地产：资本积累的城市根源

诚如前文所述，金融资本对土地逻辑的渗透，使得土地所有制实现了其资本主义的形式。而以土地为基石的房地产行业，亦因此实现了其资本主义的形式。"进一步讲，倘若没有精致巧妙、无所不包的信用体系，私有房地产的资本主义形式就是无法想象的。"② 换言之，金融资本促成了房地产市场的繁荣。那么，这种以金融资本为前提的当代资本主义社会的房地产，究竟以何种具体逻辑运行于资本积累与总循环过程之中？又对当代资本运行机制或资本积累与总循环过程起着何种作用？更有甚者，2008 年以次级贷款危机为导火索的房地产危机，又在何种程度上影响了资本主义危机？

总体而言，哈维根据列斐伏尔的判断，认为当代资本主义社会已经从工业社会转向了城市社会。这就意味着资本的城市化进程已经成为当代资本积累与总循环过程中较为重要的组成部分。譬如，哈维曾指出：

---

① [美] 大卫·哈维：《世界的逻辑：如何让我们生活的世界更理性、更可控》，周大昕译，北京：中信出版社，2017 年，第 340 页。
② [英] 大卫·哈维：《资本的限度》，张寅译，北京：中信出版社，2017 年，第 537 页。

列菲伏尔一直主张，必须承认多少有些令人困惑的景况，那就是城市进程在资本主义动力学中具有更多的重要性，这一重要性是大多数分析者永远都准备去思考的问题。我过去几年所从事的对资本城市化的历史和理论研究证明了列菲伏尔主张的说服力。从许多方面来讲，它们确实如此。①

而资本的城市化进程作为"基于空间的社会进程"②，又主要以空间理性层面上的房地产与建筑环境为基本特征。因此，随着当代资本主义社会城市化进程的加快或城市社会的形成，房地产日益成为城市化进程的重要领域。基于此，哈维重点分析了房地产的运行逻辑。总体而言，房地产是资本逻辑与权力逻辑或"国家—金融体系"③ 的双重演绎。一方面，房地产以土地为建筑基石。这就意味着土地逻辑也适用于以土地为基础的房地产市场。而随着金融资本对土地领域的渗透不断加深，土地所有制最终实现了其资本主义形式。基于此，土地在当代资本主义社会中成为虚拟资本。从这一意义上来看，土地逻辑与金融资本逻辑一样，均应该在资本主义逻辑或资本逻辑的范围内给予理解。另一方面，在哈维看来，"国家—金融体系"是直接影响房地产领域的幕后推手。这也就意味着"国家—金融体系"是具体的房地产运行机制的重要组成部分。"但由于这种活动是长期的，这些活动对价值和剩余价值生产有着极其重要的作用，需要金融资本和国家管理的某种结合来为其发挥作用创造必要条件。"④ 可见，从这一意义上来看，

---

① ［英］大卫·哈维：《资本的城市化：资本主义城市化的历史与理论研究》，董慧译，苏州：苏州大学出版社，2017 年，第 219 页。
② ［美］大卫·哈维：《世界的逻辑：如何让我们生活的世界更理性、更可控》，周大昕译，北京：中信出版社，2017 年，第 162 页。
③ ［美］大卫·哈维：《马克思与〈资本论〉》，周大昕译，北京：中信出版社，2018 年，第 311 页。
④ ［美］大卫·哈维：《世界的逻辑：如何让我们生活的世界更理性、更可控》，周大昕译，北京：中信出版社，2017 年，第 342 页。

国家权力以及金融体系所展现出来的资本逻辑与权力逻辑就是房地产市场的内在逻辑。那么，以资本逻辑与权力逻辑为主线的房地产市场，又在资本积累与总循环过程中居于何种地位呢？

实际上，对这一问题的回答，就是对以双重逻辑为主线的房地产市场之于当代资本运行机制的动力支撑的诠释。众所周知，在哈维的视域之中，当代资本主义社会已经形成了以金融资本为核心的弹性积累模式。这种资本积累模式具有以下几个显著的特征：第一，哈维认为金融资本已经渗透到当代资本主义社会日常生活的方方面面，并成为新自由主义计划的核心。第二，在哈维看来，弹性积累模式意味着资本要不断向外寻求地理扩张与资本积累。这主要表现为资本的城市化进程。第三，以金融资本霸权为核心的新帝国主义得以形成。正是在这些特征的影响下，房地产市场以其特有的形式成为当代资本积累与总循环的重要领域。

一方面，哈维认为房地产市场得以繁荣的前提正是金融资本的渗透。信用体系的发达与自由的资本主义市场促成了房地产自身资本主义形式的实现。也正是在这一意义上，"金融系统就在很大程度上掌控了排屋和公寓的供求"[1]。而已经实现其资本主义形式的房地产市场，与以往不同，成为当代资本积累的重要场所。因为在哈维看来，缓解资本过度积累的重要途径是通过向外寻求地理扩张，而这种向外扩张又主要以资本的城市化进程的模式体现出来。

> 我曾专门长篇论述，纵观资本主义历史，城市化是吸收过剩资本和劳动力的主要方式。我始终认为，由于建筑环境的漫长周期、周转时间和投资生命周期，城市化对吸收过度资本积累有着特殊的作用。城市化还具有空间制造和空间垄断等空间特殊性来成为积累过程

① [美] 大卫·哈维：《世界的逻辑：如何让我们生活的世界更理性、更可控》，周大昕译，北京：中信出版社，2017年，第344页。

中不可分割的组成部分，而不仅仅是改变商品的空间流动来推动积累，而且也是创造这些流动所发生的具体空间和场所来推动积累。[①]

房地产则在这一过程中起到了塑造城市建筑环境与固定资产投资（固定资本的一种）等空间场所的重要作用。在哈维看来，"固定资本提供了资本积累的有力杠杆。固定资产投资，特别是在建筑环境的独立设施，可以临时缓解过度积累问题并减轻危机阶段的压力，尤其是当过剩资本和劳动找不到有利可图的投资机会时"[②]。正是在这一意义上，房地产与建筑环境、固定资本与消费基金以及城市基础设施等空间固定性的东西一起，起到了吸收过剩劳动力与过剩资本并缓解过度积累的重要作用。

另一方面，在哈维看来，资本的城市化进程不仅意味着房地产市场成为资本积累的重要途径与场所，而且也促进了住房需求量的提高以及住房差异化的增大。换言之，房地产市场的炒作造成了楼市价格虚高以及住房条件的差异化。这促使贫困阶层与弱势群体被迫进入边缘化地带。譬如，哈维曾指出：

> 如果因为价值无法实现而导致项目失败，金融家要选择让开发商破产还是让房屋购买人破产，显然，金融家会站在开发商这一边（尤其是当房屋购买者来自底层或属于少数族裔时）。阶级和种族偏见此时就不可避免地会掺杂进来。[③]

随着"国家—金融"机制的形成，这种以金融资本为核心的政治权力机构，进一步以内在于资本循环过程的模式，加剧了垄断阶级地租与

---

① [美] 大卫·哈维：《世界的逻辑：如何让我们生活的世界更理性、更可控》，周大昕译，北京：中信出版社，2017年，第342页。

② [美] 大卫·哈维：《马克思与〈资本论〉》，周大昕译，北京：中信出版社，2018年，第230页。

③ [美] 大卫·哈维：《世界的逻辑：如何让我们生活的世界更理性、更可控》，周大昕译，北京：中信出版社，2017年，第345页。

居住分异现象。"巴尔的摩事件表明，金融和政府组织在形塑居住分异时扮演了积极的角色，在这个过程中积极行动者是寻求从收入循环中实现垄断阶级地租的投资者。"① 这种从垄断、竞争以及居住分异体现出来的不平衡地理发展所造成的冲突与紧张，反过来进一步影响了资本积累与总循环过程的持续性。一言以蔽之，在当下的资本主义社会，从住房差异体现出来的价值分配领域的不公正，反过来进一步影响了资本积累与总循环过程的持续性。

可见，以土地逻辑为基础的房地产市场，在权力逻辑与资本逻辑的影响下，进一步从正反两个方面影响了资本的城市化进程以及资本的积累与总循环过程。这也就为资本主义危机的城市根源埋下了伏笔。也正是在这一意义上，哈维认为房地产既是资本积累的城市根源，也是资本主义危机的城市根源。那么，房地产又究竟以何种危机形式成为资本主义危机的城市根源呢？

众所周知，2008 年的金融危机正是以房地产领域的次级抵押贷款危机为中心逐步蔓延全球的。而在哈维看来，这种以房地产危机为中心的当代资本主义危机现象，并不是某一时段偶尔出现的罕见现象，它正以应该被引入资本运动一般规律中的形式，危及资本积累与总循环过程的持续性。

> 这篇文章安慰大家说，近期出现的房地产泡沫现象"是罕见事件，在未来几十年都不会重现"。他说 21 世纪初的美国大型房地产泡沫在美国甚至国际房地产发展史上都是罕见的，因为"此前的房地产泡沫更小且局限在部分地区"……在我看来，这样的论述是对资本主义发展史的极大误读……因为从来没有人认真想过，要将对城市

① ［英］大卫·哈维：《资本的城市化：资本主义城市化的历史与理论研究》，董慧译，苏州：苏州大学出版社，2017 年，第 78 页。

化进程和建筑环境形成的理解融入对资本运动的一般规律理论中。①

总体而言，在哈维看来，具有如此重要地位的房地产市场又以资本积累与阶级斗争两个方面的危机形式危及资本主义社会。

从前一个视角来看，哈维认为房地产市场以不能再维持资本积累持续性的方式，成为资本积累的阻碍。诚如前文所述，哈维认为房地产市场主要以"空间的生产"、城市化进程以及固定资产投资的模式成为促成资本地理扩张并缓解资本积累的重要途径。但由于房地产市场自身的内在逻辑，尤其是促成房地产之资本主义形式的金融资本逻辑的存在，房地产自身拥有了虚拟资本与信用体系的特征。然而，这一特征增加了房地产市场的风险性。因为虚拟资本与信用体系意味着货币与任何物质基础的脱节，这就促使资本主义追求无止境增长的欲望被无限放大。但价值与货币代表形式之间的鸿沟最终只会促成经济的泡沫化或资本经济理性的疯狂。因此，房地产市场所隐含的金融危机风险使其在一定阶段以房地产崩溃的危机形式，中断了资本的积累与总循环过程。而由于房地产市场已经成为资本城市化进程的主要内容，这种因为房地产崩溃而形成的危机往往以导火索的形式中断整个城市化进程并蔓延开来。也正是从这一意义上来看，房地产危机成为资本积累危机的城市根源。

而从阶级斗争的视角来看，哈维认为房地产亦以促成居住分异与不平衡地理发展的形式，加剧了因住房问题而引发的阶级斗争。一方面，在哈维看来，房地产领域所裹挟的土地私有制与房屋所有权等问题，促成了各阶级对房屋排他性所有权与使用权的争夺。这也就是说，各种不同的利益群体以垄断和竞争的方式在房地产领域形成等级制度。而协调房地产的等级制度框架就此不断以阶级冲突或紧张的形式重新

---

① [美] 大卫·哈维：《世界的逻辑：如何让我们生活的世界更理性、更可控》，周大昕译，北京：中信出版社，2017年，第329—336页。

排列。另一方面，哈维认为日益被边缘化的群体或贫困阶层被逐渐排挤到贫困地区或城市之外。在这一过程之中，对于住房条件的需求与争夺日益以争夺城市控制权利的斗争形式体现出来。因为这是资产阶级对贫困阶级或劳动者于生活场所上的第二种剥削。基于此，哈维进一步提出了寻求可能的城市世界的反资本主义斗争。也正是在这一意义上，房地产领域可以成为阶级斗争的具体革命爆破点之一。

综上所述，在资本积累与总循环过程中，房地产市场以其双重逻辑——资本逻辑与权力逻辑——为基础，在发挥着积极作用的同时，也成为资本积累危机的隐患。换言之，房地产市场在成为资本积累城市根源的基础上，亦成为资本主义危机的城市根源。

三、资本经济理性的疯狂是普遍异化与拜物教现象

在哈维看来，资本经济理性的疯狂，最终表现为普遍异化与拜物教现象。而由于当代资本主义社会的最新发展，这种现象形成了与马克思的时代不同的情况。而且，资本经济理性的疯狂已经在很大程度上影响了资本积累与总循环过程的持续性。因此，对其进行分析成为哈维关注的又一理论问题。

资本经济理性的疯狂在当代主要表现为金融危机形式

随着当代资本运行机制的发展，尤其是随着后福特制社会的到来，金融资本主义如面纱般笼罩了当代资本主义社会。在这一资本运行机制的主导下，资本经济理性的疯狂以一种全新的面貌展现出来，即以全球性金融危机的形式呈现出来。因此，对其进行分析，是把握当代资本经济理性之疯狂的关键因素。

227

首先，在哈维的视野中，资本经济理性的疯狂，主要体现在价值生产与价值实现之间的矛盾以及在这一过程之中出现的异化与拜物教现象。因此，资本经济理性的疯狂，亦主要体现在剩余价值生产与剩余价值实现和分配两个方面。就前者而言，哈维认为剩余价值生产领域的疯狂主要表现为生产过剩与扩大再生产的障碍。其形成原因在于对剩余价值生产与资本扩张之无限性的追求。就后者而言，价值实现与分配领域的诸多疯狂因为生息资本与金融资本的介入而日益复杂化与扩大化。这一被马克思指认为"每一种疯狂形式之母"的资本形式——生息资本，在货币资本本身成为商品的基础上，成为以纯粹所有权为基础并获得利息的新形式。基于此，生息资本使得资本呈现出一种能够以价值的形式获得自我增值并与现实的增殖过程切断一切联系的势态。也正是在这一意义上，马克思认为"在生息资本的形式上，资本拜物教的观念完成了"[1]。

哈维实际上看到了这一点，这体现在他于诸多文本中对马克思原话的引用上。然而，哈维并没有继续跟随马克思的步伐，即从资本流通过程转入现实的增殖过程或资本主义生产过程。相反，哈维认为，在当代资本主义社会，生息资本或金融资本的流通已经成为资本积累与总循环的主要手段。也正是在这一意义上，哈维指出："当生息资本流通（股票和债券持有人的权力）成为推动价值运动的主力时，资本的拜物教特征和这种资本拜物性的体现已经完成了。"[2] 基于此，哈维以金融资本的形式，将资本经济理性在价值实现与分配这一领域的疯狂，引申到金融危机的问题上。也就是说，在哈维看来，由于金融资本在当代资本主义社会的资本积累中占据主导性地位，因此此种资本积累所呈现出来的资本经济理性，也主要以金融危机的形式呈现出来。

---

[1]《马克思恩格斯全集》中文第 2 版第 46 卷，北京：人民出版社，2003 年，第 449 页。
[2]［美］大卫·哈维：《马克思与〈资本论〉》，周大昕译，北京：中信出版社，2018 年，第267 页。

易言之，资本经济理性的疯狂在当代资本主义社会最终表现为金融危机的形式。其实，这并不是当代资本主义社会所独有的危机表象，在马克思的时代，这种危机形式也时常以信用危机的形式表现出来。也就是说，金融危机在当代的主导性、普遍化与复杂化才是当代资本主义社会的特点之一。

可见，资本经济理性的疯狂之所以最终以金融危机的形式呈现出来，主要源于哈维对金融资本在当代资本社会中主导性地位的界定——"近来生息资本已成为推动资本自我积累的强大动力。"① 这一界定又以三个理论化的定位为前提。第一，哈维认为，价值实现与分配已经取代价值生产成为当代资本主义社会中资本积累得以延续的重要领域。在他看来，"蒲鲁东和马克思的思想分歧反映了他们所观察的两套不同的劳动制度。因此，我们可能还需要重新审视我们自己的生产体系以反映当代劳动实践"②。基于此，哈维提出了金融资本已经取代产业资本成为当代资本积累之主要手段的理论界定。也正是基于此，哈维将金融化所带来的资本经济理性的疯狂作为他在论述这一命题时的主要理论场域。第二，哈维以资本的总循环过程取代了资本的总过程或资本主义生产的总过程。譬如，哈维指出，价值来源于资本主义的生产过程，但是剩余价值可以来源于资本的流通领域。"尽管价值不是在这个领域中产生的，但是剩余价值可以在其中实现。"③ 也正是在这一改写的基础上，哈维得以将维持资本总循环与流通过程之连续性的金融资本，作为剩余价值的主要来源（但是，此处哈维所定位的剩余价值概念值得商榷）。第三，在哈维看来，价值与货币表现形式之间

① ［美］大卫·哈维：《马克思与〈资本论〉》，周大昕译，北京：中信出版社，2018年，第90页。
② ［美］大卫·哈维：《马克思与〈资本论〉》，周大昕译，北京：中信出版社，2018年，第86页。
③ ［美］大卫·哈维：《跟大卫·哈维读〈资本论〉》（第二卷），谢富胜、李连波等校译，上海：上海译文出版社，2016年，第100页。

日益脱节，并冲破了马克思所设置的贵金属基础的物质界限。这是造成资本追求无止境复合增长并形成危机与疯狂的直接原因。而金融资本的普遍化正是进一步拉大价值与货币之间鸿沟的决定性因素。因此，资本经济理性的疯狂最终借由金融资本所导致的疯狂体现出来。

其次，哈维认为金融危机主要以"恶的无限性"的形式呈现了资本经济理性的疯狂。也就是说，资本在追求资本积累无限性的过程中，因为货币这一表现形式产生了对于货币量的无限追求。哈维认为这一情况因为货币金属基础的解除产生了无止境复合增长的势态——"这种限制解除后，我们便处于理论上可以无限创造货币的世界。"① 正是在这一过程之中，形成了"恶的无限性"。那么，此种"恶的无限性"所导致的危机，又呈现出哪些特点？

第一，在哈维看来，因为金融资本或生息资本完成了资本的拜物教观念，所以以金融资本形式维持的资本积累，在表象上呈现出一种"似乎具有永久赚更多钱的神奇力量"②。这种拜物教现象促使日常生活均为金钱所掩盖。因此，资本经济理性中的"恶的无限性"变成了对金钱的无止境追求。这促使当代资本主义社会的资本积累成为以对交换价值的无止境追求为中心的资本运行机制。也正是在这一意义上，金融危机又表现为货币危机（或信用货币危机）。

第二，哈维认为金融资本的利息来自对未来劳动收益债权的获得。这就导致金融资本带来了巨额的债务或反价值。一方面，反价值是哈维通过马克思的非价值概念提出的。③ 另一方面，为了证明反价值的合理性，哈维又指出："按照马克思的思想，价值之所以存在是因为有反

---

① ［美］大卫·哈维：《资本社会的 17 个矛盾》，许瑞宋译，北京：中信出版社，2016 年，第 264—265 页。
② ［美］大卫·哈维：《马克思与〈资本论〉》，周大昕译，北京：中信出版社，2018 年，第 268 页。
③ 参见［美］大卫·哈维《马克思与〈资本论〉》，周大昕译，北京：中信出版社，2018 年，第 111 页。

价值。"① 准确地说，这一概念被哈维用来形容剩余价值实现受到阻碍与资本流通或总循环受到阻碍的情况。从这一意义上来看，反价值也就是价值未能得以实现的价值形态。基于此，哈维从虚拟资本和债务等角度诠释了贬值理论。一旦反价值的比重超过了资本积累与总循环的承受界限，危机就会由此产生。譬如，"债务负担的约束效应对当代资本的再生产至关重要。债务意味着我们不能再'自由选择'，正如米尔顿·弗里德曼在他对资本主义的谴责中所说的那样"②。

第三，哈维认为，从 2008 年前后的金融危机的直接成因来看，与房地产相关的次贷危机是这一次金融危机的导火索。众所周知，次贷危机是以房地产多重抵押为核心中轴的，因为次级抵押贷款市场无法按期偿还借款，美国次级房屋信贷行业违约剧增、信用日益紧缩，并最终引发国际金融市场的震荡、恐慌与危机。实际上，房地产领域的危机最终因为金融对房地产的渗透关系亦以金融危机的面目展现出来。换言之，在哈维看来，以 2008 年经济危机为首的近年来的经济危机，从其主导性因素来看，均可纳入金融危机的范围。

第四，金融资本促使国家—金融枢纽融为一体。在哈维看来，"正是出于这个原因，把国家—金融枢纽融为一体成为资本生存的唯一方式"③。一方面，货币是一种社会权力——"当货币积聚在资本家手中时——这种积聚反映了对剩余价值的占有——它们就逐渐表达了一种资本主义财产的权力"④。另一方面，金融资本的利息是通过对未来劳动收益权的拥有而获取的。因此，金融资本最终会以国家金融枢纽的

---

① [美] 大卫·哈维：《马克思与〈资本论〉》，周大昕译，北京：中信出版社，2018 年，第 112 页。
② [美] 大卫·哈维：《马克思与〈资本论〉》，周大昕译，北京：中信出版社，2018 年，第 312 页。
③ [美] 大卫·哈维：《马克思与〈资本论〉》，周大昕译，北京：中信出版社，2018 年，第 312 页。
④ [英] 大卫·哈维：《资本的限度》，张寅译，北京：中信出版社，2017 年，第 447 页。

形式成为当代资本积累的主要手段。基于此，金融资本引发的资本经济理性的疯狂，也最终导致了政治上的博弈。

第五，哈维认为资本经济理性的疯狂亦体现在以资本经济理性与资本总循环贯穿的空间、环境与地方。这不仅形成了资本城市化与全球化领域中的诸多危机形式，亦造成了资本与自然界之间的紧张关系。

综上所述，哈维以金融资本与金融危机为基础，对当代资本主义社会的资本经济理性的疯狂进行了细致的分析。实际上，马克思在一开始研究资本理性时，也关注过危机问题，这尤其表现在他于19世纪50年代左右对于危机的期盼。然而，现实的状况促使马克思的思考发生了转变。换言之，马克思最终发现，资本主义社会的周期性危机只是资本主义社会在其限度内不断发生阵痛并自我修复的过程。因此，危机并不是资本主义社会彻底趋向灭亡的根本原因。在这一理论前提下，马克思最终将问题的关键寄托于资本主义的内在矛盾，即资本主义社会的生产力与生产关系自身的内在矛盾。也就是说，是资本本身的发展，创造了否定资本的条件。资本是以否定之否定的发展模式趋向消亡。在这一过程中，主观辩证法与客观辩证法不断相互作用。同理，哈维在关注资本经济理性的疯狂时，亦将问题的根本原因归于资本积累与总循环所遭遇的界限。但是，他在对这一命题进行论述时，指出资本积累的主要手段已经发生了变化，并以这一手段——金融资本——作为研究当代资本运行机制产生诸多疯狂的核心媒介。也正是基于此，哈维与马克思形成了不同的危机理论模式。

金融资本与房地产领域的异化与拜物教现象

从当前的资本主义社会来看，哈维认为资本经济理性的最新发展主要体现在金融资本与房地产问题上。而在他看来，由房地产领域的次贷危机所导引的金融危机的全面爆发，是资本经济理性疯狂的一个具体表现。也就是说，在哈维看来，金融资本与房地产领域在表象层面所体现出来的资本运行逻辑，是一种异化的逻辑。那么，金融资本与房地产领域何以产生此种异化？这种异化的根本原因又是什么？

首先，在哈维看来，房地产是资本逻辑与权力逻辑之双重逻辑主导下的产物。这一情况由于资本逻辑以金融资本形式对土地逻辑进行介入的方式产生了新的情况。"在这些条件下，土地被当成了一种纯粹的金融资产，它的购买和出售是以它所提供的租金为依据。"[①] 也正是在这些条件下，房地产实现了其资本主义形式——"进一步讲，倘若没有精致巧妙、无所不包的信用体系，私有房地产的资本主义形式就是无法想象的。"[②] 与此同时，在当代资本主义社会，哈维认为金融资本已经渗透到土地领域的方方面面，因此，对于当代房地产领域的资本经济理性的理解，可以被放置在金融资本的维度上进行诠释。基于此，对金融资本与房地产领域的拜物教问题进行分析的关键，就是厘清金融资本的拜物教性质。

诚如前文所述，哈维认为金融资本的基础是货币资本。因为生息资本与金融资本之所以能够获得利息，关键在于货币资本成为商品并因此具有了使用价值和交换价值。而在马克思看来，货币资本是"作为资本的货币"。它被投入资本的生产与再生产过程中，并在其中成为以价值形式产生自我增殖的资本。准确地说，这种货币资本已经内在地包含了资本关系。然而，这一从资本主义生产过程中产生的价值增殖是以资本流通过程中货币量增加的外在形式表现出来的。尤其在货币资本作为生息资本的形式被借贷出去的过程中，似乎生息资本的利息完全来自货币资本成为商品进行交易所得的收入，对利息的占有亦表现为对货币资本的纯粹所有权的占有。因此，"在这个形式上，利润的源泉再也看不出来了，资本主义生产过程的结果也离开过程本身而

---

① ［英］大卫·哈维：《资本的限度》，张寅译，北京：中信出版社，2017 年，第 536 页。
② ［英］大卫·哈维：《资本的限度》，张寅译，北京：中信出版社，2017 年，第 537 页。

取得了独立的存在"①。

这一拜物教现象在哈维的资本批判理论中得到了经济学意义上的发展。在他看来，金融资本领域所存在的异化与拜物教现象，主要以金钱（货币）拜物教的形式体现出来。譬如，"经济逻辑的疯狂被金钱的拜物性所掩盖，似乎具有永久赚更多钱的神奇力量"②。换言之，日常生活被金钱所"绑架"，对金钱的疯狂追求取代了对于价值的追求。其实，哈维之所以从金钱（货币）拜物教的角度来理解资本主义社会表象世界的资本积累问题，以及金融资本与房地产领域的异化与拜物教问题，主要归咎于他以货币资本的形式理解当代资本主义社会的资本积累。也就是说，货币资本日益成为在资本主义社会中追求资本积累的物质表现。而在货币挣脱贵金属基础限制的过程中，信用货币与虚拟资本等成为表象世界资本积累的重要手段。这一现象因为货币体系、银行与信用体系的形成日益普遍化。也正是在此处，以金钱（货币）拜物教形式体现出来的异化与拜物教现象应时而生。

那么，以货币资本形式理解金融资本与资本积累问题，又何以直接进入金钱（货币）拜物教的理论视域？这主要是因为哈维与诸多经济学家一样，对货币资本的理解仅停留在积累的货币量或累积的财富与金钱的基础上。这实际上是马克思所说的"作为货币的货币"在数量维度的堆积，它不是马克思《资本论》中所定位的资本概念。实际上，虽然马克思在《资本论》早期手稿中依然以"资本是积累的劳动"的概念理解资本，但是自《1861—1863年经济学手稿》之后，马克思已经明确了"资本是以价值自身的形式产生自我增殖"的概念。这一自我增殖表现为货币量的增加，但并不仅仅是货币在数量维度的增加。而理解马克思自我增殖概念的关键，是资本主义生产过程中剩余价值

①《马克思恩格斯全集》中文第2版第46卷，北京：人民出版社，2003年，第442页。
②[美]大卫·哈维：《马克思与〈资本论〉》，周大昕译，北京：中信出版社，2018年，第268页。

的产生或价值增殖。

　　既然哈维对于货币资本的理解仅停留在数量维度的层面，那么他对以货币资本为基础的生息资本与金融资本的理解就只是建立在积累的货币量或者信用货币量的基础上。基于此，此种对于经济学维度的资本积累的追求，实际上只是对于数量维度的货币资本量或者货币积累的追求。因此，对金融资本与资本积累的认识，实际上亦回到了对于"作为货币的货币"的理解。这是哈维在理解金融资本与资本积累过程中出现的经济理性疯狂时，以金钱（货币）拜物教形式对其进行诠释的直接原因。

　　其次，哈维将金融资本与房地产领域所产生的诸多矛盾与危机归咎于资本运行机制本身所遭遇的各种界限，而资本经济理性的疯狂正是这一资本运行机制遭遇界限并无法缓解自身危机的具体表现。换言之，哈维认为，资本积累与资本总循环在这一领域所遭遇的各种界限是产生资本经济理性疯狂的原因。"经济学家从来没有直面'恶的无限过程'这一问题，因为无止境的复合增长最终只会导致贬值和破坏……他们始终不愿意回答这样的问题：危机是不是资本主义的内在问题。"① 其实，这种解释在一定程度上体现了哈维试图分析资本主义社会诸多问题的理论旨趣，也在一定意义上解释了金融危机得以发生的诸多原因。而根据哈维对金融危机理论的诠释，我们可知，他通过对马克思在《资本论》第三卷中涉及的信用制度与借贷资本等内容的分析，得出了金融资本之异化逻辑得以产生的根本原因。

　　准确地说，在哈维看来，货币资本物质基础的有限性与追求资本增长的无限性之间的矛盾是影响资本积累与总循环连续性的一个重要阻碍，而"货币创造因为与黄金和白银等商品挂钩而受到的限制于20

───────────────

① ［美］大卫·哈维：《马克思与〈资本论〉》，周大昕译，北京：中信出版社，2018年，第268—269页。

世纪 70 年代初解除"①。也就是说，因为金融与信用货币的全面介入使得货币与任何物质基础脱钩。基于此，哈维指出："马克思所发现的资产阶级经济逻辑的疯狂，现在由于价值与货币代表形式之间的日益脱节而进一步放大。"② 可见，在哈维的视域中，金融资本与房地产领域存在异化逻辑与资本经济理性的疯狂，一方面因为价值与货币之间的脱节而产生，另一方面又因为货币物质基础界限的解除进一步扩大化。也就是说，价值与货币（或信用货币）之间的"不一致"以及这种"不一致"的扩大化是产生经济泡沫化或经济理性的疯狂的核心因素。

可见，哈维对存在于金融资本与房地产领域的异化逻辑与经济理性疯狂的分析，尤其是对其原因的分析，体现出他对马克思原意的部分尊重。但是，对这一问题的分析或对其根本原因的提炼，是否已经触及了问题的本质？或者，作为"所有疯狂做法之母"③ 的信贷系统或金融体系所造成的资本经济理性的疯狂，究竟是因为什么？

实际上，马克思在《1857—1858 年经济学手稿》中论述货币问题时，曾明确指出，攻击矛头越来越指向货币本身也许仅仅"因为货币是使制度表现得非常明显的一种最引人注目、最矛盾、最尖锐的现象"④。这是否意味着，哈维所指涉的价值与货币之间的脱节不足以彻底解决问题。易言之，一方面，资本经济理性的疯狂，是因为价值与货币之间的"脱节"以及"脱节"情况的扩大化；另一方面，对此种原因的指认，又只是因为哈维也被货币的这种"尖锐性"所遮蔽。也就是说，在马克思看来，如果其他东西原封不动，那么我们对于货币

---

① ［美］大卫·哈维：《资本社会的 17 个矛盾》，许瑞宋译，北京：中信出版社，2016 年，第 264 页。
② ［美］大卫·哈维：《马克思与〈资本论〉》，周大昕译，北京：中信出版社，2018 年，第 270 页。
③ ［美］大卫·哈维：《资本社会的 17 个矛盾》，许瑞宋译，北京：中信出版社，2016 年，第 265 页。
④ 《马克思恩格斯全集》中文第 2 版第 30 卷，北京：人民出版社，1995 年，第 194 页。

的攻击则根本不能解决问题。通过对马克思《资本论》及其手稿的阅读可知，马克思最终将目光聚焦到资本主义的生产方式本身。换言之，金融资本与信贷系统导致金融领域和房地产领域的"疯狂"，是因为价值与货币之间的鸿沟，而价值与货币之间的鸿沟，又体现出资本主义生产方式本身的局限性。资本自身的否定之否定的特质，创造了限制自身的界限，这种界限体现为资本主义生产方式中生产力与生产关系之间的内在矛盾。

综上所述，哈维认为存在于金融资本与房地产领域的金融危机是一种异化与拜物教现象。而对哈维金融危机的异化逻辑的反思，应该回溯他对整个资本经济理性疯狂的分析。

以异化理论寻求对资本经济理性疯狂的超越

资本经济理性疯狂作为一种异化与拜物教现象，是由于价值生产与价值实现之间的矛盾导致的。这些以资本经济理性疯狂的形式表现出来的普遍异化现象，存在于当代资本主义社会无处不在的拜物教现象之中。总体而言，在哈维看来，这种普遍异化主要体现在客观与主观两个层面上。而对于这种普遍异化的破除，最终也必须回归到人类自身，即采取行动以摆脱异化——"但是，我们也必须明白，我们自己才是问题的关键。"① 那么，哈维何以得出这个结论？围绕这个命题，我们需要弄清楚几个问题。第一，从哈维的最新思想现状来看，他是如何阐释普遍异化与人性的反叛理论的？第二，哈维的异化理论在其思想史上发生了哪些转变？第三，哈维的异化理论存在哪些问题？即哈维在何种程度上篡改了马克思的异化理论与劳动价值理论。

首先，哈维关于普遍异化与人性反叛的最新思想，集中体现在他

---

① [美] 大卫·哈维：《普遍异化——资本主义如何形塑我们的生活?》，曲轩译，《国外理论动态》2018 年第 11 期，第 43 页。

的《马克思与〈资本论〉》一书以及最新公开发表的论文中。总体而言，根据大卫·哈维的界定，马克思借助《1857—1858 年经济学手稿》重新定义了异化概念。虽然马克思在《资本论》中并未多次提及异化概念，但这并不意味着马克思放弃了对异化问题的思考。实际上，在哈维看来，马克思后来以"异化的社会必要劳动"这一形式表述了异化问题。哈维认为，"异化的社会必要劳动"明确指认了一个命题，即马克思在《资本论》中以劳动价值理论的形式将其早期于《1844 年经济学哲学手稿》中确立的异化问题再次凸显出来。

> 《资本论》中提出的劳动价值理论描述了劳动的异化，尽管马克思没有直接采用"异化"这一词汇，或许当时马克思认为该术语过于"黑格尔化"而难以吸引其目标受众（英国和法国的工人阶级）。但不提这个术语并不意味着放弃背后的逻辑。①

准确地说，哈维的这一思想来源于奥尔曼对于马克思价值理论的定位："在某种程度上，这样一种调和隐含在伯特尔·奥尔曼（Bertell Ollman）的著作中，马克思的价值理论被理解为一种异化劳动理论。"② 基于此，哈维认为异化成为《资本论》及其手稿中的重要论题。

具体而言，在他看来，马克思早期的人本主义异化理论，并未植根于资本主义生产方式所构建的工人日常生活与劳动现实之中。而在《1857—1858 年经济学手稿》中，异化理论开始植根于资本的内在历史趋向之中，即劳动创造的资本以直接或间接的方式成为统治劳动者的价值规律和资本运动规律。这一理论在《资本论》中得到了进一步的发展。易言之，《资本论》已经开始探索资本和价值的运动规律，并试图理解这些规律究竟如何支配人的日常生活以及大多数劳动人口的劳

---

① [美] 大卫·哈维：《马克思与〈资本论〉》，周大昕译，北京：中信出版社，2018 年，第 298 页。
② [美] 大卫·哈维：《普遍异化——资本主义如何形塑我们的生活?》，曲轩译，《国外理论动态》2018 年第 11 期，第 32 页。

动。也就是说，异化理论在一种规律性的层面上介入了资本运行机制对于日常生活与劳动者的统治问题。

可见，哈维将马克思早期的人本主义异化概念再次引入《资本论》的关键，是将异化与劳动价值理论进行了逻辑上的缝合。这一缝合最初起源于《资本社会的 17 个矛盾》一书。哈维在理解资本流通与商品交换过程中何以产生更多价值的问题时，追随马克思的脚步，并最终将创造比自身更大价值的关键点聚焦于劳动力商品。也正是在这一意义上，哈维指出：

> 劳动力商品化，结果便是把社会劳动（我们替其他人劳动）变成异化的社会劳动。资方组织人们工作和劳动，纯粹是为了生产商品交换价值，赚取货币报酬——资方以此为基础，建立他们主宰其他阶级的社会权力。简而言之，劳动者陷入这样的处境：除了借由工作不断创造条件让别人主宰自己外，他们别无可为。这就是资本统治下的劳动者的自由。①

这一理论界定在其后期得到了延续。譬如，哈维据此将马克思所定义的价值概念理解为异化的社会必要劳动。因此，以运动中的价值作为内涵界定的资本亦是以异化的方式得以流通。这就形成了资本积累与资本总循环过程中无处不在的异化现象——价值生产过程、价值实现过程与价值分配过程中的异化。也正是基于此，哈维认为普遍异化已经越出了单纯的劳动领域，走向了日常生活以及劳动者的诸种生活条件之中。而面对这种无处不在的普遍异化，哈维继而指出问题的核心是"异化劳动由异己的阶级力量统治"②。基于此，他提出了以人性的反叛与政治行动的形式谋取革命人道主义实践构想的方案。在他

---

① ［美］大卫·哈维：《资本社会的 17 个矛盾》，许瑞宋译，北京：中信出版社，2016 年，第 63 页。
② ［美］大卫·哈维：《马克思与〈资本论〉》，周大昕译，北京：中信出版社，2018 年，第 84 页。

看来，我们自己才是破除普遍异化的关键，"如今，异化的人将会变成一个强大的主体"①。

其次，从哈维的思想史进程来看，他对于异化理论的诠释经历过一次重要的思想转变。

实际上，在《资本社会的 17 个矛盾》中，哈维已经多方位地阐释过他对异化理论的理解以及异化理论在马克思晚期资本批判理论中的表现。总体而言，异化概念的最初出现，是哈维为了阐明人性之反叛对于政治行动以及寻求乌托邦或替代性方案的重要作用而提出的。在他看来，传统的马克思主义者或传统的马克思主义政党，在面对实现社会主义和共产主义的革命性变革时，只是将目光集中在生产力（技术）与社会（阶级）关系之间的矛盾。因此，"在传统共产主义政党的理论中，这项变革被视为一个科学和技术问题，而不是一个主观、心理和政治问题。异化被排除在考虑之外，因为它是一个非科学概念，带有青年马克思在《1844 年经济学哲学手稿》中阐述的人文主义和乌托邦渴望的意味，未经《资本论》的客观科学阐释"②。可见，异化因为带有浓厚的人本主义和乌托邦渴望的意味而被排除在传统马克思主义者的研究视野之外。然而，只聚焦于生产力（技术）与社会（阶级）关系之间矛盾的相关理论，"未能完全揭露统治阶级为了保护自己免受伤害而鼓吹的拜物主义和虚幻事物"③，而且对反抗资本主义以寻求替代性方案并无裨益。基于此种理论定位，哈维提出，对异化理论进行研究能够为寻求替代性政治方案提供主观、心理或政治上的帮助。

可见，哈维重新引入异化问题的立足点，仍停留在马克思早期的

---

① [美] 大卫·哈维：《当代资本主义社会的普遍异化》，《学习与探索》2018 年第 8 期，第 3 页。
② [美] 大卫·哈维：《资本社会的 17 个矛盾》，许瑞宋译，北京：中信出版社，2016 年，第 299 页。
③ [美] 大卫·哈维：《资本社会的 17 个矛盾》，许瑞宋译，北京：中信出版社，2016 年，第 299 页。

人本主义异化观的层面上。在此前提下，哈维提出"普遍的异化需要强有力的政治反应"①。这就是他进一步提出的革命人道主义实践构想的政治主体基础。换言之，为了直面无处不在的异化，哈维通过异化所指涉的主观、心理与政治的意味，将异化与人和政治主体缝合起来。也正是在这一意义上，哈维通过"劳动力的商品化"概念，将剩余价值的产生与异化理论联系起来。众所周知，剩余价值得以产生，原因在于劳动力商品的使用。那么，劳动者何以创造了高于自身所得价值的商品价值？面对这一疑问，哈维将原因归于异化，即他认为"劳动力商品化，结果便是把社会劳动（我们替他人劳动）变成异化的社会劳动"②。

而在《马克思与〈资本论〉》以及最新发表的关于普遍异化的论文中，哈维部分地修改了自身的异化理论逻辑。从哈维的文本以及讲座中可知，这是以张一兵教授的一个重要论点为理论拐点的。

> 之后，大部分复兴这一概念的批判性尝试都聚焦于马克思早期的著作。几乎没人关注马克思在《1857—1858年经济学手稿》中对这一概念进行的彻底的重构。张一兵对这一概念的重建是其中一个意义重大的例外。张一兵认为，马克思在《1857—1858年经济学手稿》中对这一概念的科学呈现，"从根本上说是一种现实的历史反思。原来工人活动的对象化结果，现实地成为今天工人的统治者和剥削者。工人创造的'先有'成为'现有'的统治者……雇佣劳动必然创造出一个由自己转化出来的统治力量——资本，这就是马克思这里所描述的资本与劳动关系的现实异化。"……通过将历史唯物主义运用于《1844年经济学哲学手稿》

---

① ［美］大卫·哈维：《资本社会的17个矛盾》，许瑞宋译，北京：中信出版社，2016年，第310页。

② ［美］大卫·哈维：《资本社会的17个矛盾》，许瑞宋译，北京：中信出版社，2016年，第63页。

的主题，马克思在《1857—1858 年经济学手稿》中重构了异化概念。①

可见，对哈维产生重要影响的理论拐点，正是张一兵教授在《回到马克思——经济学语境中的哲学话语》中提出的两种异化观。一种是马克思于《1844 年经济学哲学手稿》中提出的劳动异化观——"《1844 年手稿》中的劳动异化是人本主义的价值悬设，它所构成的是理想本质与现实存在的矛盾，虚与实的矛盾；劳动的自我异化是一种逻辑反思，是在观念中设定的。"② 另一种是马克思于《1857—1858 年经济学手稿》中重构的，基于对现实之历史反思的异化史观——"原来工人活动的对象化结果，现实地成为今天工人的统治者和剥削者。"③

基于此，哈维通过对《1857—1858 年经济学手稿》中的科学异化概念的解读，进一步丰富了自身的异化理论。一方面，哈维通过对《1857—1858 年经济学手稿》中异化概念的重构，将马克思的价值理论与异化理论结合起来。也就是说，哈维通过价值理论（他坚持认为马克思是价值理论而不是李嘉图意义上的劳动价值理论）将异化的社会劳动以及价值是异化的社会必要劳动联系起来。另一方面，哈维从异化理论为政治斗争提供主观、心理方面的作用，进入到从劳动价值论本身深入剖析资本积累与总循环的资本运行机制。易言之，哈维将其萌芽于《资本社会的 17 个矛盾》、致力于批判以交换价值为主导的资本运行机制的方法，从直接关注异化本身的人本主义价值悬设的程度，推进到开始关注这种以交换价值为主导的资本运行机制产生普遍异化的原因与方式。

最后，哈维通过对马克思劳动价值理论进行改写并据此缝合异化

---

① [美] 大卫·哈维：《马克思的异化思想与当代资本主义社会的普遍异化》，吴頔译，《哲学动态》2018 年第 9 期，第 14 页。

② 张一兵：《回到马克思——经济学语境中的哲学话语》，南京：江苏人民出版社，2014 年，第 656 页。

③ 张一兵：《回到马克思——经济学语境中的哲学话语》，南京：江苏人民出版社，2014 年，第 656 页。

理论与《资本论》之间关系的做法，亦存在很多问题。这主要体现在以下几个方面。

第一，哈维在面对资本流通和交换过程中何以产生更多价值的问题时，以劳动力商品的异化或异化的社会劳动的形式对这一问题给予了回答。也就是说，在哈维看来，资本流通过程之所以能够产生更多价值，是因为劳动力商品能够产生多于自身价值的价值。而劳动力商品何以能够产生多于自身价值的价值？哈维在回答这一问题时，将异化作为理论逻辑的切入点。换言之，哈维认为剩余价值来源于资本家对于劳动者的剥削，这种剥削表现为异化现象。

由此可见，哈维未能从劳资交换关系深入到资本主义生产关系本身。易言之，哈维在理解劳动力商品何以产生多于自身价值的价值时，因为解决不了等量劳动换取等量价值与劳动力商品产生剩余价值之间的矛盾，所以在挖掘剩余价值的真实源泉时，以异化缝合了自身的理论断裂。从这一意义上来看，哈维回到了古典政治经济学家的理论水平。实际上，对劳资等量交换何以产生剩余价值的诘问，是一个伪命题。换言之，在马克思的视域中，劳资交换的这个过程实际上是生产过程。将劳资交换视为交换过程只是因为滥用字眼。基于此种理论界定，马克思把劳资交换过程分解为两个过程——交换过程与生产过程，进而解决了劳资等量交换所蕴含的矛盾。

而哈维的理解并未到达这个理论层次。正因为如此，他在无法解决剩余价值真实来源问题的时候，将缝合其理论逻辑断裂的任务交给了异化——"马克思指出，利润源于异化劳动以及对剩余劳动力和剩余价值的攫取。对生产中活劳动的剥削是利润的来源。"[①] 这恰恰体现出哈维对于劳资等量交换的理解仍然停留在劳资对抗以及交换领域与

[①] [美] 大卫·哈维：《普遍异化——资本主义如何形塑我们的生活？》，曲轩译，《国外理论动态》2018年第11期，第39页。

交换价值层面。基于此，哈维将马克思的劳动价值理论和剩余价值理论降低到了交换价值与数量维度的层面。这种"降低"充分地体现在哈维从货币与交换价值的角度诠释资本的流通和总循环过程。而在哈维的视域中，货币是一种社会权力。由此，他最终进入由交换价值或货币统治的社会权力视域。

第二，实际上，哈维在面对当今西方学界指认劳动价值理论已经失效的情况下，对马克思的价值理论进行了一定程度的维护。而此种维护是借由改写马克思的劳动价值理论得以实现的。在他看来，马克思讨论的是价值理论而非劳动价值理论。准确地说，哈维认为马克思的劳动价值理论是建立在对李嘉图劳动价值理论进行综合与改造的前提下的。这在一定程度上反映出哈维识别出了马克思与李嘉图的不同。但是，哈维将改造的前提指认为引入资本积累与总循环的总体性描绘。① 基于此，哈维指出，以市场进行定义的价值与以"劳动过程的转型"重构的价值之间存在的自相矛盾的关系，是马克思思考的核心。也就是说，哈维认为，马克思在改造价值理论时，在市场范围中的劳动价值理论的传统内容与生产领域的劳动价值理论之间频繁地更改并进行矛盾性的联合。从表面上看，哈维似乎隐约察觉了等量劳动换取等量价值与劳动力商品产生剩余价值之间的矛盾。然而，在解决这一矛盾时，哈维以异化的社会劳动的形式对其进行回答。譬如，他明确指认，马克思的价值是异化的社会必要劳动。

与此同时，此种维护与改写又恰恰反映出哈维根本不理解马克思的劳动价值理论。因为哈维进一步指出，马克思的价值理论成为一个被市场交易的无序性、技术与组织形式的革命性转向以及社会再生产的演变性实践和日常生活文化中所体现出来的总人口的需求等所左右

---

① 参见 David Harvey，"Marx's Refusal of The Labour Theory of Value，"提交于 2017 年 6 月初由南京大学哲学系于薛光林楼主办的第四届当代资本主义国际学术研讨会，但未能收录进论文集。

的、频繁改变且不稳定的尺度。由此，哈维将价值生产、价值实现与价值分配引入对马克思价值理论的探讨。而在诠释市场范围与生产领域的劳动价值理论时，哈维又将交换价值和劳资对抗关系作为理解价值理论的切入点。从这个意义上来说，哈维并未识别出马克思劳动价值理论与李嘉图的劳动价值理论的实质性差异。

第三，哈维在《马克思与〈资本论〉》中论述异化问题时，所依托的文本基本上都来源于《1857—1858 年经济学手稿》。也就是说，哈维对于马克思劳动价值理论的理解水平，至多只停留在《1857—1858 年经济学手稿》的水平。然而，《1857—1858 年经济学手稿》时期，马克思的劳动价值理论并未彻底成熟。准确地说，马克思在这一时期还并未提出劳动的二重性理论——抽象劳动与具体劳动。在他看来，"直接劳动时间的量"是资本主义社会财富的衡量尺度。因此，"一旦直接形式的劳动不再是财富的巨大源泉，劳动时间就不再是，而且必然不再是财富的尺度，因而交换价值也不再是使用价值的尺度……于是，以交换价值为基础的生产便会崩溃，直接的物质生产过程本身也就摆脱了贫困和对立的形式。"[1] 这种以交换价值崩溃为前提摆脱贫困和对立并寻求人类解放的理论，确实与哈维形成了某种程度上的契合。譬如，哈维在《资本社会的 17 个矛盾》中亦期望破除以交换价值为主导的资本运行机制，以摆脱无处不在的疏离/异化并获得人类解放。

但是，马克思自从在《资本论》中提出了劳动的二重性理论之后，便放弃了《1857—1858 年经济学手稿》时期对于直接劳动是财富唯一源泉的判断。这亦表明，马克思在《1857—1858 年经济学手稿》时期并未形成科学的劳动价值理论。因此，将此作为论述马克思劳动价值理论的文本，不能体现出马克思在《资本论》中的真实理论水平。可见，哈维将这一文本作为论述马克思异化理论与劳动价值理论的行为，

---

[1]《马克思恩格斯全集》中文第 2 版第 31 卷，北京：人民出版社，1998 年，第 101 页。

并不能如他所言，可以据此诠释《资本论》中的异化理论。

综上所述，哈维在面对资本经济理性疯狂所展现出来的普遍异化与拜物教现象时，试图以对《资本论》中的劳动价值理论进行改造以及将其与异化理论进行缝合的方式，将异化理论引申到《资本论》时期的理论视域中。

一方面，从某种意义上来看，这种做法既体现出他不满足于异化理论逻辑在马克思晚期资本批判视域中的弱化，又反映出他在面对资本经济理性的疯狂时对于政治行动主体的迫切期盼。从表面上看，这是哈维对马克思"主观公式与客观公式辩证法"的继承与发展，即如何理解资本内在矛盾运动与阶级斗争之间的辩证关系。实际上，这恰恰反映出哈维与"政治式阅读《资本论》"① 的学者们具有严密契合之处，即试图在《资本论》中寻求政治主体与阶级斗争的空间。因此，这种改造既体现出哈维对马克思的"主观公式与客观公式辩证法"的不理解，又体现出哈维自身对于替代性政治方案的寻求以及在寻求替代性政治方案过程中的挫败。另一方面，哈维的这一做法，体现出他仍停留在拜物教与异化现象的层面上。他试图通过劳动价值理论将异化问题进行深化的行为，最终只停步于以交换价值为主导的资本运行机制的层面。这就意味着，他并未进入资本主义的生产方式本身去理解拜物教现象产生的本质性原因。

---

① 参见唐正东《深化中国〈资本论〉研究的方法论自觉——国际学界对〈资本论〉的政治式阅读及其评价》，《哲学动态》2017 年第 8 期。

第五章

当代资本主义的矛盾与危机

我们可以得出以下结论：资本主义下的房屋供给，已经从追求使用价值为主，变成以追求交换价值为主。因为这种怪异的转变，房屋的使用价值日趋变质，首先是变成一种储蓄手段，其次是变成一种投机工具，而利用这种投机工具的除了消费者，还有建筑商、金融业者和所有可受惠于房市繁荣的人，包括房屋中介、房贷放款人员、律师和保险经纪人等。为大众提供足够的房屋使用价值（传统消费意义上的使用价值），越来越受制于不断深化的交换价值考虑。

——大卫·哈维：《资本社会的 17 个矛盾》

可能这一点在政治经济学的内部并不是很清楚，在其中一个人还可以设想如果个人在交换价值体系中被异化了，那么至少他还可以在他的需要中，在使用价值中来回到他自身，成为他自己。但在今天，在消费大行其道的阶段，我们有可能将需要不再作为主体的一种欲望或者迫切需求来说明，而是在另外一个方面来阐释：在将欲望转变为一般化的体系之中，这就如同具体劳动，作为价值的源泉进入交换价值体系之中一样。

——让·鲍德里亚：《符号政治经济学批判》

各种斗争已展现出与此最相关的一个方面是突然加速。这种加速通常是累加好的，但它也可成为一场大爆炸，展示出固有的本体力量，在无法预见的时刻对帝国的核心平衡给予一记猛击。

——迈克尔·哈特、安东尼奥·奈格里：《帝国》

元理论的探索、现实问题的分析与乌托邦的诉求，一直是大卫·哈维孜孜以求的三大问题域。围绕这三大问题域，哈维进行了跨学科式的广泛研究。而这些理论研究最终都落实到哈维对乌托邦诉求的实现路径上。总体而言，哈维通过对当代资本运行机制的研究，企图找到资本积累与总循环过程中存在的诸多界限，从而据此分析当代资本主义社会的诸多矛盾与危机，以获取寻求替代性政治方案的现实路径。而当代资本主义社会在近些年来频繁发生的诸多危机，又促使哈维加快了寻求替代性政治方案的现实路径的步伐。这主要体现在他对于当代资本主义社会诸多矛盾与危机的研究之中。

一、资本主义社会的根本矛盾

在哈维的视野中，资本主义社会的七个根本矛盾是资本运行机制得以维持的决定性因素，这些矛盾处于同时存在且密切相关的动态体系之中。因此，如果想要借此寻找反资本主义的替代性政治方案，就必须通过同时改变这些矛盾的路径去达成。那么，围绕这一理论目的，哈维究竟以何种方式对这七个根本矛盾进行了分析？

交换价值是当代资本运行机制的主导性因素

在使用价值、交换价值与价值是一种三元空间的总体性关系的前提下，哈维提出了在这一总体性关系之中的两个矛盾。第一个是使用价值与交换价值之间的矛盾，第二个是由价值与货币之间的不一致而引发的矛盾。总体而言，这两个矛盾是以交换价值为资本运行机制的主导性因素引发的矛盾。那么，围绕这两个矛盾，哈维又具体论述了哪些问题？

首先，在哈维看来，当下的资本主义社会已经形成以交换价值为主导的资本运行机制。换言之，在以货币（金钱）为流通媒介的资本积累与总循环过程之中，商品的交换价值本身成为资本主义社会所追逐的目标。也就是说，对交换价值的无止境追求成为当代资本主义社会资本积累的主要表现形式。正是在这一意义上，哈维指出使用价值与交换价值之间产生了矛盾，即交换价值占据主导地位的资本运行机制遮蔽了商品的使用价值。那么，使用价值与交换价值之间的矛盾究竟以何种具体方式体现出来呢？

针对这一问题，哈维进一步指出："在资本主义社会里，我们所购买的所有商品都具有使用价值和交换价值。这两种价值之间的差异是显著的。因为它们往往不一致，这构成一种矛盾，而这种矛盾有时会造成危机。"① 换言之，使用价值具有物质层面的多样性，交换价值却具有同质性。这种同质性促使交换价值（货币）本身成为人们追逐的目标。基于此，哈维以房屋的使用价值与交换价值为例，指出当代资本主义市场对于房屋交换价值的无止境追求造成了人们对于使用价值的忽视。"交换价值考虑经常再度悄悄地排挤掉使用价值考虑。"② 而随着当代资本主义社会开始炒作房地产市场与金融资本介入，房屋本身成为一种金融资产。这进一步促使资本主义社会的房屋供给从以使用价值为主转化为以追求交换价值为主。与此同时，哈维之所以选择房屋作为诠释使用价值与交换价值之间矛盾的例子，原因在于：

> 显然是因为这是个理想的例子，非常适合用来说明一件事：市场上一件商品的使用价值与交换价值之间的简单差异，可以演变成一种对立关系，进而加剧为一种绝对的矛盾，甚至造成一场危机。③

---

① ［美］大卫·哈维：《资本社会的17个矛盾》，许瑞宋译，北京：中信出版社，2016年，第6页。
② ［美］大卫·哈维：《资本社会的17个矛盾》，许瑞宋译，北京：中信出版社，2016年，第9页。
③ ［美］大卫·哈维：《资本社会的17个矛盾》，许瑞宋译，北京：中信出版社，2016年，第15页。

这也就是说，房地产危机实际上是一场交换价值领域的危机。实际上，在哈维看来，这一情况并不仅仅体现在房地产领域，交换价值已经支配了日常生活的方方面面。也正是在这一意义上，哈维呼吁我们面临这样的政治抉择："选择一个把有钱人服侍得很好的商品化体制，或是一个完全不仰赖市场居中调解、致力于替所有人生产使用价值，并以民主方式供应这些价值的体制。"① 实际上，哈维的答案早已经在其论述中浮现出来，即寻求以使用价值的政治学为核心的乌托邦路径。

其次，以交换价值为主导的资本运行机制，在具体的资本积累与总循环过程之中，是借由将货币作为流通工具或媒介而起到现实性的作用的。换言之，在哈维看来，"交换价值要求我们采用某种标准，测量各种商品间的相对价值。这种测量工具便是货币"②。正是在这一过程中产生了货币与价值之间的不一致，这种不一致主要体现为"劳动的社会价值"(the social value of labour) 与它的表现形式——货币之间的矛盾。具体而言，正是因为"货币把社会劳动（价值）的非物质性隐藏在它的物质形态后面"③，所以我们容易倾向于用货币遮蔽其后的社会劳动的本质。这使货币与其背后的社会劳动或劳动的社会价值之间形成了深浅不一的鸿沟。譬如，从资本主义社会的表象层面来看，价格偏离价值上下波动，外界却只对价格做出相应的反应，这一反应并不是对于价值的真实反应。基于此，货币与劳动的社会价值之间的偏差得以出现，即货币促成了人们对于劳动的社会价值的不准确反应。这一偏差在虚拟资本与信用货币等出现之后愈演愈烈。因为虚拟资本与信用货币的出现，瓦解了货币的贵金属基础。这促使货币得以越出

---

① ［美］大卫·哈维：《资本社会的 17 个矛盾》，许瑞宋译，北京：中信出版社，2016 年，第 16 页。
② ［美］大卫·哈维：《资本社会的 17 个矛盾》，许瑞宋译，北京：中信出版社，2016 年，第 18 页。
③ ［美］大卫·哈维：《资本社会的 17 个矛盾》，许瑞宋译，北京：中信出版社，2016 年，第 20 页。

自身的物质界限形成无止境增长的态势。

> 这令以下错觉得以流行：货币资本的无限和无止境增长不但
> 是可能的，还是值得追求的。但是，我们即使只是随便看一下社
> 会劳动发展和价值增加需要的条件，便知道无止境的复合增长是
> 不可能的。①

然而，劳动的社会价值的增长是需要条件的。换言之，劳动的社会价值的无止境增长是不可能实现的，这就造成了货币与劳动的社会价值之间的危险性矛盾。正是基于此种矛盾，哈维呼吁左派应该围绕这一问题适时表达自身的政治抱负和政治思想。

可见，哈维在诠释这一对矛盾的过程中，体现出了明显的特征。一方面，哈维对于价值的理解停留在劳动的社会价值层面。这既反映出哈维识别出了社会劳动的重要性，又体现出他并不能真正地理解价值概念。因为他既混淆了价值与交换价值概念，又仅从数量维度来理解价值问题。而实际上，在马克思的视域中，价值是由社会必要劳动时间决定的。这与价值是"劳动的社会价值"的概念不可同日而语。另一方面，哈维以金融体系、虚拟资本与信用货币等概念，诠释了货币在当代的最新发展。这既体现出哈维积极地以当代资本主义的社会现实来阐释问题的理论旨趣，又厘清了货币与价值之间的鸿沟在当代得以加剧的原因。

最后，这两个矛盾均体现了交换价值的主导性地位对于当代资本运行机制的具体影响。总体来看，资本主义社会对于交换价值的无止境追求是以"对于货币的追求"为现实表现形式的。这就促使货币成为一种积聚财富与促成社会不平等的社会权力。基于此，哈维指出："如果交换价值变弱，而且最终完全失去对社会中使用价值的生产和分

---

① ［美］大卫·哈维：《资本社会的17个矛盾》，许瑞宋译，北京：中信出版社，2016年，第32页。

配的引导作用，我们将不再需要货币，而且与货币的用途（作为资本）和占有（作为社会权力的完美来源）有关的所有贪财病态也将消失。"①在此基础上，他提出一种替代性的方案，呼吁"建立一种没有交换价值，因此也就没有货币的社会秩序"②。随后，他提出了一些实现这一乌托邦目标的具体细节，主要集中在交换价值的削弱和使用价值的创造上。

综上所述，哈维围绕使用价值、交换价值、价值与货币等概念，诠释了当代资本主义社会的资本运行机制。易言之，当代资本主义社会已经形成了以交换价值为主导的机制。在此基础上，交换价值既遮蔽了使用价值的重要性，又进一步因为其货币表现形式形成异化与拜物教现象。究其原因，这与哈维将马克思的劳动价值论与剩余价值理论降低到交换价值层面分不开。也正是在此基础上，哈维将货币作为研究资本运行机制的切入点，并将对货币的改革与对交换价值的抛弃作为寻求替代性方案的手段。这实际上回到了蒲鲁东研究货币的理论水平。也就是说，哈维对资本流通过程本身以及流通媒介——货币的批判，仅停留在作为货币的货币的层面上。实际上，货币是社会历史发展的产物，即它是资本流通过程中必然出现的现象。因此，对于货币与交换价值的批判，属于本末倒置。也就是说，货币是资本生产与再生产过程之中出现的表象形式。基于此，如果想要破除由于交换价值的统治而带来的诸多问题，就必须回归到资本主义生产与再生产本身或资本主义制度本身。

个体化私有产权在当代的新变化及其引起的新矛盾

在指认资本主义社会已经形成以交换价值为主导的资本运行机制

---

① [美] 大卫·哈维：《资本社会的 17 个矛盾》，许瑞宋译，北京：中信出版社，2016 年，第 30 页。

② [美] 大卫·哈维：《资本社会的 17 个矛盾》，许瑞宋译，北京：中信出版社，2016 年，第 30 页。

之后，哈维将研究焦点进一步落实到资本主义的流通过程与交换过程。而交换与流通得以实现的前提是商品的私有产权，即商品普遍化的前提是商品的私有产权。准确地说，这种私有财产所有权是商品得以交换的法权前提。基于此，哈维以私有财产所有权为立足点，具体分析了与此相关的两个矛盾。

首先，根据哈维的理解，私有产权实际上是个体化私有产权。一方面，私有产权和用益物权不同。在国家和法律制度的保障下，私有产权在无论客体是否被使用或占用的情况下，都不失去对它的所有权，即这种私有产权是排他性所有权。另一方面，私有产权是个体化的，即人人享有私有产权的自由。然而，此种私有产权，在当下的资本主义社会中出现了一些新变化：个体化私有产权从个体延伸到公司与机构。而此种"延伸"并不符合资产阶级所宣扬的"人人享有个人自由"的理想目标。譬如，哈维指出：

> 但是，我们把人的地位和法律上的个体定义延伸至势力强大的公司和机构，这显然败坏了资产阶级的乌托邦梦想（基于以民主方式分散的所有权，建立人人享有个人自由的完美世界）。①

与此同时，随着个体化私有产权在逻辑外延上的扩大，国家需要保护和处理的私有产权也就随之扩展到公司或集团的层面。这使得问题变得更加复杂——譬如集体和个人之间关系的处理和定位。基于此，个体化私有产权与资本主义国家监管之间的矛盾（个人自由与国家管理之间的紧张关系）得以出现。譬如，为了控制和监管一些对社会产生剧烈负面影响的情况，国家有时候会采取侵犯个人自由和个体私有财产的方式。这种控制行动通常被认为是正当的，但这种侵犯个体化私有产权的情况又与资本主义国家对"人人享有个人自由"的追求相矛

---

① [美] 大卫·哈维：《资本社会的 17 个矛盾》，许瑞宋译，北京：中信出版社，2016 年，第 39 页。

盾。总体而言，此种情况在房地产领域表现得极为明显：个体化私有产权鼓励人们自置房屋，而资本主义国家为了房地产市场的繁荣或其他原因鼓励越来越多的人拥有房屋。"使用价值和交换价值的矛盾外溢，深刻影响集中的国家权力与分散的个体私有产权自由行使的关系。"①

面对自由行使个体化私有产权与行使资本主义国家监理权力之间的紧张关系，哈维指出，唯一可行的政治策略是设法解除私有或个体利益与国家权力和利益之间的冲突，并寻求其他方法取而代之——值得注意的是，哈维认为目前的左派和右派支持的"致力于恢复平衡和加强个体自由"的方式过于简单。在他看来，民主化的集中管理是当下比较好的替代方法，即"把私有产权吸收到一个集体管理公共资源的完整计划中，以及瓦解独裁专制的国家权力，建立民主的集体管理组织，成了仅有的值得追求的长期目标"②。

其次，在私有产权的基础上，哈维进一步提出了私人占有与公共财富之间的矛盾。总体而言，在资本主义社会中，资本积累最终以私人占有公共财富的形式得到呈现。一方面，资本积累的前提或资本主义社会的基础是私有产权。这种私有产权促使私人占有大量财富。而这种占有或资本积累，在当代主要表现为剥夺式积累。换言之，剥夺式积累的前提是资本主义社会的私有产权。另一方面，这种私人占有公共财富的行为是通过货币这一媒介得以实现的。

> 私人占有公共财富这一过程的核心，本书稍早讲过，是货币代表和象征社会劳动（价值）产生的矛盾。货币（而非它代表的社会价值）本质上可以为私人占有，这意味着只要货币保持良好

---

① ［美］大卫·哈维：《资本社会的17个矛盾》，许瑞宋译，北京：中信出版社，2016年，第41页。

② ［美］大卫·哈维：《资本社会的17个矛盾》，许瑞宋译，北京：中信出版社，2016年，第48页。

的价值储存和量度功能，私人可以无限地累积货币。①

并且，由于货币是一种社会权力，这种以囤积大量货币为目的的行为，最终在某种程度上形成了资产阶级的权力机制。这又进一步形成了国家权力与私有产权制度对于剥夺式积累行为的保障。

然而，私人占有公共财富的行为，在很大程度上迫使大众的利益受损，即大众无法获取足够的使用价值。在此基础上，哈维进一步分析了公共财富再生产的必要性与可能性。一方面，公共财富是维持大众获取使用价值的物质基础。因此，我们应该积极地引导公共财富的再生产并极力保证公共财富不被私人完全占有。另一方面，公共财富的再生产受到了两种威胁：何以保证掠夺公共财富的个体会采取集体行动确保公共财富再生产；市场中影响公共财富再生产的不当行为会带来巨额利润，而相比之下循规蹈矩只能赚取薄利。简而言之，私人采取确保公共财富的集体行动和正当行动的可能性较小。

再次，哈维识别出私有产权是维持"资本运作的一种基础条件。它是资本运作的一种必要条件和建构：如果没有这种法律基础架构，交换价值和货币均无法以现行方式运作"②。也就是说，私有产权是资本主义运行机制与私人占有公共财富的法权前提。一方面，哈维将私有产权改写为个体化私有产权，将资产阶级所追求的"人人享有个人自由"与私有产权的要义结合起来，凸显了资产阶级社会人人平等的乌托邦理想。然而，劳动者对自身劳动力的所有权并不能自由支配。也就是说，在资本主义条件下，他们不得不为了生存出卖自身劳动力的所有权证书。因此，这种私有产权并不能用"人人享有自由产权的自由"来简单涵盖。换言之，劳动者自身的劳动力所有权不仅仅是法

---

① [美] 大卫·哈维：《资本社会的 17 个矛盾》，许瑞宋译，北京：中信出版社，2016 年，第 52 页。

② [美] 大卫·哈维：《资本社会的 17 个矛盾》，许瑞宋译，北京：中信出版社，2016 年，第 38 页。

律层面的所有权，还是在资本主义条件下的被占有，即资本主义事实上的占有权。

另一方面，哈维以此为基础，进一步揭示了资产阶级法律制度和政治制度的虚伪性。这主要体现在对剥夺式积累之合法性和合宪性的证明。与此同时，私有产权制度的建立遮蔽了其他普适性生存和生活方式。换言之，这是以资产阶级人权营造出的"私有产权制度天然合理"的假象。而这一认知与马克思在《德意志意识形态》中批判私有制前提的行为有异曲同工之妙。但是，哈维在批判私有产权的具体方式上与马克思形成了实质性的差异。在哈维的视野中，私有产权与国家之间的矛盾，以及私人占有过多公共财富导致分配不公的问题，均是法权或社会权力视域层面的问题。也就是说，哈维的批判最终回归对当局政治经济运作以及当下的国家机器的批判。"这表明公然剥夺的政治经济运作仍生猛地存在于资本主义世界的中心。当然，讽刺的是，当局越来越仰赖改良政治的伪装来掩护种种形式的剥夺。"① 这种批判与其呼吁政治斗争并寻求替代性政治方案的理论旨趣不谋而合。但是，此种批判行为并未深入到资本主义制度本身，即他没有从私有制度本身以及资本关系本身来理解围绕私有产权而形成的诸多矛盾与问题。这也是他最终将寻求乌托邦的期盼寄予替代性政治方案的原因。

最后，哈维创造性地将原始积累进一步引申到当今资本运行机制中，揭示出资本主义国家权力和法律制度常年掩护资本剥削的事实。简而言之，哈维认为私人占有公共财富以及公共财富再生产得以可能的一个核心路径是剥夺式积累。准确地说，哈维认为剥夺式积累是当今资本运作以及资本积累的核心路径。一方面，剥夺式积累指涉社会劳动生产过程中对于它产生的价值的直接剥夺，这实际上是哈维以

---

① [美]大卫·哈维：《资本社会的17个矛盾》，许瑞宋译，北京：中信出版社，2016年，第56页。

"资本主义生产过程中资本家对劳动者的剥削"为基础进行的理论改造。另一方面，剥夺式积累又表现为私人对公共财富、公共资源的占有与掠夺等。这种剥夺式积累得以可能的基础是货币（以及商品化）的存在、私有产权制度的形成（法律上的保障）以及国家权力的掩护。

实际上，这种剥夺式积累在当下的资本运行机制中，主要以金融资本的形式呈现出来。而货币资本是金融资本的基础。这就意味着，与私有产权相关的两个矛盾，最终均以交换价值与使用价值之间存在矛盾的形式呈现出来。"无论在哪里，交换价值都是主人，使用价值则是奴隶。正是在这条脉络下，大众以无法取得足够的基本使用价值为由起来抗争，已成为迫切的要事。"① 显然，交换价值成为资本主义社会的主导，以及要求共享使用价值依然是哈维在此处强调的重点。也正是在这一意义上，大卫·哈维以剥夺式积累为理论中介，思考了公共财富何以可能的问题。

与此同时，他也忽视了一些实质性的问题。第一，从资本主义社会的表象层面来看，剥夺式积累确实无处不在。但值得注意的是，这种以私有产权、国家权力为中轴的资本积累模式，仅仅是从法权层面与政治层面或上层建筑层面进行分析的理论视域。在哈维的视野中，货币仅是一种社会权力，因此对于货币资本的积累实际上就是对一种社会权力的积聚。这种将法律与社会权力作为资本积累的保障机制的做法，使得哈维不能进一步从资本主义制度以及私有制本身的角度来分析问题。这是促使哈维最终寻求政治斗争以及替代性政治方案的直接原因。

第二，哈维以个体化私有产权所诠释的理论视域，并未进入私有制的层面。实际上，此种私有产权前提，在资本主义条件下表现为实

---

① ［美］大卫·哈维：《资本社会的 17 个矛盾》，许瑞宋译，北京：中信出版社，2016 年，第 58 页。

质性的占有。而这种占有是由资本主义生产方式本身所决定的，即工人自己生产出来的力量，最终促使工人不得不出卖自身的劳动力并失去对自身劳动力的所有权证书。从这一意义上来看，哈维所论述的"人人享有个人自由"的个体化私有产权，仍然停留在资产阶级所宣扬的意识形态层面。这种私有产权，最终只能流于人道主义的空洞口号。此外，私有制作为资本主义的社会历史前提，是马克思在《德意志意识形态》中集中批判的理论视域。因此，哈维对这一问题的思考，甚至未能达到马克思在《德意志意识形态》中的理论水平。

资本积累与总循环过程是以价值生产与实现为核心的运行机制

在大卫·哈维看来，资本主义的运行机制主要以资本积累与总循环过程呈现出来。而在这一过程之中，我们首先遭遇的是资本何以积累的问题。围绕这一问题，哈维指出，从根本矛盾的角度来看，剩余价值来源于资本与劳动之间的对抗性关系，即资本家通过对劳动者进行剥削来获取剩余价值。由此获得的剩余价值最终又以商品、货币等形态不断发生变化并在某一时刻实现为资本。那么，资本到底是一种过程还是一种东西？带着这个疑问，哈维从剩余价值何以转化为货币与资本等形态的角度，深入分析了价值生产与价值实现之间的矛盾。

首先，哈维认为资本积累存在三大积累模型，它们分别体现在三卷《资本论》中，即价值生产、价值实现与价值分配的三大理论视域之中。但撇开一系列外在影响因素来看，剩余价值的产生主要以《资本论》第一卷中的价值生产的积累模型为立足点。基于此，哈维进一步将剩余价值得以产生的原因视为资本家与劳动者之间的剥削与对抗。然而，资本家与劳动者之间的交换是以对资本的所有权与劳动力商品的所有权为交换前提的平等交换。那么，这种平等的交换中何以产生较多的价值？针对这一疑问，哈维指出这种剥削得以成立是以某种前提为基础的。换言之，在哈维看来，"必须有一种商品可以创造出比它本身价值更大的价值。这种商品便是劳动力，而这正是资本再生产所仰赖的东西"①。由此，哈维看到了劳动力商品的重要性，并认为劳动力作为商品进行买卖是资本主义生产方式的独特之处。在此基础上，哈维敏锐地指出，资本家通过种种方式导致劳动者陷入除了不断出卖自己的劳动力外别无可为的境况。也就是说，资本家不断地通过赚取交换价值以获得主宰其他阶级的社会权力。简而言之，资方暴力统治得以建立。因此，这种资本统治下的劳动者的自由是虚假的："劳动力商品化，结果便是把社会劳动（我们替其他人劳动）变成异化的社会劳动。"②

基于此种理论认知，哈维将劳资矛盾视为大规模异化现象发生的现实途径。但与此同时，哈维以 2008 年的金融危机为例，指出单一的劳资矛盾的解决不能最终达成目标。"致力于建立非异化劳动的条件，不足以解决问题。"③ 因为很多环境因素或其他矛盾对政治目标的达成产生了限制与约束。即使某种替代性政治方案能够促使异化的社会劳动暂时消失，这一方案自身的执行也将困难重重。基于此，哈维指出，我们的视野不能仅限于劳动市场与工作场所。根本性的问题依然在于交换价值，即当下的资本积累是否依然以交换价值为主导。总而言之，哈维认为劳资矛盾不应该是当下的首要矛盾："在我看来，过度强调劳资矛盾，而且把它当作独立存在、与资本的其他矛盾无关，对我们革命性地寻求资本和资本主义的替代选择是有害的。"④

可见，哈维的诠释虽然看似天衣无缝，却存在很多问题。第一，

---

① ［美］大卫·哈维：《资本社会的 17 个矛盾》，许瑞宋译，北京：中信出版社，2016 年，第 63 页。
② ［美］大卫·哈维：《资本社会的 17 个矛盾》，许瑞宋译，北京：中信出版社，2016 年，第 63 页。
③ ［美］大卫·哈维：《资本社会的 17 个矛盾》，许瑞宋译，北京：中信出版社，2016 年，第 66 页。
④ ［美］大卫·哈维：《资本社会的 17 个矛盾》，许瑞宋译，北京：中信出版社，2016 年，第 69 页。

虽然哈维已经从法权意义上识别出劳动与资本进行交换的平等性原则，但是他却止步于此。换言之，在哈维看来，劳动力商品得以交换的前提是劳动者拥有自身劳动力的所有权，这种交换是法权意义上的所有权的让渡。

> 这种"公允性"是基于以下想法：劳动者对他们当作商品提供给资方的劳动力，拥有个体化的私有产权，而且可以"自由"选择出售劳动力的对象（对资方来说，劳动力这种商品的使用价值，在于它可以产生价值和剩余价值）。①

然而，问题的关键在于，这种平等的所有权的让渡，实际上是处于资本主义生产方式之下的劳动者不得不为之的交换。而这种促使工人不得不出卖自身劳动力的资本主义生产方式，实际上又是工人自己的劳动所创造出来的。第二，事实上，劳资关系是一种交换关系，仅仅是因为混乱运用词汇而产生了误会。

> 在资本和劳动的交换中第一个行为是交换，它完全属于普通的流通范畴；第二个行为是在质上与交换不同的过程，只是由于滥用字眼，它才会被称为某种交换。这个过程是直接同交换对立的；它本质上是另一种范畴。②

可见，劳资交换关系包括两个行为：一是流通范畴中劳动者与资本家的交换行为；二是资本主义生产过程之中劳动力商品的使用，即资本用交换来的劳动力进行物质生产。这第二个过程就是价值增殖过程，它是劳资交换得以产生剩余价值的根本原因。因此，劳资交换关系总是与资本主义物质生产过程联结在一起。而哈维正是因为不能认识到这一点，才将劳动力商品产生比自身更多价值的原因归结为异化的社

---

① [美] 大卫·哈维：《资本社会的 17 个矛盾》，许瑞宋译，北京：中信出版社，2016 年，第 62 页。
② 《马克思恩格斯全集》中文第 2 版第 30 卷，北京：人民出版社，1995 年，第 233 页。

会劳动。换言之，哈维解决不了等量劳动换取等量价值与劳动力商品产生剩余价值之间的矛盾。这是他在面对剩余价值何以产生这一问题时，将根本原因置于劳资对抗与剥削以及在剥削之下产生的异化的社会劳动层面的终极原因。也正是基于此，哈维最终走向祛除异化或异化劳动的人道主义政治诉求的解放路径。第三，正是因为哈维将理论视域置于资本的流通以及劳资交换过程，并且未能进入资本主义生产关系的理论视域，他最终形成将交换价值或数量维度的价值作为诠释资本的理论尺度的行为。也正因为如此，哈维将当代资本运行机制指认为以交换价值为主导的运行机制。而在哈维看来，货币是一种社会权力。这又促使哈维进入社会权力与政治权力的理论视域。这是迫使哈维诉诸外部政治斗争的直接动因。

其次，自然界中很多事物具有双重性，哈维指出资本既是一种过程也是一种东西，二者形成一种矛盾统一。就资本是一种过程而言，它主要体现在资本以价值持续流动的形态存在："持续流动是资本的首要生存条件：资本必须流通，否则将会死亡。"① 而"资本是一种东西"则是指资本可以不断地以货币、商品与生产活动等各种物质形式出现。

基于此种理论定位，哈维指出，资本以货币、商品与生产活动等各种物质形式的形态，处于持续流动的过程之中。而持续流动的目的在于不断地赚取利润。因此，赚取利润这一动机促使资本不断地缩短生产时间与流通时间。一方面，为了破除资本在其流动与实现过程之中所遭遇的各种障碍与问题，资本家推动了一系列维持资本持续流动的社会策略（譬如，国家介入市场以约束个体行为）。另一方面，为了维持资本积累与总循环的持续性，信贷体系与金融资本等得到了极大的发展。然而与此同时，以金融资本或虚拟资本等形式维持资本积累

---

① [美] 大卫·哈维：《资本社会的 17 个矛盾》，许瑞宋译，北京：中信出版社，2016 年，第 74 页。

的模型，使得剩余价值的来源也由资本主义生产过程中的劳资剥削转换到以金融资本为代表的剥夺式积累。

可见，哈维在论述资本既是一种过程也是一种东西时，对于资本概念的双重界定与马克思的定位具有天壤之别。第一，哈维对于资本是一种过程的界定，停留在资本以各种不同的物质形式持续运动的基础上——"资本持续流通是一种过程和流动，而另一方面，资本也会以各种物质形式出现（主要是货币、生产活动和商品）。"① 这种运动实际上与马克思所界定的资本生产与再生产的内在矛盾运动形成了巨大的差异。它将资本关系仅理解为资本交换关系的理论定位，将问题域直接引申到交换价值与资本流通的层面。也正是基于此，哈维最终呼吁优先考虑使用价值。第二，哈维对于资本是一种物的理论定位，仅停留在单纯的物质属性的层面。这实际上将政治经济学语境下的资本概念，又拖曳到了纯粹的物质层面。也正是基于此，哈维最终进入了追求物质层面的使用价值的政治学视域。第三，马克思在《1857—1858年经济学手稿》中曾明确指认资本是物、关系与过程的矛盾统一体。而哈维省略了"资本是关系"这一层次。实际上，马克思将资本界定为一种关系的主要用意，在于揭示物与物的关系何以转化为人与人之间关系的内在矛盾机制。换言之，人与人之间的关系之所以转化为物与物之间的关系，是由资本自身逻辑所决定的。

最后，因为哈维将当代的资本积累问题放置在资本的持续流通过程之中，所以资本能否持续流通就成为资本积累能否成功进行的关键命题。基于此，哈维将资本能否持续流通的问题转译为价值生产与价值实现之间的矛盾。也就是说，生产出来的价值能否成功实现，是维持资本积累与总循环持续性的关键："资本的持续流通，有赖资本成功

---

① ［美］大卫·哈维：《资本社会的17个矛盾》，许瑞宋译，北京：中信出版社，2016年，第71页。

通过两个关键时刻（成功的程度以利润率衡量）：首先是劳动过程中的价值生产，然后是市场上的价值实现。"①

而关于价值生产与价值实现之间的矛盾，哈维是以《资本论》第一卷与第二卷为立论基础的。在他看来，《资本论》第一卷在假设市场上价值实现不存在问题的前提下，集中研究了剩余价值得以产生的机制。《资本论》第二卷则相反，它在假设价值生产过程不存在前提的情况下，将理论焦点置于价值实现的诸种条件。正是在这两种理论模型之中，产生了矛盾："换句话说，如果资本像《资本论》第一卷分析的那样顺利运作，站在《资本论》第二卷的角度，它很可能会陷入困境，反之亦然。"② 也就是说，促进价值生产的资本运行机制，可能会制造出市场上的价值实现问题。

综上所述，哈维在理解资本积累何以产生以及何以维持连续性的过程之中，仅仅将剩余价值理解为利润。因此，他在诠释资本概念时，形成将交换价值与数量维度作为理论尺度的行为。一方面，这促使哈维将马克思的剩余价值理论与劳动价值理论拉回到交换价值层面。基于此，哈维的资本积累与总循环过程也仅仅成为以货币资本为轴心的资本积累过程。另一方面，哈维无法理解剩余价值的真正来源，即不能从劳资交换关系进入资本主义生产关系。这促使哈维引入异化的社会劳动来解释剩余价值得以产生的真正原因。在哈维看来，由于资本是运动中的价值，而价值又是异化的社会必要劳动，异化随着资本的运动进入资本积累与总循环过程的方方面面。基于此，哈维引入人道主义的政治斗争来破除这种异化并寻求人类的解放。

---

① ［美］大卫·哈维：《资本社会的17个矛盾》，许瑞宋译，北京：中信出版社，2016年，第81页。

② ［美］大卫·哈维：《资本社会的17个矛盾》，许瑞宋译，北京：中信出版社，2016年，第84页。

二、当代资本主义社会之变化的矛盾

在哈维看来，当代资本主义社会存在三种变化的矛盾——"这些矛盾唯一不变的是它们持续在变"[①]。第一种是因为技术的使用而形成的与相对剩余价值直接相关的矛盾。第二种是资本流通与分配领域存在的不平衡问题。第三种变化性矛盾则存在于当代资本运行机制对于劳动者或人的控制过程之中。

相对剩余价值的生产与科学技术的运用

随着科学技术的革新与应用，资本日益以一种相对剩余价值的形式形成资本自身的积累。也正是在这一过程之中，出现了一系列与相对剩余价值直接相关的具体问题。

首先，大卫·哈维着重指出了技术对资本追求利润或剩余价值的重要作用。为了追求利润这一终极目标，资本不断地促进技术变革与创新。譬如，资本主义社会历史上的各种发明。在他看来，技术是提升生产力和生产效率的手段之一，并且"技术可以定义为利用自然过程和事物，制造产品满足人类的目的"[②]。与此同时，他认为根据对计算机技术的硬件、软件和组织形式三要素的理解，可以把货币、银行业、信贷系统和市场均理解为技术。那么，技术究竟在何种意义上影响了资本的积累与总循环？

围绕这一疑问，哈维通过对资本之历史与逻辑的梳理，厘清了技术的五个必要任务：促成更加高效合作的组织与分工方式；缩短资本

①［美］大卫·哈维：《资本社会的 17 个矛盾》，许瑞宋译，北京：中信出版社，2016 年，第 93 页。

②［美］大卫·哈维：《资本社会的 17 个矛盾》，许瑞宋译，北京：中信出版社，2016 年，第 96 页。

流通时间；重视生产与传播知识、储存与取用数据和信息的技术；重视金融与货币这一关键领域；控制工作和劳动。简而言之，大卫·哈维在资本不断促进生产力提升的前提下，指认了技术的重要作用与具体的发展逻辑。与此同时，哈维亦指明了技术对资本积累的负面影响：劳动力失业加剧、产生价值的社会劳动不断减少、环境恶化等。但由于资本主义社会对于技术的依赖已经形成一种文化或意识形态，因此这种会带来诸多负面影响的技术依然在资本积累中占据重要地位。

值得注意的是，大卫·哈维将理论重点聚焦于劳动力的可替代性以及劳动与工作过程中。一方面，节省劳动力的技术发展与价值的生产之间出现了矛盾。在哈维看来，"随着越来越多的节省劳动力的技术投入使用，产生价值的社会劳动在数量上将倾向减少，最终摧毁社会必要的劳动和价值的生产，因此也摧毁赢利能力的基础"①。他之所以得出这一结论，是因为他认为利润与价值的来源在于社会劳动。而社会劳动又与直接的劳动者紧密联系在一起。因此，节省劳动力的技术与创造价值的社会劳动之间形成了对立与矛盾。与此同时，劳动者的长期失业也造成了社会不稳定与资本利润再生产的危机。另一方面，资本力量倾向于控制工作与劳动过程："资本无疑随之出现一种拜物信念，认为不断提高赢利能力的方法，是不断利用技术创新来规训劳动者和削弱其权利。"② 此种对劳动者的规训进一步形成了人的异化。

可见，哈维对于技术在资本积累过程之中正反两个方面作用的诠释，既体现出他认识到了当下的资本积累日益以一般智力与相对剩余价值的形式得以实现，又体现出他对相对剩余价值生产过程之中劳动者地位的考量以及劳动价值理论的质疑。譬如，哈维对于马克思劳动

---

① ［美］大卫·哈维：《资本社会的 17 个矛盾》，许瑞宋译，北京：中信出版社，2016 年，第112 页。

② ［美］大卫·哈维：《资本社会的 17 个矛盾》，许瑞宋译，北京：中信出版社，2016 年，第109 页。

价值理论的认知存在偏差。这主要体现在社会劳动与社会必要劳动时间之间的不同。在哈维看来，社会劳动创造价值。而实际上，价值是由社会必要劳动时间所决定的。准确地说，马克思在提出了劳动二重性理论之后，才明确地指认价值是由抽象劳动决定的。因此，由节省劳动力的技术所推进的具体工作岗位的丢失或部分劳动者的失业，并不能否认抽象劳动创造价值的理论视域。在当下的资本主义社会，我们应该认识到，这种以技术或机器人形态出现的资本主义生产，是资本生产逻辑本身的具体变化，而非马克思劳动价值理论自身的失效。

其次，在哈维看来，"分工理应被视为资本运作的一个根本特征"①。因为分工旨在将复杂的生产与再生产活动拆分为简单的操作步骤。换言之，分工促使人类有能力将复杂劳动转化为简单劳动。这有利于资本在追求自身积累的过程中极大地提高社会劳动的效率。然而，由于分工的这一拆分特性，部分与整体之间的矛盾问题随之涌现。基于此，哈维将分工所内含的诸多矛盾视为资本过程之中存在的变动性矛盾之一。

一方面，哈维认为，在资本主义社会之中，分工的首要目的是维持竞争优势和赢利能力。因此，为了不断地提升这种维持赢利的能力，分工自身也与时俱进。针对这一问题，哈维集中论述了技术分工与社会分工。总的来说，技术分工指涉一系列复杂的技术作业中的分工，社会分工则指认了社会上的不同行业的分工。随着资本主义社会的不断发展，技术分工与社会分工日益普遍化、复杂化，成为现代资本主义经济的基本特征。与此同时，随着全球化与资本的扩张，国际分工日益成为新的分工模式。另一方面，分工形成了自身的阶级对立或社会阶层对立。譬如，家务劳动的商品化、脑力劳动与体力劳动的对抗，

---

① [美] 大卫·哈维：《资本社会的17个矛盾》，许瑞宋译，北京：中信出版社，2016年，第119页。

以及性别在分工中的对立等。从这一意义上来说，分工产生了一系列的偏见与歧视。也正因为如此，分工亦成为劳动者改变自身命运或阶层的利器。"分工之中围绕着地位和技能认可的斗争，实际上是劳动者争取较好人生机会的斗争，延伸出去是资本家维护赢利能力的斗争（这是问题的核心）。"① 基于此，资本主义历史上形成了一系列围绕分工展开的政治斗争或阶级斗争。

既然分工在很大程度上影响了资本的积累，那么资本家阶级又是如何面对分工问题的呢？针对这一问题，哈维指出，为了维持资本积累的持续性，资本必须控制包括分工在内的劳动过程与生产过程。譬如，"资本作为原始积累首要形式，发现它必须控制工业生产中的劳动过程"②。而在这种资本控制劳动过程的过程之中，劳动者或工人阶级的利益遭到了极大的削弱。通常来说，资本家阶级通过不断地变革技术以实现对分工以及劳动过程的控制。但是，"技术变革始终偏向损害劳动者的利益，尤其偏向损害劳动者借由掌握罕见和可独占的技能而取得的那种权力"③。因此，劳动者阶级的诉求往往是去技术化或争取参与其他高层次阶层。这也意味着，资本利用分工而产生的核心矛盾，已经溢出了技术矛盾的范围，日益成为一种社会和政治矛盾。也正是在这一过程中，哈维指出分工最终促成了劳动者的疏离/异化。分工对人的这种奴役，使得劳动者在资本统治下无法实现个人的自由与发展。换言之，分工所造成的人类的不平等与地域发展的不平衡，正迫使资本主义社会日益疏离并异化。这一切阻碍资本再生产与社会再生产的矛盾，将迫使资本主义社会做出改变与政治抉择。

---

① ［美］大卫·哈维：《资本社会的17个矛盾》，许瑞宋译，北京：中信出版社，2016年，第123页。
② ［美］大卫·哈维：《资本社会的17个矛盾》，许瑞宋译，北京：中信出版社，2016年，第124页。
③ ［美］大卫·哈维：《资本社会的17个矛盾》，许瑞宋译，北京：中信出版社，2016年，第126页。

可见，哈维对于分工理论的认知，着重停留在分工对人类造成破坏并产生疏离/异化的理论视域。换言之，哈维对于分工的认知，并未进入资本主义生产方式本身的理论视域。

综上所述，哈维从科学技术与相对剩余价值生产的层面，对资本积累与总循环过程之中的具体方式进行了诠释，并指出这些手段在当代所发生的具体变化。这既体现出哈维对当代资本主义社会新变化的重视，又体现出他对于马克思相对剩余价值理论的不同看法。

资本流通与分配领域存在的不平衡问题

在资本积累与总循环的过程之中，由于诸多因素的影响，资本的发展形成了一系列不平衡、不平等现象。而在哈维看来，这主要体现在资本的流通与分配领域。基于此种理论定位，哈维集中论述了以下几个与此相关的问题。

首先，资本的不平衡发展主要体现在资本在其发展过程中形成的资本集中与分散的态势。这种态势的形成主要归结为垄断与竞争机制。换言之，资本的垄断力促成了资本的集中与分散。总体而言，这种垄断力在当下的资本主义社会主要表现为寻租或剥夺式积累的问题。诚如前文所述，这种剥夺式积累是以私有产权为理论前提的："这种状态藏在私有财产的本质中，私有产权赋予商品主人使用该商品的垄断权力，而这种垄断力构成交换的基础，延伸出去也就是构成竞争的基础。"[①] 准确地说，私有产权是形成资本集中与分散（或者垄断与竞争）的法权前提。

随着国家权力对资本市场的不断渗透，私有产权与国家权力、阶级权力等进一步融合，并最终促成了资本运行机制之中新型的垄断与

---

① [美] 大卫·哈维：《资本社会的 17 个矛盾》，许瑞宋译，北京：中信出版社，2016 年，第 144 页。

竞争,如阶级垄断与国际竞争。也正是在这一意义上,哈维认为垄断与竞争之间构成了当代资本运作中的一种常见的矛盾统一。那么,这一矛盾统一在当代具有哪些基本特征?第一,当代资本的垄断与竞争主要以掠夺式积累的形式表现出来。而在哈维的视野之中,金融资本在当代表现为掠夺式积累。因此,以金融资本为主导的当代资本积累模型,在资本垄断与竞争的层面亦以金融资本的形式为主导模式。第二,当代资本社会的垄断与竞争日益受制于政治权力与国家管理层的干预。第三,以土地和房地产形式形成的资本集中,不仅占据土地与房产,而且垄断了独特的空间地理位置。这一方面体现了私有产权在空间领域的布展,另一方面又反映出资本在当代社会向外扩张的独特性。基于此,当代资本社会的垄断与竞争,对时空压缩的需求更加迫切。第四,在哈维看来,"分权是维持高度集权的最好方法之一,因为这种手段以个体自主和自由的表象,掩盖集权的本质"①。因此,垄断与竞争缺一不可,它们成为互相影响的矛盾性因素。

那么,已经成为当代资本主义社会之基本特征而非偶然性情况的垄断与竞争,产生了哪些影响呢?针对这一问题,哈维指出,资本的垄断与集中主要产生了两种影响。一是促成了政治经济活动的集中与分散;二是形成了资本在地理上的不平衡发展。与此同时,在哈维看来,垄断与集中在很大程度上被资本善加利用,从而形成有利于资本主义社会的局面。因此,如何处理资本垄断与竞争在反资本主义政治中的作用,是亟待解决的问题。然而,从目前情况来看,"垄断与竞争之间辩证但矛盾的关系,未能有效地化为反资本主义斗争的力量"②。

其次,由于垄断与竞争造成的不平衡地理发展和空间生产的情况,

---

① [美]大卫·哈维:《资本社会的17个矛盾》,许瑞宋译,北京:中信出版社,2016年,第153页。

② [美]大卫·哈维:《资本社会的17个矛盾》,许瑞宋译,北京:中信出版社,2016年,第156页。

在很大程度上又形成一组新的矛盾。总体而言，在资本积累与总循环的过程之中，资本塑造了一系列与资本扩张相关的地理景观。这是时空之中的资本无止境积累与总循环过程同国家通过权力和某种方法组织景观空间的尝试。因此，不平衡地理发展的态势，既是资本积累与总循环得以维持持续性的内在要求，也是资本积累与总循环所带来的必然结果。而面对这种不平衡地理发展和空间生产的现实状况，哈维指出资本在这一过程之中，不断地寻求加速或减少流通时间。这促使资本采取诸多方式减少流通成本与时间。一方面，运输和通信技术等加速资本流通的手段不断得到革新。另一方面，资本家明智选址以减少运输成本并加速资本流通。

但诚如前文所述，资本的不平衡地理发展和空间生产，实际上是资本垄断与集中的一个表现。这也就意味着不平衡地理发展和空间生产的过程中，会出现过度集中、区域内部生产过剩以及区域间隔阂加剧等情况。而为了缓解资本在这一过程之中所造成的诸多问题，资本不断地通过新的空间重组和地域扩张吸收过剩的资本和劳动力。准确地说，这就是哈维所指认的空间—时间修复手段。它是国家权力、资本利润与地域发展等各种因素综合影响的产物。总体而言，空间—时间修复手段在吸收过剩资本与劳动力的同时，也将贬值与资本毁灭裹挟到下一个地理空间之中。这种对资本主义生产方式在"他处"加以复制的方式，既是缓解资本危机与刺激资本再生产的手段，又是进一步束缚资本发展并引发危机的摇篮。因此，资本主义地理景观的建立，既是当代资本运行机制的一大推动力，又是遮蔽资本系统缺陷并复制资本缺陷的引擎："不均衡地域发展最重要的作用，是令资本的系统缺陷得以从一个地方转移到别处。这些缺陷是一种不断移动的目标。"[1]

---

[1] [美] 大卫·哈维：《资本社会的 17 个矛盾》，许瑞宋译，北京：中信出版社，2016 年，第 175 页。

但与此同时，时空修复所造成的贬值与资本毁灭，在一定程度上也是资本得以进一步生存的手段之一。

基于此，哈维指出，为了寻求反资本主义的运动，我们必须据此厘清不平衡地理发展和空间生产对于反资本主义运动的意义。在他看来，不平衡的地域发展诠释出资本是一个不断移动的反对目标。因此，"反资本主义运动必须释放和协调自身的不均衡地域发展动力，产生差异的解放空间，以求发挥创造力，探索和再造资本的地区替代物"①。

最后，由于资本的垄断与竞争以及由此而来的不平衡地理发展等情况，资本在其积累与总循环过程之中，日益造成了收入与财富的不平等。换言之，资本发展的不平衡导致了资本在分配领域的不平等。

总体而言，在哈维的视野中，资本主义社会到底采取何种分配模式，主要受两个方面的因素影响。一方面，资本具有适应复杂分配模式的能力。因此，"资本主义体制中的经济差异，并非全都可归因于资本"②。换言之，资本控制之下的分配模式，具有复杂性与多元性的特征。譬如，在收入与财富分配不平等之外，还存在公民权、文化与宗教自由、教育与工作机会等领域的分配不平等。另一方面，资本倾向于支持更有利于资本积累与总循环的分配模式。从这一意义上来看，资本所支持的分配模式更有利于资本家阶级以及资本积累与控制劳动者的各个阶层。也正是基于此，资本为了巩固它对劳动者的控制，有时候会通过分配手段挑起社会群体之间和内部的冲突。在这一过程中，国家干预起到了不可或缺的作用。一方面，国家为资本控制劳动者所产生的分配不平等提供了政治权力上的保障；另一方面，国家也可以促进收入与财富分配的平等化，并与资本固有缺陷进行部分地抗衡。

---

① ［美］大卫·哈维：《资本社会的 17 个矛盾》，许瑞宋译，北京：中信出版社，2016 年，第 177 页。

② ［美］大卫·哈维：《资本社会的 17 个矛盾》，许瑞宋译，北京：中信出版社，2016 年，第 180 页。

因此，分配是否公平的问题经常成为当下的资本主义社会不可回避的重要问题。在此基础上，哈维详细地探讨了资本在其积累与总循环过程中如何根据某些基本原则来影响收入与财富分配的问题。在他看来，收入与财富分配的不平等，是资本维持自身再生产的一个根本条件——"分配不平等源自一个简单的事实：在社会和历史上，资本被构建为一个支配劳动者的阶级。如果资本要维持自身的再生产，资本和劳动力之间的收入和财富分配必须是不平等的。"① 也就是说，资本得以维持再生产的条件是以资本家阶级拥有私有财产的所有权为社会历史前提的。这种私有产权前提形成了收入与财富分配不平等的根源。从这一意义上来看，分配不平等反而是资本自身特有的表现。譬如，资本必须牺牲劳动者以获得额外的剩余价值或利润。但与此同时，分配不平等又会直接影响到价值实现过程。在哈维看来，长期的分配不平等会最终导致价值生产与价值实现之间的失衡。因为大众有效需求的不足，会阻碍或拖延价值的实现以及资本的持续流动。也正是在此种矛盾之中，哈维指出，以缩减社会不平等为核心的改革运动，可以成为革命性的政治斗争的先锋力量。

综上所述，资本积累与总循环过程之中形成的不平衡与不平等的现象，既是资本在其发展过程中所造成的必然现象，又是维持资本积累与总循环持续性所不可或缺的内在因素。因此，厘清这些问题的始末并据此寻找反资本主义运动的政治力量，是哈维对其进行研究的直接目的。

资本运行机制对劳动者或人的控制

在哈维的理论视域中，无论是相对剩余价值生产过程中的科学技

---

① [美] 大卫·哈维：《资本社会的 17 个矛盾》，许瑞宋译，北京：中信出版社，2016 年，第 187 页。

术对人的替代与异化，还是资本流通与分配领域中资本借由分配不平等而形成的对劳动者的剥削，都体现出资本积累与总循环的运行机制对劳动者或人的控制与剥削。这促使哈维进一步研究劳动者或人在资本社会中的具体表现。总体而言，这主要体现在以下几个方面。

首先，对于哈维而言，资本积累与总循环的运行机制，在很大程度上造成了资本对于劳动者与劳动过程的控制与剥削。换言之，"保护劳动力的社会再生产所需的条件，与资本再生产所需的条件向来总是有潜在的矛盾"①。为了促进资本的再生产，资本在其发展过程中迫使劳动者在资本主义社会处于弱势地位。但与此同时，劳动者在资本积累过程之中又居于重要的理论地位，即资本家阶级通过对劳动者阶级的剥削促成资本的积累。因此，保护劳动力的社会再生产问题同样重要。基于此，哈维指出我们应该详细地研究劳动力的社会再生产问题。

一方面，相对剩余价值的生产与一般智力在当代资本积累与总循环过程之中日益占据重要的地位。这使得资本对劳动者教育与规训事业的兴趣与日俱增。因为"投资在教育和培训上，是资本维持竞争力的必要条件"②。换言之，资本为了塑造更适合自身发展的劳动者阶级日益投入更多的精力。从某种意义上来说，这属于日常生活规训与意识形态的理论层面。另一方面，以家庭和劳动者的再生产为目标的社会再生产，旨在以最少的社会资源维持资本运行机制的持续性。但是，劳动力的社会再生产，不仅直接影响资本主义的价值生产过程，而且还在劳动者消费领域直接影响市场中价值实现所需要的有效需求。也正因为如此，社会再生产已经成为资本高度入侵的领域。因此，如何权衡资本再生产与社会再生产之间的矛盾，日益成为关键的理论视域。

---

① [美] 大卫·哈维：《资本社会的17个矛盾》，许瑞宋译，北京：中信出版社，2016年，第199页。
② [美] 大卫·哈维：《资本社会的17个矛盾》，许瑞宋译，北京：中信出版社，2016年，第201页。

　　基于此种矛盾，哈维指出我们可以据此为反资本主义斗争制造出一个复杂的空间。在他看来，日常生活与社会再生产已经快速商品化，而这可以为反资本主义提供一个复杂的空间。换言之，普遍的异化已经高度入侵日常生活与社会再生产的领域，"这引导我们走向一种反资本主义政治形式，回应资本体制下日常生活和社会再生产受到的冲击"①。

　　其次，由于异化现象已经直接影响到了大众的日常生活以及劳动力的社会再生产领域，资本对于劳动者与劳动过程的控制，就从资本主义生产过程与总循环过程转向了劳动者的日常生活本身。此种普遍的异化使得劳动者无可遁逃。因此，为了寻求人类的解放与自由，哈维提出要积极寻找替代性政治方案。在这一过程之中，哈维明确地认识到，寻找替代性政治方案在理论构想层面是自由的。那么，替代性政治方案在现实实践层面是否也是自由的呢？这实际上就是对替代性政治方案在实践路径上的可能性的探讨。实际上，"这一切的背后藏着一个棘手的问题：自由的当代意义和定义，是否容不下反资本主义构想？"②

　　针对这一诘问，哈维指出，很多关于自由和自主的政治辞令均具有欺骗性，真正追求自由的力量往往为资本主义当局所压制。因此，作为资产阶级意识形态的自由与真正的自由之间存在缝隙。而为了获得真正的自主与自由，哈维指出："自由与控制的统一，永远是一种矛盾统一。为了成就正义的事业，我们可能必须动用一些不义的手段。"③为了彰显寻求替代性政治方案的决心，哈维亦批评了当下资本主义社会存在的一系列改良性政策。在他看来，这些改良主义从不曾解决社会问题，而只是将这些问题四处转移。因此，这些改良主义最终只流

---

① ［美］大卫·哈维：《资本社会的 17 个矛盾》，许瑞宋译，北京：中信出版社，2016 年，第 216 页。
② ［美］大卫·哈维：《资本社会的 17 个矛盾》，许瑞宋译，北京：中信出版社，2016 年，第 220 页。
③ ［美］大卫·哈维：《资本社会的 17 个矛盾》，许瑞宋译，北京：中信出版社，2016 年，第 224 页。

于形式或空洞的人道主义口号。基于此，哈维进一步指出，我们必须实行革命的人道主义。而这才是实现真正自由的现实路径。

可见，哈维对于异化问题的研究，已经深入到大众的日常生活与社会再生产领域。与此同时，他呼吁革命的人道主义以破除普遍的异化与控制。这种不诉诸改良而寻求革命与替代性政治方案的政治诉求，在很大程度上体现出哈维对于反资本主义政治运动的决心。但是，这种革命的人道主义，是否真的能达成目标？对于这一答案的探究，要先回溯到哈维对于社会再生产与自由的定义上。

第一，在哈维看来，马克思因为社会再生产对于资本主义的顺从性而未将社会再生产作为重要的理论视域。这一理论界定的本身存在问题。虽然马克思并未将社会再生产领域与具体的家庭劳动商品化等问题联系起来，但是他并未抛弃这一问题。实际上，马克思的再生产理论自身就已经包含了人的再生产的问题。因此，哈维在探究社会再生产的问题时，将人的再生产与资本的再生产之间存在的矛盾作为理解这一问题的立足点。然而，资本的生产与再生产视域自身就已经囊括了物的再生产、关系的再生产、过程的再生产与人的再生产等一系列问题。这也是马克思研究八小时工作制度的应有之义。也就是说，八小时工作制度本身就包括了马克思对于人的再生产问题的关注。因此，这并不是哈维的独创性发现，反而体现出哈维对于马克思思想认知的不足。

第二，哈维不仅看到了资产阶级意识形态层面虚假的自由，而且揭示出资本对于追求真正自由之力量的压制问题。实际上，哈维已经看到，要想破除控制与异化并实现真正的人类自由，必须诉诸资本体制本身。"唯一的出路是一种革命人道主义，它远远超出当代压迫性包容的界限，勇敢地面对资本体制这头野兽。"① 然而，虽然哈维一直强

---

① ［美］大卫·哈维：《资本社会的 17 个矛盾》，许瑞宋译，北京：中信出版社，2016 年，第 234 页。

调要分析具体的资本主义社会矛盾并希冀找到具体的理论爆破点，但是他在寻找具体的理论爆破点的过程之中，以资本主义表象层面的诸多矛盾掩盖了资本主义生产力与生产关系之间的内在矛盾。这促使哈维在寻求具体的理论爆破点的过程之中总是舍本逐末，并最终只能强硬地呼吁外力或外部政治斗争的干预。这种干预只能形成局部的政治斗争或局部的改良，并不能触及资本主义生产方式的本质并据此形成科学的共产主义理论。

三、危机的爆发与使用价值的政治学

诚如前文所述，哈维在描绘资本主义社会的诸多矛盾时，总是力求从这些矛盾中寻找出直接的理论爆破点，或者为寻求反资本主义运动提供直接的依据。而爆破点的最终爆发，则直接以可以促使资本走向灭亡的危险矛盾或资本主义的危机为依据。因此，正是在这些危险的矛盾中，哈维引导我们直面危机的爆发并积极地促成政治斗争。围绕这一命题，我们需要仔细研究与此相关的三个渐进式问题。第一，资本主义社会的危险性阻碍，究竟在何种程度上形成可以促成资本灭亡的危机或具体的革命爆破点？第二，哈维直面资本主义社会矛盾与危机的根本原则是，分析并把握资本运行机制内部诸多矛盾与危机所形成的政治运动的内部时机，并呼吁外部政治力量或反资本主义力量的介入。那么，此种政治斗争理论究竟在何种意义上又具有使用价值的政治学倾向？第三，哈维对于乌托邦与替代性政治方案的诉求主要存在三个阶段，这三个阶段以自身特有的形式彰显了哈维乌托邦诉求与具体革命爆破点探寻的可能性与存疑性。对于它们的梳理有助于我们更好地理解哈维意义上的革命人道主义的可行性。

危机的爆发：资本持续积累与总循环的危险性阻碍

在哈维看来，资本社会的 17 个矛盾中的最后 3 个矛盾，是危险性的矛盾，即资本持续积累与总循环的危险性阻碍。从这一意义上来说，这是资本主义社会之危机一触即发的时刻。

首先，哈维从复利增长的形式出发，指出资本再生产所需的增长已经成为一种无止境复合增长的态势。而这种无止境的复合增长被证明是不存在的。从经济学的视角来看，历史上存在一种认为无止境复合增长是可以存在的理论。因为从资本经济运作层面或表象层面来看，资本的再生产以货币资本的形式得以存在。而随着金融资本与信贷体系的崛起，尤其是 20 世纪 70 年代之后，在新自由主义大范围地实施金融化的前提下，资本积累与资本的再生产日益以一种金融资本的形式存在。金融资本与信贷体系的发展，使得货币的金属基础或物质基础进一步被瓦解。这使得资本再生产能够突破其自身的金属基础或物质基础的界限，并以一种无止境增长的态势蔓延开来。仅从数量维度来看，这种无止境增长取得了存在的可能性。但随着金融危机的频繁爆发，近来的经济学家们已经逐渐意识到："长期以来我们假定经济可以无止境增长可能是错的。"① 然而哈维认为，这种以货币与信用货币形式为媒介而存在的无止境复合增长，一方面因为货币不受任何物质限制而得以存在，另一方面又因为没有可以支撑这种增长的明确物质基础而陷入难以为继的深渊。② 也就是说，资本无止境增长难以为继的根本原因是交换价值与使用价值之间的矛盾："随着交换价值在投机狂热中暴增，使用价值势必变成更微不足道的因素，而这可能会衍生出

① ［美］大卫·哈维：《资本社会的 17 个矛盾》，许瑞宋译，北京：中信出版社，2016 年，第246 页。

② 参见 ［美］大卫·哈维《资本社会的 17 个矛盾》，许瑞宋译，北京：中信出版社，2016 年，第 258、259、269 页。

一些相当惊人的结果。"① 从当下的资本主义社会现实来看，资本无止境增长受阻主要表现为生产过剩、价值贬值或频发的金融危机。而从资本积累与总循环的过程来看，资本无止境增长受阻主要表现为这一过程持续性的中断以及价值生产与价值实现之间的矛盾。

其次，在哈维看来，资本在无止境增长或指数增长的过程中累积了一些环境压力，这促成了资本与自然界之间的致命矛盾。针对这一指认，哈维认为当前亦存在对其进行质疑的四种观点。第一，资本具有成功解决生态难题的悠久历史。"无论这种困难是关于'自然'资源之使用、承受环境污染的能力，还是栖息地退化、生物多样性衰减，空气、土地和水质量下降的问题。"② 第二，在资本积累与总循环过程中，作为剥削与消耗对象的"自然"被内化于其中。换言之，资本是一种生态系统，资本与自然均在这一系统中不断地得到生产与再生产。第三，环境问题本身已经成为资本追逐利润的新领域。也就是说，保护环境的工程或新技术发明，成为资本据此获利的消费需求。第四，资本在环境遭遇灾难的情况下依然有可能继续积累与流通。在这种情况下，环境灾难反而为"灾难资本体制"创造了大量获取利润的机会。

那么，面对这四种质疑，我们应该厘清的根本问题到底是什么？哈维的答案是，"在什么情况下，这些内部困难对资本的再生产会是危险，甚至是致命的？"③ 换言之，对资本与自然之矛盾统一的具体运作过程加以分析并适时把握其中出现的危机，是哈维更为关注的理论命题。基于此种认知前提，哈维进一步质问自身："那么，我可以基于什么理由，将资本与自然改变中的代谢关系提升为一个危险，甚至可能

---

① [美] 大卫·哈维：《资本社会的 17 个矛盾》，许瑞宋译，北京：中信出版社，2016 年，第 270—271 页。

② [美] 大卫·哈维：《资本社会的 17 个矛盾》，许瑞宋译，北京：中信出版社，2016 年，第 273 页。

③ [美] 大卫·哈维：《资本社会的 17 个矛盾》，许瑞宋译，北京：中信出版社，2016 年，第 278 页。

是致命的矛盾?"① 可见，资本与自然之间的关系在何种意义上可以成为危机的爆破点，是哈维进一步分析的理论视域。在他看来，虽然资本在过往成功地克服了资本与自然之间的矛盾并顺利地维持了资本的积累，但是不代表在此时或未来能够持续成功。因为在他的视域中，当下的资本主义社会正处于资本活动指数增长中的一个关键转折点。准确地说，这个关键转折点是哈维所指认的 2008 年左右的全球范围内的金融危机。随着资本运行机制在此时的动荡，使用价值的商品化、私有化与市场化日盛。在这一情况下，交换价值的主导性已经成为不争的事实。而在此基础上，资本与自然的矛盾已经成为资本再生产内化的矛盾并逐渐影响着资本运行机制的稳定。

那么，资本与自然之间的矛盾在何种程度上成为真正威胁资本的关键问题呢？哈维据此给出了两个答案。第一，食租者阶级占有财富与收入却并不关心生产。这些凭借纯粹产权而获利的阶级本身不具有生产力。因此他们的兴盛最终会促使利润率归零。从这一意义上来说，食租者阶级占有自然与资本生态系统中关键位置的能力，使其具有扼杀生产资本的风险。第二，人类对于资本建造的生态系统具有疏离的反应。换言之，在这一过程中，普遍异化充斥着人类生活的方方面面。由此，人性遭遇了极大的毁灭。从这一意义上来说，自然的反叛实际上就是人性的反叛，"它反抗的是将自然和人性化约为纯商品形式的不人道本质"②。

最后，这种人性的反叛最终以一种政治斗争的形式表达出来。因为"问题不在于资本无法在它的矛盾中存活下去，问题在于资本存活

---

① ［美］大卫·哈维：《资本社会的 17 个矛盾》，许瑞宋译，北京：中信出版社，2016 年，第 281 页。

② ［美］大卫·哈维：《资本社会的 17 个矛盾》，许瑞宋译，北京：中信出版社，2016 年，第 292 页。

下去的代价将是多数人类无法接受的"①。也正是基于此，哈维指出革命的人道主义才是回答诸种矛盾与人性之反叛的最好答案。那么，革命的人道主义如何得以可能呢？哈维秉承他在《资本之谜：人人需要知道的资本主义真相》中的结论，在《资本社会的17个矛盾》中继续提出：

> 我的结论是："资本主义永远不会自行崩溃。它必须受到外力的逼迫。资本的积累永远不会停止。它必须由外力终止。资本家阶级永远不会自愿交出权力。他们的权力必须由外力夺取。"②

换言之，革命人道主义能否成功，需要依赖一场强大的政治运动。而这场政治运动能否发挥效用，则依赖于政治主体以及与其相适应的政治宏愿。

一方面，由于资本积累与总循环过程中所内化的诸多矛盾的存在，资本运行机制日趋不稳定并形成了资本理性的疯狂。譬如，对于交换价值的无止境追求最终造成了使用价值的不足。而这一切混乱现象的直接结果是普遍的异化与无处不在的疏离。

> 作为被动的心理现象，异化是指疏远某些重要关系，变得孤立。我们为了某些无法说清、无可挽回的损失感到悲痛时，便是体验到和内化了这种异化。作为主动的心理状态，异化是指自己实际或感觉被压迫或剥削，因而感到愤怒和充满敌意，并以行动发泄这种愤怒和敌意……③

基于此，哈维指出，普遍异化造成了人性的丧失与诸多负面能量的产

---

① [美] 大卫·哈维：《资本社会的17个矛盾》，许瑞宋译，北京：中信出版社，2016年，第294页。
② [美] 大卫·哈维：《资本社会的17个矛盾》，许瑞宋译，北京：中信出版社，2016年，第294—295页。
③ [美] 大卫·哈维：《资本社会的17个矛盾》，许瑞宋译，北京：中信出版社，2016年，第297页。

生，而这促成了反资本主义的政治宏愿以及反资本主义力量的成长。另一方面，异化与疏离是人类在日常生活中普遍感受到的主观、心理问题。与此同时，异化与疏离也是促成人性之反叛的政治问题。从这一理论视角出发，哈维指出异化的社会劳动是发掘政治主体的最直接尺度。

> 社会可能正迈向一种理想情况："工作时间按计划分阶段缩减，实质所得不会因此受损，而且当局推行配套政策，使这些获得解放的时间成为所有人自由自我实现的时间。"但这种解放对资本家阶级的权力构成极大的威胁，因此也就遇到很强的阻力和障碍。"生产力发展本身可能会减少生产所需的劳动力，但它本身无法创造出必要的条件，使得这种时间解放成为所有人的解放。"①

换言之，劳动时间的解放是人类解放的应有之义。

基于此，哈维进一步指出，为了获取人类的解放，必须充分认识资本的运行机制以及这一机制中蕴含的诸多矛盾。"历史可能赋予我们获得更大自由的机会，但我们还是必须主动把握这些机会，并从中获得好处。"② 因此，准确认识资本积累与总循环过程中的诸多阻碍或矛盾，并适时把握在这些矛盾与危机中出现的革命爆破点，是哈维集中诠释资本社会的 17 个矛盾的应有之义，也是哈维寻求革命人道主义的成功与替代性政治方案的理论指导。这与当代资本主义社会存在的诸多政治运动的盲目性形成了本质上的差异。这也是哈维提倡战斗的特殊主义的理论旨归。资本运行机制内部的诸多矛盾与危机所形成的政治运动的内部时机与外部政治力量的介入——或者说"内爆"与"外爆"的结合——是哈维在论述当代资本主义社会的诸多矛盾与危机时

---

① [美] 大卫·哈维：《资本社会的17个矛盾》，许瑞宋译，北京：中信出版社，2016 年，第310 页。
② [美] 大卫·哈维：《资本社会的17个矛盾》，许瑞宋译，北京：中信出版社，2016 年，第310 页。

所秉承的根本原则。从这一意义上来看，哈维为寻找政治斗争的时机以及把握政治主体为何不革命等命题提供了有效的线索。也就是说，哈维从主观与客观两个方面开启了对替代性政治方案的诉求。

综上所述，资本主义社会之所以会发生诸多危机，根本原因在于对使用价值的忽视。换言之，在哈维看来，当下的资本运行机制已经成为一种以交换价值为主导的运行机制。此种资本运行机制引发了一系列的矛盾与危机。因此，对于诸多矛盾与危机的审视，最终要回归到哈维所建构的理论前提，即商品的使用价值与交换价值可以进行理论上的切割。也正是在这一意义上，哈维所指认的乌托邦诉求或替代性政治方案的选取，亦以使用价值的政治学为其政治斗争的理论指向。

希望的空间：人性的反叛与使用价值的政治学

哈维虽然一直标榜要追寻马克思的步伐并在很大程度上维护了宏大叙事与辩证法在分析资本主义社会历史中的重要作用，但是由于其自身的后现代性理论基底，他对不平衡、可能性、偶然性或多样性等亦抱有极大的期盼。这一期盼在其资本批判理论视域之中的最主要表现，是他对于可能性的替代性政治方案的诉求。这是他在对当代资本运行机制进行分析并试图发现资本积累与总循环的内部规律的同时，将理论视域投射到具体的革命爆破点或革命人道主义之可能性的原因之一。也正是基于此，哈维的政治斗争理论，直接关涉到他在现代性与后现代性理论之间如何权衡的问题。而他对于资本社会的 17 个矛盾与危机的分析以及革命人道主义的提出，也是他在现代性与后现代性之间进行权衡的直接结果。因此，对哈维的政治斗争理论的研究，具有重大的理论意义。这不仅关乎哈维对马克思"主观公式"与"客观公式"之间辩证法的理论改造，也反映出哈维在一定程度上流于革命人道主义所体现出来的人本主义理论诉求。这种嫁接既反映出哈维的"跨学科式"理论特点，又反映出他对于马克思资本批判理论认识上的不足。因此，我们需要对这一理论进行进一步的分析。

诚如前文所述，哈维从人性之反叛的理论视角出发，进一步建构了依靠革命契机与外部政治斗争力量的政治学理论。但是，根据对资本社会的 17 个矛盾与危机的分析可知，哈维的这种政治斗争理论在很大程度上又可以被归结为使用价值的政治学领域。准确地说，哈维的政治学理论在主观层面上诉诸人性之反叛，在客观层面又以以交换价值为主导的资本运行机制所具有的矛盾与危机为依据。因此，哈维提出，人性之反叛应该建立在追求使用价值并破除普遍异化的理论基础上。换言之，哈维的政治斗争理论具有使用价值的政治学倾向。总体而言，他的这种使用价值的政治学具有以下几个理论特征。

第一，此种政治学倾向将使用价值尤其是商品的使用价值看成寻求社会公正、人类自由解放的途径与目标。因此，"建立一种没有交换价值，因此也就没有货币的社会秩序，这一乌托邦式的目标必须说清楚"①。在哈维看来，社会上的大多数人正是因为不能平等地享有商品的使用价值而造成社会公正的缺失。准确地说，在哈维的视域中，当代资本主义社会已经成为一种以交换价值为主导的资本运行机制。"我们可以得出以下结论：资本主义下的房屋供给，已经从追求使用价值为主，变成以追求交换价值为主。"② 因为资本积累与总循环的过程主要表现为对交换价值的无止境追求。譬如，房地产市场通过炒房、土地拍卖与金融炒作等手段，促成了房屋交换价值的暴涨。这种过分强调并追逐房屋交换价值的市场行为或资本运作遮蔽了房屋本身的使用价值。实际上，哈维认为从资本运作层面来看，交换价值遮蔽使用价值的事件不胜枚举。更有甚者，政府机构亦因此不能认识到使用价值

① ［美］大卫·哈维：《资本社会的 17 个矛盾》，许瑞宋译，北京：中信出版社，2016 年，第 30 页。
② ［美］大卫·哈维：《资本社会的 17 个矛盾》，许瑞宋译，北京：中信出版社，2016 年，第 14 页。

的重要性并最终造成使用价值积累与分配的不公正。譬如，"因为资助平价房屋的负担考验政府的财力（财政收入萎缩时尤其如此），交换价值考虑经常再度悄悄地排挤掉使用价值考虑"①。总之，此种以交换价值为主导的资本运行机制促成了人们对使用价值的忽视。因此，"优先为所有人直接提供足够的使用价值……"②，成为哈维所设立的政治目标。但与此同时，在哈维看来，使用价值指涉物的有用性，即他仅从物质层面来看待商品的使用价值。因此，对使用价值的忽视就直接造成物资的匮乏和物资分配的不公正。

第二，对使用价值的重新诉求缘于哈维深刻地认识到了交换价值所造成的普遍异化或物神崇拜。在他看来，"异化这一主题存在于本书已检视的许多矛盾中。在交换价值的支配下，与商品的有感接触（其使用价值）丧失了，与自然的感官关系被阻断"③。因此，人的异化是使用价值的政治学绕不开的又一主题。一方面，交换价值的现实表现形式是货币，对交换价值与货币的无止境追求最终会因为其物质基础的不足而产生资本经济理性的疯狂。在哈维看来，"我们必须维持无止境的经济复合增长，但又没有可以支撑这种增长的明确物质基础"④。这种以货币拜物教为主要表现形式的资本理性的疯狂，最终促成了资本主义社会之普遍的异化与疏离。因此，为了破除异化并寻求人性的复归，哈维提出了一种以追求使用价值为理论目标的革命人道主义。另一方面，哈维对使用价值的认识，仅停留在斯密等古典经济学家的理解层面，即认为使用价值仅仅指涉物的有用性。因此，以追求使用

---

① [美] 大卫·哈维：《资本社会的 17 个矛盾》，许瑞宋译，北京：中信出版社，2016 年，第 9 页。
② [美] 大卫·哈维：《资本社会的 17 个矛盾》，许瑞宋译，北京：中信出版社，2016 年，第 328 页。
③ [美] 大卫·哈维：《资本社会的 17 个矛盾》，许瑞宋译，北京：中信出版社，2016 年，第 298 页。
④ [美] 大卫·哈维：《资本社会的 17 个矛盾》，许瑞宋译，北京：中信出版社，2016 年，第 269 页。

价值为理论目标的革命人道主义，最终亦回归到对纯粹物质层面的理论诉求。

第三，通过政治运动实现目标。使用价值的政治学旨在破除以交换价值为主导的资本运行机制，最终抵达"物的有用性"共享的乌托邦状态。从经验的可操作层面来看，这种反资本主义的政治斗争需要诉诸外部政治力量的"逼迫"。"资本家阶级永远不会自愿交出权力。他们的权力必须由外力夺取。"① 也就是说，在哈维看来，当代的资本运行机制不会主动走向灭亡。因此，他认为我们必须通过对资本主义社会诸多矛盾与危机的分析，发现并把握革命的具体爆破点或革命时机，进而诉诸外部政治力量的介入。这是破除异化并建立以使用价值为目标的替代性社会的最有效方式。实际上，诉诸外部政治力量是当代资本主义社会诸多政治斗争的理论前提。这也是对于当代政治主体不革命的理论回应之一。

一言以蔽之，使用价值的政治学在将使用价值与交换价值进行割裂的前提下，从使用价值或物的有用性对大多数人生活、生存颇为重要的角度出发，诉诸追求以交换价值为主导的资本运行机制的崩溃与对使用价值的重新重视。在此过程中，他们秉承对普遍异化的破除与人类自由解放的追求，诉诸外部政治力量的介入。因为他们坚信现行的资本运行机制只有在外部政治力量的"逼迫"下才会崩溃。

然而，使用价值的政治学倾向并非哈维所独有的理论特色。实际上，马克思主义哲学界早已存在类似的理论范式。众所周知，马克思谈论使用价值时，总是在"商品"这一定义之下讨论的，即商品是使用价值与价值的统一体。这一内在矛盾式的商品概念，构成了《资本论》第一卷开篇的逻辑起点。准确地说，作为资本主义社会之结果的

---

① ［美］大卫·哈维：《资本社会的17个矛盾》，许瑞宋译，北京：中信出版社，2016年，第295页。

商品概念才是马克思研究资本主义社会的逻辑起点。但是，面对这一概念，学术界存在一种将商品的使用价值与交换价值割裂开来的做法。譬如，鲍德里亚将交换价值与使用价值进行割裂，并因此将马克思定位为"打倒交换价值并回归使用价值"的路线。① 这种做法的背后隐含着一种理论前提，即使用价值和交换价值可以分别单一存在。正是在这一前提下，使用价值的政治学理论得以产生。

总的来说，这种使用价值的政治学主要表现在两个方面。一方面，诸多学者（包括哈维）从使用价值的物质属性出发，将追求使用价值本身作为通往人类解放或乌托邦的现实路径。易言之，在马克思的科学社会主义领域，按需分配物质财富是实现人类解放与自由之后的表现形式。而在"将追求使用价值本身作为现实路径"的学者看来，追求使用价值反而成为人类实现自由解放的现实路径之一。这在某种程度上属于本末倒置。换言之，这些学者与马克思的最大区别在于，实现人类自由解放的现实路径不同。譬如，大卫·哈维仅在经验层面分析了资本运行体制造成的诸多矛盾与危机，而并未深入问题的根本，即未能从资本主义内在矛盾机制角度分析矛盾与危机问题。准确地说，哈维不相信资本主义生产力与生产关系之间的矛盾导致资本主义走向灭亡的内在必然性。在哈维看来，"资本主义永远不会自行崩溃。它必须受到外力逼迫"②。这亦是他最终诉诸政治主体力量与选取政治斗争之替代性方案的根本原因。

另一方面，在哈维的理论视域中，资本积累在以货币和交换价值为主导表现形式的前提下，将使用价值排挤到次要地位。然而，这种以交换价值为主导的资本运行机制，只是一种拜物教现象。也就是说，

---

① 参见［法］让·鲍德里亚《符号政治经济学批判》，夏莹译，南京：南京大学出版社，2015年，第174—200页。
② ［美］大卫·哈维：《资本社会的17个矛盾》，许瑞宋译，北京：中信出版社，2016年，第294—295页。

这种以交换价值和货币拜物教为表现形式的资本运行机制，只是资本生产与再生产在经验具体世界层面的颠倒现象。因此，仅凭借将使用价值与交换价值的位置进行调换的人类解放路径，并不能真正地解释此种颠倒的原因，也并不是破除这种颠倒或普遍异化的根本途径。此外，马克思所论述的人类自由与解放，并不能仅仅停留在对使用价值或对交换价值的追逐。"换句话说，在未来社会中，真正的财富既不是交换价值，也不是使用价值，而是每个人的自由全面发展。"①

阶级斗争理论的三个阶段：替代性政治方案真的可行吗？

寻求替代性政治方案的乌托邦诉求，一直是大卫·哈维资本批判理论视域中的重要主题。这既是他在研究资本批判理论时所树立的追求人类自由与解放的理论旨归，又是他在创造新的社会关系或"希望的空间"时所倚仗的政治理论与政治路径。那么，此种寻求替代性政治方案的乌托邦诉求，究竟是以何种形式贯穿在哈维资本批判理论的几十年思想史之中呢？总体而言，哈维的乌托邦诉求或替代性政治方案的理论在其思想史中经历了三次重要的理论转折。

首先，哈维在前期致力于辩证的时空乌托邦理论的建构。众所周知，哈维在1973年的《社会正义与城市》一书中，转向了马克思主义并开始以马克思主义的资本批判理论解析地理学领域的重要命题。这反过来也促使哈维以其地理学背景知识开启了重构马克思资本批判理论的路径。一方面，哈维认真阅读了《资本论》并留下了《资本的限度》一书。这开启了哈维以空间维度重构《资本论》的理论任务。另一方面，哈维积极地以资本批判视角研究城市化进程中出现的诸多问题，并形成了一系列与城市化经验相关的理论书籍——《资本的城市

---

① 孙乐强：《马克思的使用价值理论及其哲学意义的再思考》，《理论探讨》2017年第5期，第74页。

化：资本主义城市化的历史与理论研究》《后现代的状况：对文化变迁之缘起的探究》《都市经验》《新帝国主义》《新自由主义简史》等。在这一交互性的研究过程中，哈维通过对以资本积累与阶级斗争双重线索为代表的多重力量之间斗争的分析，逐步形成了深入具体个案研究与整体空间判断的历史地理唯物主义。也正是在这一过程中，哈维认识到阶级斗争与直面乌托邦的重要性。这主要体现在《希望的空间》与《正义、自然与差异地理学》两本书中。在《希望的空间》中，哈维直接回应了乌托邦的传统并确立了"可能性的未来"的重要性。这种朝向未来的乌托邦诉求正是任何社会追求更加美好、公正或平等未来的正确态度。基于此，他进一步分析了以时间优先性为叙事原则的理论逻辑，并将"以时间消灭空间"的资本主义发展逻辑视为社会过程的乌托邦。而在《正义、自然与差异地理学》中，哈维则以其自身独特的辩证法思维为方法论原则，进一步以"空间—地方—环境"为中轴，解释了资本主义空间重组的历史轨迹。总之，随着哈维资本批判理论的方法论原则——总体性辩证法——的确立，他对可能的城市世界的探求，也从对纯粹主观形式的乌托邦与客观存在的歹托邦的思考中，最终确立了基于总体性辩证法的辩证的时空乌托邦理论。

具体而言，辩证的时空乌托邦理论，旨在将时间与空间双重维度作为研究当代资本运行机制的理论视角，以资本积累与阶级斗争贯穿城市化进程的始终，继而以此为基础，在不平衡的地理发展过程中寻求具体的革命爆破点，并通过阶级斗争这一外部政治力量的介入来探寻通向可能的未来世界的具体路径。

其次，在辩证时空乌托邦理论与当代资本主义危机的基础上，哈维将在不平衡地理发展过程中形成的等级差异或阶级冲突直接摆上台面，并主张通过对资本积累运行机制的探寻来为阶级斗争寻求现实指导。值得注意的是，这种理论指导旨在寻求具体的革命爆破点并引入外部政治力量的介入。实际上，这是哈维在面对 2007—2008 年金融危机时所产生的历史使命感，也是他将其辩证时空乌托邦理论付诸实践的一次尝试。换言之，这次全面波及整个资本主义社会的金融危机，使得哈维看到了重新创造社会关系的希望。从这一意义上来看，2008年可以说是哈维思想史进程中一个重要年份。基于此，他积极地研究马克思的阶级斗争理论并通过重读《资本论》以全面测绘当代资本主义的运行机制。这一阶段的理论成果主要表现为《〈共产党宣言〉新介》(*The Communist Manifesto-New Introduction*)、《世界大同与自由地理学》①、《跟大卫·哈维读〈资本论〉》两卷本、《资本之谜：人人需要知道的资本主义真相》(原名是《资本之谜与资本主义危机》)、《叛逆的城市：从城市权利到城市革命》、《资本社会的 17 个矛盾》(原名是《17 个矛盾与资本主义的终结》)。

可见，这一阶段哈维的理论重心已经完全偏移到与资本主义危机和阶级革命直接相关的理论研究上。此时重新地集中阅读《资本论》并写下《跟大卫·哈维读〈资本论〉》两卷本，是基于哈维想要为阶级革命提供现实的理论指导，或试图通过对资本主义运行机制与资本主义现实危机进行总结以为寻求具体革命爆破点提供参考的目的。此种理论旨归在他《跟大卫·哈维读〈资本论〉》两卷本、《资本之谜：人人需要知道的资本主义真相》以及《资本社会的 17 个矛盾》等书的前言中就已经交代得一清二楚。譬如，他在《跟大卫·哈维读〈资本论〉》第一卷前言的第一页就写道："首先，失败的经济现状和将会成为一次严重全球危机（如果不是大萧条的话）的威胁的肇始，已经形成了一股正在兴起的、对马克思所做分析的兴趣，以研究其是否能帮

---

① Harvey, D. *Cosmopolitanism and the Geographies of Freedom*, Warrenton: Columbia University Press, 2009. 这本书于 2014 年被台湾地区学者王志弘翻译为《寰宇主义与自由地理》，但考虑到"世界大同"概念更为切合本书的主旨以及该词汇在哲学领域的要义，故此处将其翻译为《世界大同与自由地理学》。

助我们理解造成我们目前困境的根源。"① 而重读《资本论》以帮助我们理解目前困境，是为了更好地推动政治实践。

> 很多学生和活动家强烈需要一种能更好掌握每种事物是如何与其他事物相关的知识的理论基础，这样他们就可以将他们自己特别的兴趣和政治实践置于合理的位置和关系中。我希望这次关于马克思基本理论的讲座能帮他们做到这点。②

实际上，当代西方左派充斥着自由至上主义或无政府主义，他们对于多样性与无政府状态的追逐，正源于他们对普遍主义的怀疑，而这种怀疑使其丧失了理论前提并陷入了政治困境。哈维敏锐地指出："这些思想家在后结构主义的旗帜下重新组合后现代碎片，而这种后结构主义偏好认同政治并规避阶级分析……因为这种左派寻求在不掌权的情况下改变世界，所以日益巩固的财阀资本家阶级随心所欲主宰世界的能力仍然不受挑战。"③ 基于此，哈维及时抓住了重建政治斗争元理论的诉求并希望以此改变政治上的被动状态。

总体而言，哈维以重读《资本论》的形式，直面当下资本主义危机，试图厘清资本主义危机的根源以及当代资本运行机制中的薄弱环节。当代资本积累范式的研究与外部政治斗争的介入，是哈维重建政治斗争元理论的双重线索。实际上，这是哈维以资本积累与阶级斗争为主线研究资本的空间构型的直接结果。这种以总体性辩证法思维重建政治斗争元理论的理论行为，体现出他在后现代语境中依然尊重宏大叙事的历史态度，亦体现出他试图探寻资本积累规律并引入阶级斗

---

① [美] 大卫·哈维：《跟大卫·哈维读〈资本论〉》(第一卷)，刘英译，上海：上海译文出版社，2013年，第1页。
② [美] 大卫·哈维：《跟大卫·哈维读〈资本论〉》(第一卷)，刘英译，上海：上海译文出版社，2013年，第2页。
③ [美] 大卫·哈维：《资本社会的17个矛盾》，许瑞宋译，北京：中信出版社，2016年，第ⅩⅩ页。

争的企图。但提倡多样性与可能性的后现代文化，已然也悄悄地侵入了哈维的思维，主要表现为他对诸多具体的革命爆破点与可能的城市世界的追求。而为了抵达希望的空间，哈维往往将客观规律降低为偶然性与可能性。这种不是从资本主义客观规律内部生发而是通过外部政治力量介入的阶级斗争形式，既体现出西方左派对于"主体不革命"的焦虑与企图改变政治上的被动形式的渴望，又体现出认识论上的辩证法在面对话语理论时的被动。尤为可惜的是，哈维最终诉诸异化与革命人道主义政治实践的理论行为，将其阶级斗争理论退回到人本主义的层次上。

最后，哈维又回归于对资本批判元理论的集中诠释，主要体现在《世界的逻辑：如何让我们生活的世界更理性、更可控》《马克思与〈资本论〉》与《跟大卫·哈维读〈资本论〉》（完整版）中。实际上，在《资本社会的 17 个矛盾》之后，哈维开始梳理并反思自己以前的理论，集中表现在他于《世界的逻辑：如何让我们生活的世界更理性、更可控》中对以往文章或书籍的摘录。但这本书的主体内容主要体现在哈维的资本空间构型领域。换言之，这本书的主体在于他以空间理性重构历史唯物主义所体现出来的具体理论层面。在最新的两个文本中，哈维则将重点置于资本运行机制的测绘。总体而言，这一时期哈维的理论重心又再次回归到对资本批判元理论的探索道路上。与以往不同，哈维开始用自己的话语体系来全面地重释马克思的资本批判理论。换言之，他开始以其有机的、过程性的总体辩证法思维，重新诠释当代资本的运行机制。这主要表现在他开始以水循环图为参照系，将资本积累与总循环过程置于完整的资本运行图表之中。实际上，这一资本运行图式并非凭空出现，哈维一直以资本的三级循环以及资本三大积累模型诠释资本运行机制的理论，构成了这一资本运行图式的直接背景。

可见，哈维的政治斗争诉求又以暂时性隐退的方式让位于具有空间特色的资本批判理论研究。这是哈维在发表了一本自认为最危险的书——《资本社会的 17 个矛盾》之后，因为现实与预想之间存在巨大差异而形成的对于可能性替代方案和现实政治斗争的部分妥协。① 因此，从直接的阶级斗争的理论视角来看，哈维近些年的文本倒像是一种倒退。当然，这并不能代表哈维对于政治斗争与乌托邦诉求的放弃。实际上，这依然是哈维在面对西方左派困境时，以另一种元理论探寻的形式来弥补西方左派之理论前提不足的表现。

综上所述，哈维关于政治斗争与可能的城市世界的探寻，经历了三个不同的思想史历程。但总体而言，哈维对于政治斗争的把握，着重体现在他对于政治斗争元理论的补充。这体现出他在崇尚多样性与可能性的当下，对于具有现代性特征的宏大叙事的坚持。

---

① 更有甚者，哈维竟然于 2017 年在公开的学者讨论会（召开于南京大学哲学系的国际学术会议）上否认自身对于可能性替代方案的追求。当然，他并没有放弃政治斗争的理论诉求。这从他越老越革命的行为中亦体现一二。

哈维：资本批判理论的"异质性"阐释者

自从大卫·哈维宣布将马克思主义理论作为自身理论的立足点之后，他便在诸多方面以学习与运用马克思的资本批判理论为元理论拓展、前沿现实问题分析与乌托邦诉求的理论指导。从这一意义上来看，马克思的资本批判理论是哈维资本批判理论的理论基础与分析当代资本主义社会的利器。因此，哈维在诸多层面建设性地继承了马克思的资本批判理论。但与此同时，由于哈维自身的地理学背景以及跨学科式分析范式的影响，他对马克思资本批判理论的继承，又深受其自身的独特理论风格影响；因此，哈维最终形成了异于马克思的资本批判理论。这种异质性解读主要涉及三个方面：第一，哈维的资本批判理论在方法论前提层面形成了自身的异质性。第二，在对资本主义社会的直接分析中，哈维形成了与马克思不同的资本运行机制的解读范式。第三，哈维的这种异质性解读对历史唯物主义以及当代资本主义社会具有哪些意义？

方法论前提的异质性

虽然哈维一直崇尚宏大叙事与辩证法，并在一定程度上维护了马克思资本批判理论的原貌，但是通过对哈维资本批判理论的全面解读可知，他对马克思的拥护实际上是建立在其自身理论建构的基础之上的。换言之，哈维亦在很大程度上改写了马克思的资本批判理论并据此建构了独具个人特色的资本批判理论。而此种改写鲜明地体现在哈维解读资本主义社会时所使用的方法论中。总体而言，与马克思相比，哈维在方法论解读层面的异质性主要体现在以下三个方面。

第一，从"从抽象上升到具体"到英美实证分析。总体而言，大卫·哈维与马克思在资本批判理论的研究方法层面使用的是两种完全不同的理论范式。众所周知，马克思在其《资本论》及其手稿中所使用的方法是"从抽象上升到具体"。这是他在写作之初便于《政治经济学批判》序言中确立的研究方法。根据这一研究方法的理论内涵可知，马克思从内含资本主义生产力与生产关系内在矛盾的抽象的"理论上的一般"出发，通过对蕴含内在矛盾的资本关系的生产与再生产的研究，逐步上升到对资本生产与再生产在日常生活中所体现出来的具体世界的研究。大卫·哈维则与此不同。虽然从表面上来看，哈维在理解马克思的资本批判理论时，一直宣扬要遵循马克思的原意并经常使用马克思的既有词汇来分析当代资本主义社会的现状，甚至将其自身的理论任务解释为丰富马克思"从抽象上升到具体"之具体层面的理论内容；但实际上他在很大程度上误读甚至改写了"从抽象上升到具体"这一方法论原则。譬如，通过哈维对《资本论》三卷本之间理论关系的解读与定位可知，他以资本积累三大模型的理论范式转译了马克思《资本论》三卷本之间的实质性关系。这就意味着，哈维并不能正确地理解"从抽象上升到具体"的研究方法。实际上，这种"转译"属于英美实证分析的研究范式。易言之，哈维以资本积累三大模型的理论定位为中介，将《资本论》三卷本所涉及的资本关系视为并列式、断裂式的结构关系。也正是在这一意义上，哈维将价值生产、价值实现与价值分配作为《资本论》三卷本所聚焦的不同积累模型。

可见，哈维在研究方法上与马克思产生了极大的不同。某种程度上，这种异质性的研究方法是马克思主义哲学史研究进程中早已存在的一种方法。他们由于不能深刻地理解"理论上的一般"以及"思维中的具体"，在理论逻辑上无法贯通"抽象"与"具体"。这是他们基于日常生活与实证分析方法研究资本主义社会的直接结果，也是他们只关注日常生活从而不能从社会历史进程中观照资本生产与再生产过程中内在矛盾的结果。当然，也正是通过对马克思资本批判理论之研究方法的改造，哈维得以从日常生活以及当代资本主义社会运行机制的层面直接分析当下的诸种矛盾与危机。换言之，在某种意义上，哈维确实据此完成了自己所界定的丰富"具体"层面内容的理论任务。譬如，他据此研究了国家、对外贸易、城市化等问题。这部分地属于马克思在写作《资本论》之初所定位的"六册计划"中涵盖的内容。因此，虽然哈维未能深刻地理解马克思社会历史观意义上的"具体"之内涵，但是他以另一种方法（实证分析方法）重新激活了马克思的理论视域。而从马克思资本批判理论的研究历史来看，这一块理论内容，尤其是"六册计划"所涵盖的国家、对外贸易等部分，正是当代《资本论》研究的薄弱环节。

第二，从内在一元论矛盾观到矛盾多元论。以内在一元论矛盾观的方法论前提为理论基础，马克思将内在矛盾视为其资本批判理论的重点关注视域。换言之，在马克思看来，资本主义生产力与生产关系之间的内在矛盾以及此种内在矛盾的生产与再生产，是我们研究资本主义社会需要关注的社会历史观层面上的重点内容。也就是说，马克思在"否定之否定"层面所理解的资本主义社会必然走向灭亡的根本原因是资本内生性的原因。准确地说，是资本产生了促使自身走向灭亡的局限性。这种局限性又被马克思归结为资本主义生产方式自身的内在局限性。一言以蔽之，在马克思看来，资本主义生产力与生产关系之间的内在矛盾促使资本主义生产方式与资本主义制度最终走向灭亡。与此同时，这种内在一元论矛盾观在社会历史现象层面亦承认多种具体矛盾的并存。这也就为历史唯物主义阐释具体的社会历史现象提供了具体的现实分析路径。

　　此种研究方法是马克思在《资本论》阶段才最终确立的理论范式。换言之，马克思虽然在《德意志意识形态》中已经确立了生产力与交往形式之间的内在矛盾，但是此种内在矛盾的内涵在一些层面上还有待进一步展开。当时的马克思认为，生产力是共同活动方式中人的能力的展开。因此，生产力与生产关系之间的内在矛盾就表现为一般社会历史层面个人共同活动的能力与交往形式之间的矛盾。准确地说，这种内在矛盾在很大程度上表现为交往形式对人的能力的破坏力量。易言之，《德意志意识形态》时期的马克思着重于强调生产力与交往形式之间的矛盾对大多数人形成消极的、破坏性的影响。因此，这种因破坏性力量而对大多数人形成的异化是生产力与交往形式之间内在矛盾的表现形式。而哈维在理解当代资本主义社会中的诸多矛盾与危机时，亦倾向于从普遍异化的角度来理解资本经济理性的疯狂。也就是说，哈维所指认的普遍异化与物神崇拜正是由蕴含了诸多矛盾与危机的资本经济理性或资本运行机制所造成的。基于此，哈维亦认为当下的资本运行机制以及其间蕴含的诸多矛盾与危机对大多数人而言形成了疏离与异化的破坏性力量。譬如。哈维认为，正是因为当代资本主义社会已经形成以交换价值为主导的资本运行机制并忽视了使用价值的作用，所以才形成了无处不在的普遍异化。

　　实际上，哈维在诸多文本中将生产力与生产关系之间的矛盾转译为生产力与社会关系之间的矛盾。这也在一定程度上体现出哈维对马克思运用于《资本论》中的内在矛盾之解读的异质性。与此同时，哈维在《资本的限度》中将生产力与社会关系之间的矛盾视为资本主义社会的根本矛盾，并继而在《资本社会的 17 个矛盾》中着重分析了与当代资本运行机制直接相关的 17 个具体矛盾。这种从内在一元论矛盾观延伸到矛盾多元论的理论行为，既体现出哈维对马克思本质层面的内在矛盾的误读，又体现出他从日常生活以及多样性层面解读资本运行机制的理论旨趣。换言之，哈维在直面经验具体世界或社会学意义上的表象世界时，以英美实证分析方法归纳总结出的诸种矛盾，实际上是现象界层面的具体矛盾，它与本质层面的内在矛盾形成了天壤之别。可见，哈维直接越过了内在一元论矛盾观，并将矛盾多元论置于本体论的层面。

第三，从历史的、唯物的辩证法到总体性辩证法与过程辩证法。众所周知，哈维在多处文本中直接指明他所使用的研究方法是马克思的辩证法。然而，通过对其整体文本的解读可知，哈维所指认的辩证法与马克思的辩证法存在极大的差异。基于这些差异，哈维形成了具有自身特色的辩证法。总体而言，哈维的辩证法是总体性辩证法与过程辩证法的统一。准确地说，此种辩证法具有以下几个特点。

首先，哈维的辩证法是关于时间与空间操作的辩证法。这是他以历史地理唯物主义为理论前提的方法论表现之一。换言之，"这种事情的发生需要一个有关于空间和时间操作的辩证法（在黑格尔传统内属于某种不可能之事），它还必须勇敢面对唯物主义的权威和封闭问题"[①]。可见，哈维不满足于传统辩证法与唯物主义视域中的封闭性与单一时间维度。这是他将地理学维度引入历史唯物主义的直接结果。也就是说，他将空间维度作为其辩证法理论的替补性维度而加以引入。然而，这种补入空间维度的做法，是否真的显示出传统辩证法视域中空间维度的缺失？或者说，辩证法究竟应该在何种层次上进行理解？这将涉及更加复杂的理论视域。为了分析问题简便，我们将集中以马克思的辩证法为参照系。在我们看来，马克思的辩证法自身就已经存在时间与空间对立统一的理论维度。换言之，空间或场所一直是马克思在分析资本主义社会诸种问题时的承载机制。

无论如何，基于空间维度的引入，哈维进一步提出了以三元空间

---

① [美] 大卫·哈维：《希望的空间》，胡大平译，南京：南京大学出版社，2006 年，第190 页。

维度为轴心的总体辩证法。譬如，他在理解商品概念时，将其指认为使用价值、交换价值和价值的三元空间关系。"我知道，使用'总体性'（totality）这个词，就意味着在一定的知识分子圈子中，挥舞一面巨大的红旗。马克思不懂结构主义，更不知道什么后结构主义。我们必须小心谨慎地将他的思想归入这些类别中（在我看来并不适合）。但是，马克思无疑怀有将资本主义生产方式作为一个总体来理解的抱负，所以，唯一有趣的问题是，在他的思想中总体性究竟意味着什么？我们从第一部分就知道，这种总体性最好通过对商品的使用价值、交换价值和价值的三分概念来获得。"① 从这一意义上来看，哈维以结构主义或后结构主义填充了他自己的辩证法的理论视域。

其次，哈维的辩证法的理论来源非常复杂。一方面，因为他以马克思的资本批判理论为研究基点，所以他对辩证法的解读与使用是以马克思的辩证法为切入点的。这就意味着，他的辩证法直接来源于对马克思辩证法的解读。从这一意义上来看，哈维的辩证法主要来源于德国哲学的传统理论范式。另一方面，哈维从认识论的层面对其理论来源，尤其是方法论来源的支援性背景做过深入的分析与探讨，相关成果主要体现在《正义、自然与差异地理学》这一文本中。从中可知，哈维对奥尔曼、怀特海、莱布尼茨、福柯等西方哲学家的方法论视域均做过明确分析并积极吸纳了其中的精髓。基于此，哈维形成了具有实证分析哲学范式的辩证法视域。这是哈维在其诸多文本中崇尚非此即彼的辩证法或者过程性、结构式、有机系统性辩证法的直接原因。值得注意的是，这种辩证法理论来源的双重性，最终促使哈维形成了双重辩证法的理论线索。但是，在寻求替代性政治方案或乌托邦空间的过程之中，哈维又将客观的历史规律贬低为历史的偶然性与可能性。

---

① ［美］大卫·哈维:《跟大卫·哈维读〈资本论〉》（第一卷），刘英译，上海：上海译文出版社，2013年，第28页。

这种最终将人类解放诉诸具体革命爆破点与可能性的替代性政治方案的做法，体现出哈维更看中非此即彼的辩证法范式。① 从这一意义上来看，哈维对"既/又"辩证法的理解至多也仅仅是有机系统性、过程性、总体性的辩证法。

最后，哈维的辩证法视域将现代性与后现代性的理论杂糅为自身特色。在很大程度上，辩证法属于现代性的理论范畴。这也是诸多学者在转向后现代性理论层面后开始大面积地摒弃宏大叙事与辩证法的缘由。然而，对于既具有现代性理论特色又具有后现代性理论基底的哈维来说，对可能性与多样性文化理论的追求，尤其是对于可能性的替代性政治方案的诉求，促使哈维在分析当代资本运行机制的过程之中，既关注当代资本运行机制之中的内生性因素或根本矛盾，又从日常生活的层面关注当代资本主义社会之诸多表象层面问题的原因与革命人道主义的可能性与多样性。这是他在《资本社会的 17 个矛盾》中既诉诸诸种矛盾所带来的资本走向灭亡的具体爆破点或有利时机，又诉诸借助外力的政治斗争并提出革命人道主义的原因之一。

与此同时，哈维在《资本社会的 17 个矛盾》中的理论表述，也正是哈维辩证法的杂糅性理论特色的具体表现。实际上，这一方面体现出哈维对马克思辩证法的认知不足，另一方面又体现出哈维辩证法的外在嫁接性——现代性与后现代性的嫁接。具体而言，马克思的辩证法已然包含了必然性与可能性的对立统一。因此，以后现代性理论所包含的可能性与多样性来填充辩证法的行为，就体现出了哈维自身的狭隘。譬如，他以威廉斯的战斗特殊主义来丰富自身理论内容的方式，已然体现出他对马克思辩证法认知上的不足。当然，这种积极吸纳诸多学者思想精髓的做法也值得我们借鉴。但是，这不足以成为他分析

---

① 参见［美］大卫·哈维《希望的空间》，胡大平译，南京：南京大学出版社，2006 年，第190 页。

与解读辩证法理论的主要支撑。

由此可见，这种看起来"四不像"的辩证法亦只能以哈维自身辩证法的理论视域进行界定。也就是说，这种辩证法不能被简单地归结为某一种辩证法或马克思的辩证法视域。与此同时，此种辩证法也体现出哈维对马克思辩证法的理解仅停留在总体辩证法与过程辩证法的层面上。譬如，哈维曾明确指出："资本'是一种运动，是一个经过各个不同阶段的循环过程，这个过程本身又包含循环过程的三种不同的形式，它只能理解为运动，而不能理解为静止物'。这和马克思的'总体'这个辩证法的概念是一致的，也在《〈政治经济学批判大纲〉导言》中阐述过。"①

综上所述，哈维在研究资本主义社会的方法论前提下与马克思形成了诸多异质性，这些异质性又在一定程度上推进了哈维资本批判理论的形成。因此，哈维将何种异质性方法作为研究其资本批判理论的方法论原则，又基于此形成了何种异质于马克思的资本批判理论，才是面对哈维资本批判理论当代意义的重要理论视域。也只有基于此，我们才能回过头来，进一步回到马克思并重新激发历史唯物主义的当代生命力。

两种不同的资本批判理论范式

诚如前文所述，从表象层面来看，哈维在很大程度上尊重了马克思的原意并大范围地保存或使用了马克思的原有词汇。但通过对马克思与哈维资本批判理论内容的解读，我们可以断定这是两种完全不同的资本批判理论范式。

众所周知，马克思是将"理论上的一般"作为其资本批判理论的

---

① [美] 大卫·哈维：《跟大卫·哈维读〈资本论〉》（第二卷），谢富胜、李连波等校译，上海：上海译文出版社，2016年，第87页。

逻辑起点并依据"从抽象上升到具体"的方法论原则，逐步上升到对"着了魔"的表象世界的研究与分析。这一解读范式从具体内容上来看，主要围绕商品、货币与资本等核心概念呈现出对处于资本生产与再生产过程之中的内在矛盾的分析。总体而言，这一内在矛盾表现为资本主义生产力与生产关系之间的矛盾。这种从资本内部产生的"否定之否定"的力量是马克思建构科学社会主义的理论前提，即追求人类自由解放的现实前提在于从社会历史过程与客观规律的维度理解资本主义制度的必然灭亡。哈维的资本批判理论则呈现出完全不同的理论态势。总体而言，哈维的资本批判理论在具体内容上呈现出以下几个显著的理论特征。

首先，资本积累与总循环是哈维直面当代资本主义社会的资本运行机制的总图式。换言之，哈维将马克思的资本生产与再生产的理论图式转译为资本积累与总循环的理论图式。这与哈维对当代资本主义社会的理论界定分不开。在他看来，以资本主义生产或价值生产为资本积累主导模式的资本积累模型已经大范围地过时了。而从当代资本积累的现实情况来看，价值实现与价值分配已经取代价值生产成为当代主要的资本积累模型。从这一意义上来看，资本积累与总循环相较于资本生产与再生产模式更为合适。准确地说，哈维以资本的总循环图式弱化甚至取代了资本主义生产过程与资本生产逻辑。一方面，这体现出哈维的资本批判理论具备了与时俱进的理论品质。易言之，他从当代资本主义新现象的层面识别出资本主义社会的新变化，并以资本总循环的理论图式整体性地概括了当代的资本运行机制。这就意味着他能够从日常生活层面对诸种前沿现实问题进行直接的研究与分析。另一方面，这种与马克思完全不同的资本积累范式，显示出他对当代资本主义社会的生产逻辑的不理解。换言之，当代资本主义社会的生产逻辑以一种在自身层面发生变化的形式呈现出来，这些变化往往又以颠倒的形式为纷繁复杂的表象世界所掩盖。正因为哈维仅从日常生活层面或表象世界层面来理解问题，所以他不能深入到本质层面进一步地理解资本生产逻辑在当代的另类形式。而哈维弱化资本生产逻辑的理论倾向，促使他在理解与价值生产、价值实现、价值分配相关的三大资本积累模型时，将由资本主义生产关系的性质所决定的价值实现与分配领域中出现的各种现象视为当代资本运行机制得以持续的决定性因素。

其次，价值与货币是哈维进入日常生活层面的核心路径。准确地说，哈维在研究当代资本运行机制时，通过对价值与货币之间关系的分析，将货币体系的存在视为价值得以存在的理论前提，将货币资本（数量维度的货币之积累）作为理解资本积累的主要表现形式。由此可知，一方面，哈维通过价值的现实表现形式——货币——将其资本批判分析的立足点置于日常生活层面。从这一意义上来看，哈维实际上是将货币或货币资本视为资本批判的核心路径。另一方面，哈维认为货币才是价值得以存在之前提的理论定位，亦体现出他的理论着重点在日常生活或表象世界层面。基于此，哈维继续从货币与信用货币出发，最终将当代资本运行机制视为以交换价值为主导的运行模式。

因此，在看待当代资本社会的诸多问题时，哈维从使用价值与交换价值之间的矛盾与可分裂性出发，将普遍的疏离与人性之异化归咎于以交换价值为主导的资本运行机制，即对交换价值的重视造成了对使用价值的遮蔽。然而，这种对于交换价值或货币的批判，实际上回到了马克思所批判的蒲鲁东的理论水平。事实上，货币本身是社会历史发展的产物，交换价值统治人亦仅属于表象层面的问题。换言之，资本主义社会产生诸多矛盾与危机的根本原因是资本自身的"否定之否定"，或者说是资本主义生产力与生产关系之间的内在矛盾。因此，这种诉诸如何摆脱交换价值统治的理论分析，恰恰是指鹿为马的理论行为。从这一意义上来看，哈维诉诸借由交换价值失效进入社会主义社会的解放路径，完全是本末倒置。也就是说，在进入社会主义社会之后，交换价值会自然而然地失效，而不是相反。

与此同时，以交换价值为理论立足点的资本批判理论，最终也会因为交换价值之货币表现形式的变化而发生变化。易言之，在哈维看来，随着货币的金属基础的瓦解，信用货币与金融资本逐步成为当代资本运行机制的主导因素。自 20 世纪 70 年代以来，随着新自由主义计划的全面执行，作为这一计划核心的金融化浪潮席卷整个资本主义市场，并成为当代资本积累的主导形式。正是在这一意义上，哈维认为金融资本是理解新自由主义与新帝国主义的节点所在。

再次，哈维的资本批判理论旨在为工业社会被城市社会取代的"总体转变"提供内在逻辑。实际上，关于工业社会将被城市社会取代的论断来自列斐伏尔，哈维则试图为这一转变从内在逻辑层面注入新的生命力。一方面，他以凸显并补入空间维度为理论中轴，发展并形成了具有自身特色的历史地理唯物主义。这种理论行为是自列斐伏尔提出"空间的生产"之后，被众多城市理论家或城市空间学派理论家重点关注的理论对象。另一方面，哈维又别具一格地从资本批判的理论角度，通过"回归政治经济学批判"的路径来进一步确证"城市"对于当代资本积累的重要作用。实际上，城市一直是资本积累发生的场所。但自从以房地产行业为中轴的城镇化进程大范围推进，空间与城市本身成为当代资本积累的重要来源。随着世界市场与全球化的拓展，资本积累日益以在空间上进行向外扩张的模式得以持续。从这一意义上来看，工业社会已经为城市社会所取代。准确地说，这两个方面的努力是为一体两面。

最后，围绕当代资本运行机制所存在的诸种矛盾与危机，哈维将破除普遍异化并实现人类自由解放的路径诉诸可能性的替代性政治方案。具体而言，哈维将寻求具体的革命爆破点与外部的政治斗争视为寻求这一替代性方案的现实操作路径。为了实现这一操作，哈维将元理论探索、前沿现实问题分析与乌托邦诉求视为三位一体。这既是对马克思"主观公式"与"客观公式"辩证法在当代的具体发展，又在很大程度上步入了寻求政治主体与革命人道主义的理论轨道。值得注意的是，由于哈维寻求具体革命爆破点的迫切性，他常常陷入将客观规律降低为历史偶然性的理论窠臼。因此，其资本批判理论在人类自由解放层面亦常常形成"偶有倒退"或"暂时停滞"的理论现象。这既是哈维在元理论探索、前沿现实问题分析与乌托邦诉求之间不断穿梭的原因之一，又是他在这三块理论地坪来回穿梭的表现之一。

此种异质性解读有何意义？

在政治经济学批判与哲学早已结成联盟的今天，一大批试图通过回归政治经济学批判研究当代资本主义社会的理论家层出不穷。在此基础上，西方学术界形成了一股"回归政治经济学批判"的理论潮流。大卫·哈维受此影响，以其地理学知识为理论背景，形成了具有跨学科特点的资本批判理论。正确理解这一理论的形成，具有积极的理论意义。

首先，哈维的资本批判理论是在对马克思资本批判理论进行异质性解读的基础上得以形成的。因此，其资本批判理论以发展并改写马克思的资本批判理论为基础。这就意味着哈维在其分析资本主义社会的过程之中，会经常性地直面存在于马克思资本批判理论中的重要问题域。事实也是如此，哈维以依据马克思的原意为理论立足点，创造性地分析了商品、货币、资本、剩余价值、固定资本、地租、信贷与金融等理论问题域。在此过程中，他以自身的地理学背景以及英美实证分析方法对这些概念或问题进行改写并重新加以审视。这种理论行为亦促使读者重新直面历史唯物主义视域中所存在的诸多理论事实。从这一意义上来看，哈维的资本批判理论具有"回到马克思"并"重新出发"的理论意义。换言之，哈维通过对马克思资本批判理论的重新审视与改写，为历史唯物主义注入了新的活力或生命力。与此同时，这种改写与重新审视，亦反映出了哈维自身的理论缺陷。这种理论缺陷既是哈维自身理论视域的独有特色，又从侧面反映出马克思的资本批判理论还未能被全面地或准确地认知。这就进一步将重新学习并发展马克思的资本批判理论与历史唯物主义的理论任务摆在了眼前。从这一意义上来看，研究哈维的资本批判理论，是进一步深化历史唯物主义的重要理论环节。

其次，哈维的资本批判理论是在分析前沿现实问题的过程中直接形成的。因此，这一理论既在很大程度上具有直接在"经验具体"与日常生活层面进行元理论研究的实证经验主义特征，又为分析当代资本主义社会的诸多新现象提供了理论地坪。基于此，哈维全面地分析了当代的资本运行机制以及当代资本主义社会的诸多矛盾与危机，为解决前沿现实问题提供了可供操作的理论路径。譬如，马克思在写作《资本论》之初，以"六册计划"将国家、对外贸易与世界市场等内容囊括进写作提纲。然而，由于其写作大纲几经更改以及写作时间有限，这些内容最终并未得到细致的研究。哈维通过对当下资本社会存在的诸多现实状况的分析，将国家、对外贸易与世界市场等问题引入其分析视域。这一部分理论内容的研究，既为哈维研究前沿现实问题提供了理论借鉴，又是哈维直接分析当代资本主义社会新现象的必然结果。从这一意义上来看，哈维的资本批判理论在一定程度上确实部分地完成了对"从抽象上升到具体"之具体部分的分析。但值得注意的是，哈维的具体属于经验具体的理论视域，这与马克思的"思维中的具体"存在本质性的差异。

再次，哈维的资本批判理论最终以乌托邦诉求或替代性政治方案为寻求人类自由解放的现实路径。而通过对哈维的替代性政治方案或革命人道主义的研究可知，他着力于通过对"交换价值统治人"的现象进行批判并试图通过回归使用价值来实现人类的自由解放。为了实现这一目标，哈维将对当代资本运行机制中诸多矛盾的分析与外部政治斗争力量的介入作为实现替代性政治方案的具体路径。然而，哈维又明确指出，资产阶级不会主动放弃自身的权力。因此，必须依据外部政治斗争力量来完成乌托邦诉求，成为哈维在政治斗争层面的着力点。这也是他提出"反叛的建筑师""反叛的城市"与"身体政治"等口号的出发点。从这一意义上来看，哈维对于政治主体的理论探寻已经逐步跃出了无产阶级与工人阶级的范围。这也在一定程度上体现出哈维对于"政治主体不革命"问题的反思与推进。因此，对于哈维资本批判理论的研究，可以进一步促进我们思考部分西方学者政治式阅读《资本论》的理论行为以及马克思的"主观公式"与"客观公式"之间的辩证法。

最后，自从马克思以"政治经济学批判"为副标题研究资本主义社会之后，"资本批判"（《资本论》正标题的内涵）与"政治经济学批判"的差异性就一直为后人所诟病。换言之，对于什么是真正意义上或马克思意义上的政治经济学批判？学界仍然缺乏明晰的界定。而随着"回归政治经济学批判"的潮流在西方学界的出现，这个严峻的问题又再次被提上日程。实际上，对于这个问题的回应，应该从古典政治经济学、马克思的政治经济学批判或资本批判以及当代存在的"政治加经济"理论线索三者之间的本质性差异出发。而哈维作为受到"回归政治经济学批判"潮流影响的学者，以其地理学背景知识融合资本批判理论的态势，以一种正反面皆可的形式给世人提供了一次可供鉴别的理论范本。这既是对马克思资本批判理论的重构，又是在"政治加经济"理论线索上的自由发挥。因此，通过对似是而非的政治经济学批判理论的分析，或可为进一步深化政治经济学批判理论提供借鉴。

综上所述，哈维虽然在诸多问题的诠释方面具有误读或实证经验化解读的理论特征，但是他所涉及的具体理论视域的广泛性毋庸置疑。这既是他异质性解读马克思资本批判理论所具有的理论缺陷，又是他跨学科式解读当代资本主义社会的运行机制所彰显出的理论特色。一言以蔽之，哈维理论缺陷所发生之处，亦是他创造性地改写并重构资本批判理论的生发之地。因此，厘清哈维资本批判理论的具体内容及其异质性，对于我们在当下实践语境中深化历史唯物主义具体化路径的研究，以及对当代资本主义社会新现象的研究都有较好的启发意义。

参考文献

（一）主要外文参考文献

1. Cleaver，H. *Reading Capital Politically*，Leeds：AK/Anti-Thesis，2000.
2. Castree，N. and Gregory，D. （eds.），*David Harvey：A Critical Reader*，Cambridge：Blackwell Publishing Ltd. ，2006.
3. Harvey，D. *Explanation in Geography*，London：Edward Arnold and St. Martin's Press，1969.
4. Harvey，D. *The Urbanization of Capital：Studies in the History and Theory of Capitalist Urbanization*，Baltimore：The Johns Hopkins University Press，1985.
5. Harvey，D. *Consciousness and the Urban Experience*，Baltimore：The Johns Hopkins University Press，1985.
6. Harvey，D. *The Condition of Postmodernity：An Enquiry into the Origins of Culture Change*，Cambridge：Blackwell Publishing Ltd. ，1989.
7. Harvey，D. *The Urban Experience*，Baltimore：The Johns Hopkins University Press，1989.
8. Harvey，D. *Justice，Nature and the Geography of Difference*，Cambridge：Blackwell Publishing Ltd. ，1996.
9. Harvey，D. *Spaces of Hope*，Edinburgh：Edinburgh University Press，2000.
10. Harvey，D. *Spaces of Capital：Towards a Critical Geography*，New York：Routledge，2001.
11. Harvey，D. *The New Imperialism （Clarendon Lectures in Geography and Environmental Studies）*，Oxford：Oxford University Press，2003.
12. Harvey，D. *Paris，Capital of Modernity*，New York：Routledge，2003.
13. Harvey，D. *A Brief History of Neoliberalism*，Oxford：Oxford University

Press，2005.

14. Harvey, D. *Spaces of Global Capitalism : Towards a Theory of Uneven Geographical Development*, London：Verso，2006.

15. Harvey, D. *The Limits to Capital : New Edition*, London：Verso，2007.

16. Harvey, D. *The Communist Manifesto-New Introduction*, London：Pluto Press，2008.

17. Harvey, D. *Cosmopolitanism and the Geographies of Freedom*, Warrenton：Columbia University Press，2009.

18. Harvey, D. *Social Justice and the City : Revised Edition*, Athens：University of Georgia Press，2009.

19. Harvey, D. *A Companion to Marx's Capital*, London：Verso，2010.

20. Harvey, D. *The Enigma of Capital : And the Crises of Capitalism*, Oxford：Oxford University Press，2010.

21. Harvey, D. *The Enigma of Capital : And the Crises of Capitalism*, London：Profile Books Ltd. ，2010.

22. Harvey, D. *Rebel Cities : From the Right to the City to the Urban Revolution*, London：Verso，2012.

23. Harvey, D. *A Companion to Marx's Capital*, Volume 2, London：Verso，2013.

24. Harvey, D. *Seventeen Contradictions and the End of Capitalism*, Oxford：Oxford University Press，2014.

25. Harvey, D. *The Ways of the World*, Oxford：Oxford University Press，2016.

26. Harvey, D. *Marx, Capital and the Madness of Economic Reason*, London：Profile Books Ltd. ，2017.

27. *Historical Materialism*, Volume 14, Issue 4，2006.

28. Hubbard, P. Kitchin, R. and Valentine, G. （eds. ）, *Key Texts in Human Geography*, London：Sage，2008.

29. Mathewson, K. "Book Reviews：David Harvey's Justice, Nature and the Geography of Difference," *Geographical Review*, Vol. 87, No. 4 (Oct. , 1997).

30. McCrone, D. "Book Reviews：The Urbanization of Capital and Consciousness and the Urban Experience," *The British Journal of Sociology*, Vol. 38, No. 1 (Mar. , 1987).

31. Virno, P. *The Grammar of Multitude*, Los Angeles/New York：Semiotext(e)，2004.

32. Wood, E. *The Empire of Capital*, London：Verso，2003.

（二）主要中文参考文献

著作类

1. ［法］让·波德里亚:《消费社会》,刘成富、全志钢译,南京:南京大学出版社,

2000 年。

2. [法]让·鲍德里亚:《符号政治经济学批判》,夏莹译,南京:南京大学出版社,2015 年。

3. 段忠桥:《重释历史唯物主义》,南京:江苏人民出版社,2009 年。

4. [美]大卫·哈维:《地理学中的解释》,高泳源、刘立华、蔡运龙译,北京:商务印书馆,1996 年。

5. [美]大卫·哈维:《希望的空间》,胡大平译,南京:南京大学出版社,2006 年。

6. [美]大卫·哈维:《新自由主义化的空间:迈向不均地理发展理论》,王志弘译,台北:群学出版有限公司,2008 年。

7. [美]大卫·哈维:《新帝国主义》,初立忠、沈晓雷译,北京:社会科学文献出版社,2009 年。

8. [美]大卫·哈维:《巴黎城记:现代性之都的诞生》,黄煜文译,桂林:广西师范大学出版社,2010 年。

9. [美]大卫·哈维:《资本的空间:批判地理学刍论》,王志弘、王玥民译,台北:群学出版有限公司,2010 年。

10. [美]大卫·哈维:《正义、自然和差异地理学》,胡大平译,上海:上海人民出版社,2010 年。

11. [美]大卫·哈维:《资本之谜:人人需要知道的资本主义真相》,陈静译,北京:电子工业出版社,2011 年。

12. [美]大卫·哈维:《跟大卫·哈维读〈资本论〉》(第一卷),刘英译,上海:上海译文出版社,2013 年。

13. [美]大卫·哈维:《后现代的状况:对文化变迁之缘起的探究》,阎嘉译,北京:商务印书馆,2013 年。

14. [美]大卫·哈维:《寰宇主义与自由地理》,王志弘译,台北:群学出版有限公司,2014 年。

15. [美]大卫·哈维:《叛逆的城市:从城市权利到城市革命》,叶齐茂、倪晓辉译,北京:商务印书馆,2014 年。

16. [美]大卫·哈维:《跟大卫·哈维读〈资本论〉》(第二卷),谢富胜、李连波等校译,上海:上海译文出版社,2016 年。

17. [美]大卫·哈维:《新自由主义简史》,王钦译,上海:上海译文出版社,2016 年。

18. [美]大卫·哈维:《资本社会的 17 个矛盾》,许瑞宋译,北京:中信出版社,2016 年。

19. [英]大卫·哈维:《资本的城市化:资本主义城市化的历史与理论研究》,董慧译,苏州:苏州大学出版社,2017 年。

20. [美]大卫·哈维:《世界的逻辑:如何让我们生活的世界更理性、更可控》,周大昕译,北京:中信出版社,2017 年。

21. ［英］大卫·哈维：《资本的限度》，张寅译，北京：中信出版社，2017 年。

22. ［美］大卫·哈维：《马克思与〈资本论〉》，周大昕译，北京：中信出版社，2018 年。

23. ［美］戴维·哈维：《新帝国主义》，付克新译，北京：中国人民大学出版社，2019 年。

24. 胡大平：《后革命氛围与全球资本主义：德里克"弹性生产时代的马克思主义"研究》，南京：南京大学出版社，2002 年。

25. ［德］罗莎·卢森堡、［苏］尼·布哈林：《帝国主义与资本积累》，柴金如、梁丙添、戴永保译，哈尔滨：黑龙江人民出版社，1982 年。

26. ［德］罗曼·罗斯多尔斯基：《马克思〈资本论〉的形成》，魏埙、张彤玉、沈玉玲等译，济南：山东人民出版社，1992 年。

27. ［德］弗里德里希·李斯特：《政治经济学的国民体系》，陈万煦译，北京：商务印书馆，2011 年。

28. ［英］大卫·李嘉图：《政治经济学及赋税原理》，郭大力、王亚南译，北京：北京联合出版公司，2013 年。

29. ［德］马克思、［德］恩格斯：《马克思恩格斯全集》第二版，北京：人民出版社，1995 年至今。

30. ［德］马克思、［德］恩格斯：《马克思恩格斯全集》第一版，北京：人民出版社，1956—1985 年。

31. ［德］马克思、［德］恩格斯：《马克思恩格斯文集》第 8 卷，北京：人民出版社，2009 年。

32. ［德］马克思：《资本论》第一卷，德文第一版，北京：经济科学出版社，1987 年。

33. ［德］马克思：《资本论》第一卷，法文修订版，北京：中国社会科学出版社，1983 年。

34. 苑洁：《马克思主义研究资料》第 10 卷，北京：中央编译出版社，2014 年。

35. 中共中央马克思恩格斯列宁斯大林著作编译局：《马克思恩格斯〈资本论〉书信集》，北京：人民出版社，1976 年。

36. ［美］爱德华·W. 苏贾：《寻求空间正义》，高春华、强乃社等译，北京：社会科学文献出版社，2016 年。

37. ［英］亚当·斯密：《国民财富的性质和原因的研究》（上卷），郭大力、王亚南译．北京：商务印书馆，2009 年。

38. 孙伯鍨、侯惠勤：《马克思主义哲学的历史和现状》（上卷），南京：南京大学出版社，2004 年。

39. 孙乐强：《马克思再生产理论及其哲学效应研究》，南京：江苏人民出版社，2016 年。

40. ［英］E. P. 汤普森：《英国工人阶级的形成》，钱乘旦等译，南京：译林出版社，2001 年。

41. 唐正东：《从斯密到马克思：经济哲学方法的历史性诠释》，南京：江苏人民出版社,2009年。

42. 唐正东、孙乐强:《经济哲学视域中的当代资本主义批判理论》,南京:江苏人民出版社,2009年。

43. 唐正东:《资本的附魅及其哲学解构》,南京:江苏人民出版社,2013年。

44. 唐正东:《当代资本主义新变化的批判性解读》,北京:经济科学出版社,2016年。

45. 吴晓明:《历史唯物主义的主体概念》,上海:上海人民出版社,1993年。

46. 张一兵:《马克思历史辩证法的主体向度》,南京:南京大学出版社,2002年。

47. 张一兵:《文本的深度耕犁:西方马克思主义经典文本解读》(第1卷),北京:中国人民大学出版社,2004年。

48. 张一兵:《社会理论论丛》(第三辑),南京:南京大学出版社,2006年。

49. 张一兵:《文本的深度耕犁:后马克思思潮哲学文本解读》(第2卷),北京:中国人民大学出版社,2008年。

50. 张一兵:《回到马克思:经济学语境中的哲学话语》,南京:江苏人民出版社,2014年。

期刊类

1. 蔡运龙:《地理学的实证主义方法论——评〈地理学中的解释〉》,《地理研究》1990年第3期。

2. 董慧:《何种后现代——大卫·哈维对后现代的历史地理唯物主义解读与建构》,《苏州大学学报(哲学社会科学版)》2010年第2期。

3. 董慧:《哈维的城市化理论》,《山东社会科学》2016年第4期。

4. 段忠桥:《20世纪70年代以来英美的马克思主义研究》,《中国社会科学》2005年第5期。

5. 段忠桥:《资本帝国主义视野下的美国霸权——戴维·哈维的〈新帝国主义〉及其意义》,《中国社会科学》2009年第2期。

6. 付清松:《大卫·哈维不平衡地理发展思想的理论化进程》,《学习与探索》2012年第5期。

7. 付清松:《资本再生产批判视阈的反向延展——大卫·哈维的剥夺性积累理论探赜》,《马克思主义与现实》2016年第1期。

8. 郭强:《评大卫·哈维过程辩证法的本体论思想》,《马克思主义与现实》2015年第4期。

9. [美]大卫·哈维:《当代资本主义社会的普遍异化》,《学习与探索》2018年第8期。

10. [美]大卫·哈维:《马克思的异化思想与当代资本主义社会的普遍异化》,吴頔译,《哲学动态》2018年第9期。

11. [美]大卫·哈维:《普遍异化——资本主义如何形塑我们的生活?》,曲轩译,《国外理论动态》2018 年第 11 期。

12. 胡大平:《从历史唯物主义到历史地理唯物主义——哈维对马克思主义的升级及其理论意义》,《南京大学学报(哲学·人文科学·社会科学)》2004 年第 5 期。

13. 胡大平:《为什么以及如何通过空间来探寻希望?——哈维〈希望的空间〉感言》,《中国图书评论》2007 年第 5 期。

14. 胡大平:《地理学想象力和空间生产的知识——空间转向之理论和政治意味》,《天津社会科学》2014 年第 4 期。

15. 胡大平:《大卫·哈维:资本主义的病理学家》,《江苏第二师范学院学报》2014 年第 7 期。

16. 胡大平:《探索"资本的界限"或超越"〈资本论〉的界限"——哈维〈资本的界限〉简述》,《中外文化与文论》2016 年第 3 期。

17. 胡大平:《地方性空间生产知识——都市马克思主义的理论形态》,《理论视野》2017 年第 2 期。

18. 胡大平:《哈维的空间概念与历史地理唯物主义》,《社会科学辑刊》2017 年第 6 期。

19. 胡大平:《社会空间元理论与解放政治学前提重建——西方马克思主义的经验》,《社会科学家》2017 年第 9 期。

20. 胡大平:《哲学与"空间转向"——通往地方生产的知识》,《哲学研究》2018 年第 10 期。

21. 刘怀玉:《日常生活批判:走向微观具体存在论的哲学》,《吉林大学社会科学学报》2007 年第 5 期。

22. 刘怀玉:《不平衡发展的"现在"历史空间辩证法》,《学习与探索》2011 年第 6 期。

23. 刘怀玉:《城市马克思主义的问题域、空间话语与中国实践》,《理论视野》2017 年第 2 期。

24. 刘丽、胡大平:《新政治经济学与解放政治学——大卫·哈维新自由主义批判之启示》,《现代哲学》2016 年第 2 期。

25. 李秀玲、秦龙:《"空间生产"思想:从马克思经列斐伏尔到哈维》,《福建论坛(人文社会科学版)》2011 年第 5 期。

26. 陆扬:《论哈维的三种巴黎空间》,《杭州师范大学学报(社会科学版)》2015 年第 1 期。

27. 强乃社:《空间与国家和资本的双重逻辑——哈维的新帝国主义论的特色初探》,《马克思主义哲学研究》2012 年。

28. 孙乐强:《〈资本论〉如何走向当代:21 世纪政治经济学批判大纲——重塑资本逻辑与阶级斗争的辩证法》,《华中科技大学学报(社会科学版)》2017 年第 3 期。

29. 孙乐强:《超越"机器论片断":〈资本论〉哲学意义的再审视》,《学术月刊》2017 年第 5 期。

30. 孙乐强:《马克思的使用价值理论及其哲学意义的再思考》,《理论探讨》2017年第5期。

31. 唐正东:《马克思生产关系概念的内涵演变及其哲学意义》,《哲学研究》2011年第6期。

32. 唐正东:《当代资本主义的空间化:哈维的视角及其局限性》,《苏州大学学报(哲学社会科学版)》2015年第5期。

33. 唐正东:《马克思劳动价值论的双重维度及其哲学意义》,《山东社会科学》2017年第5期。

34. 唐正东:《马克思的两种商品概念及其哲学启示》,《哲学研究》2017年第4期。

35. 唐正东:《深化历史唯物主义研究需要解决的三个问题》,《四川大学学报(哲学社会科学版)》2017年第5期。

36. 唐正东:《深化中国〈资本论〉研究的方法论自觉——国际学界对〈资本论〉的政治式阅读及其评价》,《哲学动态》2017年第8期。

37. 吴敏:《英国著名左翼学者大卫·哈维论资本主义》,《国外理论动态》2001年第3期。

38. 尹才祥:《乌托邦重建与解放政治哲学——对戴维·哈维资本主义空间批判的反思》,《哲学动态》2016年第11期。

39. 仰海峰:《使用价值:一个被忽视的哲学范畴》,《山东社会科学》2016年第2期。

40. 阎嘉:《空间体验与艺术表达:以历史—地理唯物主义为视角》,《文艺理论研究》2016年第2期。

41. 袁久红:《马克思〈1857—1858年经济学手稿〉中的空间思想及其政治意蕴》,《天津社会科学》2014年第4期。

42. 杨乔喻:《生产力概念:从斯密到马克思的思想谱系》,《哲学动态》2013年第8期。

43. 张佳:《论大卫·哈维的资本积累危机理论及其当代价值》,《北京大学学报(哲学社会科学版)》2017年第4期。

44. 张佳:《全球空间生产的资本积累批判——略论大卫·哈维的全球化理论及其当代价值》,《哲学研究》2011年第6期。

45. 赵家祥:《马克思〈资本论〉及其手稿中的生产力概念》,《党政干部学刊》2012年第6期。

46. 张一兵:《使用价值的形而上学批判——鲍德里亚〈符号政治经济学批判〉解读》,《东南学术》2009年第2期。

47. 张一兵、[美]大卫·哈维:《历史地理唯物主义与关系性存在论——张一兵与大卫·哈维的对话》,杨乔喻译,《南京大学学报(哲学·人文科学·社会科学)》2017年第1期。

48. 张一兵、[美]大卫·哈维:《空间塑形与非物质劳动——张一兵与大卫·哈维对话之一(2017)》,杨乔喻译,《人文杂志》2017年第11期。

附录一

大卫·哈维英文原版书籍出版顺序（以第一版为准）

Harvey, D. *Explanation in Geography*, London: Edward Arnold and St. Martin's Press, 1969.

Harvey, D. *Social Justice and the City*, Oxford: Blackwell Publishing Ltd. , 1973.

Harvey, D. *The Limits to Capital*, London: Verso, 1982.

Harvey, D. *The Urbanization of Capital: Studies in the History and Theory of Capitalist Urbanization*, Baltimore: The Johns Hopkins University Press, 1985.

Harvey, D. *Consciousness and the Urban Experience*, Baltimore: The Johns Hopkins University Press, 1985.

Harvey, D. *The Condition of Postmodernity: An Enquiry into the Origins of Culture Change*, Cambridge: Blackwell Publishing Ltd. , 1989.

Harvey, D. *The Urban Experience*, Baltimore: The Johns Hopkins University Press, 1989.

Harvey, D. *Justice, Nature and the Geography of Difference*, Cambridge: Blackwell Publishing Ltd. , 1996.

Harvey, D. *Spaces of Hope*, Edinburgh: Edinburgh University Press, 2000.

Harvey, D. *Spaces of Capital: Towards a Critical Geography*, New York: Routledge, 2001.

Harvey, D. *The New Imperialism* (*Clarendon Lectures in Geography and Environmental Studies*), Oxford: Oxford University Press, 2003.

Harvey, D. *Paris, Capital of Modernity*, New York: Routledge, 2003.

Harvey, D. *A Brief History of Neoliberalism*, Oxford: Oxford University Press, 2005.

Harvey, D. *Spaces of Global Capitalism: Towards a Theory of Uneven Geographical Development*, London: Verso, 2006.

Harvey, D. *The Communist Manifesto-New Introduction*, London: Pluto Press, 2008.

Harvey, D. *Cosmopolitanism and the Geographies of Freedom*, Warrenton: Columbia University Press, 2009.

Harvey, D. *A Companion to Marx's Capital*, London: Verso, 2010.

Harvey, D. *The Enigma of Capital: And the Crises of Capitalism*, Oxford: Oxford University Press, 2010.

Harvey, D. *Rebel Cities: From the Right to the City to the Urban Revolution*, London: Verso, 2012.

Harvey, D. *A Companion to Marx's Capital*, Volume 2, London: Verso, 2013.

Harvey, D. *Seventeen Contradictions and the End of Capitalism*, Oxford: Oxford University Press, 2014.

Harvey, D. *The Ways of the World*, Oxford: Oxford University Press, 2016.

Harvey, D. *Marx, Capital and the Madness of Economic Reason*, London: Profile Books Ltd. , 2017.

Harvey, D. *A Companion to Marx's Capital: The Complete Edition*, London: Verso, 2018.

国内对大卫·哈维书籍译介情况一览

　　国内对哈维著作的翻译从 1996 年开始一直持续至今。截至 2019 年 8 月,大卫·哈维目前已出版的 24 本著作(不考虑不同版本、与其他人合作以及零散的论文集)中有 6 本还没有在国内翻译出版。其中 4 本与城市化有关(或者是类似版本的修订本等),1 本是哈维对《共产党宣言》的介绍,1 本是最新出版的《跟大卫·哈维读〈资本论〉》(完整版)。具体译著情况如下:

　　1996 年,商务印书馆出版了由高泳源、刘立华和蔡运龙合译的《地理学中的解释》一书,这是哈维首部被引入中国的著作。

　　2003 年,阎嘉翻译的《后现代的状况——对文化变迁之缘起的探究》,由商务印书馆出版。2013 年再版,2015 年重印。

　　2006 年,胡大平翻译的《希望的空间》,由南京大学出版社出版。

　　2007 年,黄煜文翻译的《巴黎,现代性之都》,由台北的群学出版有限公司出版。

　　2008 年,台湾地区学者王志弘翻译了哈维的论文集《新自由主义化的空间:迈向不均地理发展理论》和《新帝国主义》,由台北的群学出版有限公司出版。

　　2009 年,初立忠、沈晓雷合作翻译《新帝国主义》,由社会科学文献出版社出版。

　　2010 年 1 月,黄煜文将《巴黎,现代性之都》改名为《巴黎城记:现代性之都的诞生》,由广西师范大学出版社再版。5月,王志弘、王玥民合作翻译《资本的空间:批判地理学刍论》,由台北的群学出版有限公司出版。11月,胡大平翻译《正义、自然和差异地理学》,由上海人民出版社出版,2015年再版,2017年重印。12月,王钦翻译《新自由主义简史》,由上海译文出版社出版,2016年再版。

2011年,陈静翻译的《资本之谜:人人需要知道的资本主义真相》,由电子工业出版社出版。

2013年,刘英翻译的《跟大卫·哈维读〈资本论〉》(第一卷),由上海译文出版社出版。

2014年,王志弘翻译的《寰宇主义与自由地理》,由台北的群学出版有限公司出版。2014年6月,叶齐茂、倪晓辉翻译的《叛逆的城市:从城市权利到城市革命》,由商务印书馆出版。

2016年1月,谢富胜、李连波等校译的《跟大卫·哈维读〈资本论〉》(第二卷),由上海译文出版社出版。10月,许瑞宋翻译的《资本社会的17个矛盾》,由中信出版社出版。

2017年5月,董慧翻译的《资本的城市化:资本主义城市化的历史与理论研究》,由苏州大学出版社出版。6月,周大昕翻译的《世界的逻辑:如何让我们生活的世界更理性、更可控》,由中信出版社出版。9月,张寅翻译的《资本的限度》,由中信出版社出版。

2018年5月,周大昕翻译的《马克思与〈资本论〉》,由中信出版社出版。

2019年1月,付克新翻译的《新帝国主义》,由中国人民大学出版社出版。实际上,这一版的《新帝国主义》已经是继2008年版与2009年版之后的第三个译本。

后记

我希望,在故事结束之前,它能揭示出为何我们的努力是值得的。

——J. M. 考特茨(J. M. Coetzee)

每一次写作都是一次冒险

以马克思的资本批判理论来面对大卫·哈维的资本批判理论,是一次冒险的尝试。因为他们二人的思维方式及其资本批判理论的侧重点具有实质性的不同。笔者在研究与分析过程中,经常甚至随时会遭遇"不在同一思维进程中讨论问题"的尴尬。因此,如何避免这种尴尬就经常会成为令人头疼的问题。

与此同时,哈维自身的写作风格亦加剧了这种困难。第一,哈维在用词方面缺乏严谨性。这既体现在他在表述同一个问题时经常使用多种不同的词汇,又体现在他在解释马克思关键性概念时用词过于随意。第二,哈维在写作过程中存在逻辑上的混乱与退却。这既体现在哈维使用逻辑联结词汇时的随意性,又体现在他行文过程中内在逻辑的散漫性。因此,在以问题意识或症候式阅读法面对哈维的诸多文本时,经常会出现逻辑上的突兀转移或者断裂。譬如,当读者在阅读过程中对哈维以大量笔触分析的某个问题产生浓厚兴趣并准备一探究竟时,常常会发现哈维已经突然对此问题进行了切割并转而论述其他问题。此种"突然的放弃"一方面是通过交代自己当前实力或知识基础不足的形式给予回应,另一方面则将其直接隐于文本之中。然而,往往哈维说"以后再论述"的问题,恰巧是理解当前文本的关键性问题。而且,"以后再论述"的承诺也不一定就会实现。总之,这都给文本考证或文献学研究带来了极大的困难。

面对这些似是而非、模棱两可的理论内容,"强迫症"患者势必会陷入崩溃。因此,在持续阅读与写作的过程中,我逐步放弃了百分百文本考证的模式,转而试图厘清二人在总体思路、逻辑脉络或关键词汇等方面的差异。换言之,我将问题归结为,尽量指出二者的不同,在自己能够驾驭的范围内指出哈维的优缺点,重点指出哈维在何种程度上异质性地重构了《资本论》,分析哈维与当前学术界对马克思进行争论的热点命题,等等。虽然完全厘清这些困难有些痴人妄想,但也许不断逼近真理并试图开启新的生长点才是哲学的要义。

总体而言,哈维通过对马克思《资本论》的重构与再诠释,为其以"价值生产与价值实现之间的矛盾"为中轴的资本运行机制提供了诸多理论上的支撑。这在某种意义上也重新激活了《资本论》在当代资本主义社会的积极意义,提供了诸多新的理论生长点。但需要注意的是,哈维在以其经验主义范式或英美分析范式对《资本论》进行重构时,存在偷换概念的嫌疑。此种形式逻辑上的失误在某种程度上遮蔽了马克思《资本论》的原本含义,甚至在很大程度上妨碍了《资本论》在当代资本主义社会的正确激活。而随着《跟大卫·哈维读〈资本论〉》(第一卷、第二卷)在全球的风靡,这种因误读与遮蔽而形成的误解愈加深重,马克思的原意以及《资本论》在当代的价值受到遮蔽。

因此,解蔽的同时就是遮蔽,哈维对《资本论》的重构如此,我对哈维资本批判理论的研究亦如此。从这一意义上来看,每一次写作都是一次冒险。

认识你自己

"认识你自己",是古希腊德尔菲神庙门楣上的三句箴言之一。简简单单的五个字,却成为真正的千古难题。因为,彻底做到这一点几乎是不可能的。但即便如此,我们也应该尝试去发现自身的局限性。因此,在这本书的最后,承认自身的不足,是某种必要的交代。总体而言,这主要体现在以下几个方面。

首先,在写作的过程中,我部分地弱化了对大卫·哈维之文本的考据,即存在对于个别词句前后用法较为随意、对马克思专业词汇解释较为随意等问题。因为哈维在其总体性的思想发展史上,并没有特别显著的断裂式的发展。同心圆式扩大的写作方式,造成其很多在前期简化、粗糙的思想在后期不定时地得到补充。在这一过程中,又出现了一定程度的语意散漫性,这一问题又因为文本译者不同得到了放大。实际上,严谨的学术研究应该对此进行详细的说明,但是这会极大地影响行文的进度。而且在可能导致作者裹足不前的情况下,也仅有文本学考证中的字句考证派的意义。因此,这一任务还是留给专业的文本学考证学者。

其次,由于自身知识背景的局限性,我对于哈维资本批判理论的研究,既缺少从城市空间学派之理论出发的专业性,又缺少政治学、经济学层面的严谨性。更有甚者,我对马克思资本批判理论的理解亦可能存在误读。因此,这本书,旨在学习并拓宽自身的理论视野。

最后,在写作结束时,本书仍然留下了很多有待解决的问题:剩余价值理论、古典政治经济学的问题域、政治经济学内涵的界定、地租理论、认识论与辩证法的问题、阶级斗争等。

致谢

本书是在我的导师唐正东教授的指导下完成的。我之所以能够取得进步并养成对马克思主义哲学的浓厚兴趣,主要得益于他。自硕士入学以来,导师以其渊博的学识与独特的思想魅力,在研究方法与学术观点上深刻地影响了我,这将是我学术生涯中最宝贵的一笔财富。是他身体力行地告诉我,永远要怀有一颗做学术的心;是他以谆谆教诲告诉我,坚持与努力在学术过程中至关重要;也是他以耐心与包容告诉我,人生还有机会回到正确的选择上。恩师的真诚、善良、包容、努力、坚持等一系列美好的品德,会继续指引我变得更好。

同时,我也由衷地感谢南京大学哲学系的诸位老师们。他们以自身独特的学术与人格魅力,丰富并拓宽了我的理论视野。也是在他们的指导帮助下,我才完成了这本书。我要特别感谢胡大平教授、刘怀玉教授、张亮教授、孙乐强教授给予我的建议与指导。我也要特别感谢鲁宝博士、张福公博士、王一成博士等人在我写作本书的过程中给予的帮助与建议。与此同时,在南京大学的学习与生活中,我也要特别感谢张异宾教授、姚顺良教授、姚润皋教授、沈晓珊教授、姜迎春教授、蓝江教授、尚庆飞教授、张传平教授、王浩斌教授以及周嘉昕教授等诸位老师的教导与帮助。

刘林娟

2019 年 12 月于南京大学